TRENTO
BOLZANO
Vezzano
14
13
1
2
15
16
17
Sarche
Levico Terme
22
18
24
23
19
3
4
Arco
10
20
5
8
25
Ronzo Chienis
Rovereto
Folgaria
l Garda
21
Isera
6
Pedemonte
26
11
7
27
28
12
Torbole
29
Loppio
9
30
31
Malcesine
48
Belluno
e
49
A22
Sant' Anna
d'Alfaedo
VENETO
di Montagna
47
6
Caprino
89
51
Volargne
85
90
Fumane
86
87
Negrar
S. Ambrogio
88
di Valpolicella
Grezzana
34
Mezzane di Sotto
Illasi
VERONA
91–96
83
Soave
VENEZIA
pagna
82
Dossobuono
Villafranca
MANTOVA
Isola della Scala
Bovolone
99

2017/2018

KULINARISCHE ENTDECKUNGEN AM GARDASEE

Über 350 Genussadressen & Tipps

INHALT

ZEICHENLEGENDE

€– €€€€ Preise für ein durchschnittliches Menü in Euro

€ - 25 Euro

€€ - 26–39 Euro

€€€ - 40–50 Euro

€€€€ - über 50 Euro

 Plätze im Freien. Bei Einkaufsadressen: mit Bewirtung

 Zimmervermietung

 Weingut, Weinhandlung

 Olivenölverkauf, Ölmühle

 Eine Vielfalt von Spezialitäten oder Besonderheiten wie Bier, Fisch, Kaffee etc.

 Biobetrieb, bzw. in Umstellung. Betrieb der viele Bioprodukte anbietet oder verwendet

 Käserei, Käsegeschäft

 Wurst, Metzgerei

MIT GENUSS ENTDECKEN

Doch, doch, es gibt sie noch, die Morgenstunden, in denen der Kühllaster vorfährt und Fertigböden für Pizza, Tiefkühlpommes und bereits panierte Schnitzel in erstaunlichen Mengen auslädt. So persönlich beobachtet am Lungolago eines der malerischen Städtchen am Ostufer des Gardasees. Ich ging damals kopfschüttelnd weiter Richtung Fischgeschäft und musste plötzlich lächeln. Denn, dachte ich mir, gäbe es diese Gastronomiebetriebe nicht, dann bräuchte ich mich ja nicht für dieses Buch auf die Suche nach denjenigen begeben, die aus frischen Zutaten, vielleicht sogar aus der Region, selber kochen.

Womit wir beim erfreulichen Teil angekommen wären, denn eines bietet der wunderschöne Gardasee: eine hohe Dichte an ausgezeichneten Restaurants, an bodenständigen Trattorie, an neu eröffneten Osterie mit Charme und kreativer Küche. Dies liegt auch daran, dass das Publikum hierfür vorhanden ist. Die Region ist dicht besiedelt, die Leute aus Bozen und Trient, aus Verona und Mantua, aus Brescia oder Mailand verbringen ihre Ferien oder Wochenenden am Gardasee. Das kleine Städtchen Valeggio sul Mincio im Süden, so sagt man, hat mehr Restaurantstühle als Einwohner. Auch wir Deutschsprachigen lieben den Gardasee nicht mehr, weil man dort „futtern wie bei Muttern" kann und „Deutschkaffee" bekommt (wie man auf alten Fotos noch sehen kann), sondern, weil wir hier die kulinarischen Köstlichkeiten Italiens entdecken können. Hausgemachte Pasta, winzige Nudelkringelchen, von Hand geformt und gefüllt, Obst und Gemüse frisch vom Feld, Fisch aus See und Meer, Bauernküche.

Strahlend verkündete der Wirt einer gemütlichen Osteria: Der Gardasee bietet einfach alles. Du hast die Berge und das Meer ist auch nicht weit. In einer Stunde mit dem Zug bist Du in Venedig oder Mailand, willst Du es gemütlicher, fährst Du nach Verona oder Mantua. Du kannst skifahren und bergsteigen, schwimmen, segeln, surfen, moutainbiken und genussradeln. Für Feinschmecker haben die landschaftlichen Schönheiten und die Lage zwischen Alpen und Poebene zur genießerischen Folge, dass es beinahe alles gibt: Wild, Pilze und Trüffel aus den Bergen, Käse aus Alpenheumilch, traumhafte Weine aus verschiedenen und abwechslungsreichen Anbaugebieten vom Trentino bis Valtènesi, Bardolino, Custoza oder Valpolicella. Olivenbäume verkünden den Süden, aus ihren Früchten gewinnt man entlang der Küsten und Steilufer, der Hügel und Täler ausgezeichnetes Öl, das die Grundlage der mediterranen Küche überhaupt ist. Man hat aber auch noch Bergbauernbutter zur Verfügung, die so manches Gemüse zart verfeinert oder zusammen mit Salbei zu Tortellini gereicht wird. Sobald der See zwischen den hohen Bergen im Norden heraustritt, sein Hinterland weiter wird, findet man Pfirsichplantagen und Obstwiesen, Gemüsefelder und Bauernhöfe, die Rinder, Schweine oder Hühner halten. So mancher Agriturismo bietet Zimmer und meist am Wochenende Gerichte an, die fast ausschließlich aus selbst Erzeugtem bestehen. Die Menschen am See lebten früher vom Fischfang, dann gingen die Mitgliederzahlen der Fischerei-Kooperativen zurück. Heute sind es wieder mehr geworden, denn der frische Gardaseefisch findet Absatz in den Hafentavernen, an denen der oben beobachtete Kühllaster nicht hält.

Dieses Buch soll also Ihnen, liebe Leserinnen und Leser, den Weg zu dieser Taverne, zum Agriturismo im Hinterland, zu jenen Restaurants zeigen, die die Produkte, die in ihre Küche wandern, mit kluger Hand auswählen und vielleicht sogar den Bauern oder Fischer kennen, der sie direkt beliefert. Ob daraus dann elegante Menüs oder wohlschmeckende einfachere Gerichte entstehen, spielt dabei keine Rolle.

An dieser Stelle könnten wir zu der Frage kommen, welches denn „das beste" Restaurant am Gardasee ist. Diese Frage wird mir oft gestellt und ich weiß meist nicht, was ich darauf antworten soll. Ich diskutierte dies mit einem Gastronom, dessen Restaurant zu einer der schönsten, besten, erfreulichsten Entdeckungen bei der Recherche zu diesem neuen, meinem dritten Band wurde. Er hat in Salò kochen gelernt, zog weiter zu Gualtiero Marchesi und von dort in die Welt hinaus. Es hat mich einfach interessiert, berichtet er strahlend. Er schaute in viele Michelin-besternte Kochtöpfe dieser Welt und landete in Kopenhagen, wo er in einem Restaurant kochte, das schon einen Stern hatte, bevor es das Noma überhaupt gab. Dann bekam er Heimweh und hatte außerdem Lust, noch einmal etwas Neues auszuprobieren: sein eigenes Restaurant. Nun kocht er mit „Sterne-Erfahrung" einfache Gerichte mit Produkten vom Gardasee. Doch dann fingen wir an zu überlegen. Ich erzählte im von Fiorenzo, der hoch über Toscolano ganz alleine kocht und die beste Tomatenpaste herstellt, die es überhaupt geben kann, von Paolas Entensugo, von Luca's Kräuterküche..... Schließlich meinten wir beide, dass es nicht nur unterschiedliche Geschmäcker gibt, sondern unterschiedliche Momente und Anlässe. Einmal im Jahr, so betonte er, habe er Lust auf die Produkte der (französischen) Hochküche: Hummer, Foie Gras, Pastete. Doch dann reizten ihn (und seine Kollegen) wieder das frische Gemüse, die einfachen Produkte. So geht es uns und so geht es vielleicht auch Ihnen. Mal möchte man in der Abendsonne auf den See blinzeln und eine mit Wurst, Käse und Antipastigemüse bestückte Aufschnittplatte genießen, mal war man segeln oder radeln und hat einen Riesenhunger, der mit hausgemachter Pasta am besten gestillt werden kann, mal möchte man edel essen. Für all diese Anlässe finden Sie Adressen und Tipps im Buch. Sie reisen mit uns vom Trentino die Ostküste entlang ins Veneto, nach Verona und ins Valpolicella, in die Colli Morenici Mantovani mit ein paar Abstechern in die Poebene, übers Valtènesi wieder zurück zum Brescianer Ufer des Gardasees bis hinauf nach Tremosine, Tignale und Limone. Zu jedem Kapitel gesellen sich in der gleichen Reihenfolge Einkaufsadressen. Sie finden Weingüter und Ölmühlen, Metzgereien und Käsereien, Läden, wo man frische Pasta oder perfekt gerösteten Kaffee bekommt. Sie finden Fischer und Bierbrauer sowie handwerklich arbeitende Produzenten von allerlei weiteren Köstlichkeiten wie Marmeladen, Kräutern und Gewürzen, Eingelegtem aller Arten.

Und damit Sie nicht hungrig ankommen oder heimkehren, haben wir Ihnen auf der Reiseroute einige Tipps zusammengestellt.

PRAKTISCHES

Wir haben Platz geschaffen

Im neuen Band der Kulinarischen Entdeckungen haben wir die Früchte und Erfahrungen der letzten Jahre zusammengetragen, selbstverständlich neu recherchiert und getestet. Sie finden nun 30 Restaurants im Trentino, 60 im Veneto und 72 in der Lombardei. Jeweils nach den Empfehlungen zum Essengehen präsentieren wir Genussadressen, auch wiederum nach den drei Regionen gegliedert. Zusätzlich geben wir Ihnen bei den Restauranteinträgen weitere Tipps und Adressen in der Nähe. Um sich besser orientieren zu können, finden Sie die Restaurants auf der Karte vorne im Buch und die Einkaufsadressen hinten.

Unsere Auswahl

Es gibt rund um den Gardasee inklusive seines Hinterlands immer noch weit mehr als die hier empfohlenen Lokale, in denen man auch gut isst; es gibt mehrere hundert Weinbaubetriebe, von denen viele auf ihre Erzeugnisse stolz sein können. Wir haben versucht, eine gute Mischung aus einfachen, aber wirklich guten Trattorie für die ganze Familie, leidenschaftlich geführten Osterie für Genießer und Weinliebhaber sowie edlen Restaurants zusammenzustellen. Bei den Erzeugern von Wein, Olivenöl und Spezialitäten haben wir darauf geachtet, dass sie Besuchern offenstehen, dass man ihre Produkte vor Ort verkosten und direkt kaufen kann. So kann man ein bisschen Gardasee mit nach Hause nehmen und noch lange vom Urlaub zehren – im wahrsten Sinne des Wortes.

Uhrzeiten

Mittags, zum „Pranzo", sind Gasthäuser in der Regel von 12.30 bis 14.30 Uhr geöffnet, abends selten früher als 19.00, eher 19.30 Uhr. Doch immer mehr Lokale bieten durchgehend warme Speisen, jedenfalls aber Brotzeitteller oder andere kleine Gerichte an. Dies haben wir dann extra vermerkt.

Preise

Die Durchschnittspreise für die einzelnen Gänge eines italienischen Menüs – in der Regel Primo, Secondo und Dolce finden Sie im Buch. Preise für ein durchschnittliches Menü in Euro: **€** bis 25 Euro, **€€** 26 bis 39 Euro, **€€€** 40 bis 50 Euro, **€€€€** über 50 Euro.

Über Trinkgeld freut sich vor allem angestelltes Bedienungspersonal.

Reservieren

Tun Sie sich und den Wirten einen Gefallen und reservieren Sie, wenn irgend möglich. Manchmal, weil Sie sonst keinen Platz bekommen, manchmal aber auch (vor allem außerhalb der Saison), weil die Wirte gerne wissen möchten, ob überhaupt jemand kommt. Auch kann ein Restaurant aus verschiedenen Gründen geschlossen sein, gerade bei Familienbetrieben können freudige und weniger freudige Anlässe der Grund sein. In einigen Agriturismi und kleinen Restaurants bekommt man ausschließlich auf vorherige Reservierung einen Platz. Diese Information finden Sie dann beim jeweiligen Eintrag.

Ihre Meinung

Wir freuen uns über Ihre Meinung, Ihre Erfahrungen, Ihre Kritik. Diese Rückmeldungen sind ein kostbares Gut, denn Viele sehen, schmecken und riechen mehr als nur eine Person. Schreiben Sie uns also, egal ob Kritik, Wünsche und Anregungen oder Lob. Die E-Mail-Adresse hierfür ist kulinarischeentdeckungen@gardasee.de.

Neuigkeiten, Änderungen, Korrekturen

Die Gastronomie ist eine schnelllebige Branche. Köche wechseln, bisweilen schließen Restaurants oder sie ändern ihre Öffnungszeiten. Sofern wir dies mitbekommen, veröffentlichen wir Neuigkeiten und Änderungen unter www.gardasee.de/kulinarischeentdeckungen. Wir freuen uns, wenn Sie uns Ihre Beobachtungen mitteilen. Auch Fehler, die ja nur menschlich sind, werden, sobald wir sie entdecken, dort korrigiert.

DER WEG IST DAS ZIEL

Zwölf Kulinarische Entdeckungen für die Reise

1–3

KUFSTEIN – DIE PERLE AM GRÜNEN INN

Speisen und Übernachten in der Blauen Quelle, Brotzeit beim Biometzger, Glaskunst bei Riedel

Adressen: Riedel Glas Austria, Weissachstrasse 28–34, A- 6330 Kufstein, Tel. +43 (0)5372 64896-33, www.riedel.com, Shop Mo–Fr 9–18, Sa 9–17, Glashütte Mo–Fr 9–12, 13–16

Biometzgerei Gaumenwerk, Herzog-Stefan-Straße 3, 6330 Zell-Kufstein, Tel. +43 (0) 5372 6 21 51, www.gaumenwerk.at, Mo–Fr 7.30–18, Sa 7.30–12

Restaurant Zur Blauen Quelle, Mühlgraben 52, A- 6343 Erl, +43 5373 81 28, www.blauequelle.at, Ruhetag Montag und Dienstag

Ein längerer oder kürzerer Aufenthalt in Kufstein lohnt sich für Genießer allemal. Wer einen weiteren Reiseweg zum Gardasee hat, der möchte vielleicht sogar übernachten. Hier sei Hotel und Gasthof „Zur Blauen Quelle“ im kleinen Ort Erl in der Nähe des Alpenstädtchens empfohlen. Es gibt wenige Restaurants, bei denen sich die Genussguides so einig sind, egal ob Falstaff, Slow Food oder Gault Millau. Alle loben und zwar zu Recht: Gabi und Alexander Struth sind herzliche Gastgeber und dem Hausherrn gelingt eine hochinteressante Küche zwischen regionalen, traditionellen und internationalen Einflüssen. Die Standardkarte bietet Tiroler Gröstl oder Schnitzel, aber auch einen köstlichen Glasnudelsalat oder Linsencurry, Schlutzkrapfen oder gegrillte Blutwurstscheiben. Das Bleiben lohnt sich alleine schon wegen des interessanten Abendmenüs, wo Alexander Struth sein Können und seine Kreativität zeigt. Für eine kürzere Pause bietet sich ein Stopp bei der Biometzgerei Gaumenwerk im Ortsteil Zell an; neben Biowurst, Rindfleischsülze, Kaminwurzen, Schinken oder Tiroler Speck bietet die Metzgerei auch Frühstück und Mittagstisch - alles hausgemacht und alles in Bioqualität.

Sodann ist ein Stopp in Kufstein für Weinkenner quasi Pflichtprogramm. Auf der ganzen Welt wird edler Wein in Riedel-Gläsern serviert. Das Kufsteiner Unternehmen fertigt seit 260 Jahren hochwertiges Glas, heute in der 11. Generation. Bei Riedel hat man schon früh begonnen, für jeden Wein ein eigenes Glas zu entwickeln, das den Charakter des jeweiligen Tropfens besonders gut zur Geltung bringt. Ein schwerer Roter wie zum Beispiel der Enantio aus dem Etschtal braucht ein anderes Glas, als der schlanke weiße Custoza, Bardolino Chiaretto Spumante fühlt sich in Gläsern wohl, die für Champagner gedacht sind, Groppello in solchen für Burgunderweine. Im Werksverkauf kann man sich beraten lassen und obendrein so manches Edelglas zum günstigen Preis erwerben. Außerdem ist es möglich, den Glasmachern bei der Arbeit zusehen und den vielseitigen Werkstoff Glas mit allen Sinnen zu erfassen – Vorführungen und die Multimediashow „Sinnfonie“ ermöglichen dies.

ESTERHAMMER

Kulinarische Tradition im Inntal

Adresse: Rotholz 362, A-6220 Buch in Tirol

+43 (0)5244 622 12
www.esterhammer.at

Ruhetag: Montag, Juni–Sept. keiner
Betriebsferien: 3 Wochen im November
Preise: €–€€, Hauptgerichte: 8–23 €

Im altehrwürdigen Hause - seit rund 270 Jahren von Familie Esterhammer-Graus betrieben - wird Tradition mit modernem Pfiff aufgetischt. Ein herrlicher Kastaniengarten im Sommer oder die historischen, wunderschönen Gaststuben laden zum Bleiben ein. Hier sollte man unbedingt eine Rast einplanen. Wer länger pausieren möchte: Es gibt auch schöne Zimmer zu mieten.

Den Gast erwartet regionale Küche der Saison, auf den Tischen Blumen aus dem eigenen Garten - das Restaurant ist Mitglied der Initiative zur Bewahrung der Tiroler Wirtshauskultur. Das Fleisch stammt von bäuerlichen Betrieben der Gegend und wird mit Bedacht gewählt. In der Küche wird hier moderne, leichte Biokost mit Tradition vermählt. Kräutergefüllte Schlutzkrapfen mit Bergkäse, Rostbraten vom heimischen Rind, Gemüsestrudel, Zander auf Tomaten-Balsamico-Soße und Tiroler Gröstl und zum Dessert süße Sünden wie Tiroler Weinnudeln oder frischer Obstsalat mit Joghurt stehen zur Auswahl. Es gibt Kräuterlimos genauso wie nennenswerte Weine aus Österreich und sogar Bier von der kleinen Brauerei der Landwirtschaftsschule des Ortes. Auch Destillate von Christoph Kössler und Florian Kranebitter aus der Nachbarschaft sind im Angebot.

5

DAS MARKTRESTAURANT

Junge Küche im historischen Ort

Adresse: Dekan-Karl-Platz 21, D-82481 Mittenwald
Im Zentrum von Mittenwald

+49 (0) 8823 9269595
www.das-marktrestaurant.de

Ruhetag: Montag
Betriebsferien: November bis 1 Woche vor Osternganzjährig geöffnet, 12–14.30 und 18–22
Preise: €€, Hauptgerichte: 13–24 €, 5-Gang Menü 58 €

Ein Stopp in Mittenwald lohnt sich in vielerlei Hinsicht. Man fühlt sich ein bisschen - schon oder noch - im Süden. Die Häuser ähneln denen in Bozen, die alte Handelsstraße von München über Benediktbeuern, den Walchensee und schließlich Mittenwald nutzte schon Goethe auf seiner italienischen Reise. Wer mag, kann das schöne Geigenbaumuseum und das historische Zentrum besichtigen. Am südlichen Rand des Zentrums befindet sich auch das Marktrestaurant, wo kreativ veredelte regionale Küche zu freundlichen Preisen serviert wird.

Im Marktrestaurant kocht Andreas Hillejan nach der Philosophie der Jeunes Restaurateurs d'Europe: frisch, saisonal, peppig und dabei auf hohem Niveau. Die Produkte für seine feinen Speisen stammen soweit es irgend geht von bäuerlichen Betrieben aus der direkten Umgebung - z.B. Werdenfelser Lamm, Milchprodukte oder Gemüse. Er kocht regionale Menüs mit deutlichem Blick nach Süden (z.B. ein erfrischendes Tomatensorbet mit Olivenchips oder rosa gebratenes Werdenfelser Lamm mit Olivensalz und Schnippelbohnen). Es gibt günstige Mittagsgerichte und immer ein jahreszeitliches Menü. Sehr lobenswert, dass man mit der Menüfolge ganz flexibel umgeht: der Gast darf Gerichte austauschen oder das Menü um einzelne Gänge verkürzen, ganz nach Zeit und Gusto.

Die freundliche, lockere und dabei höchst kompetente Bedienung durch Ehefrau Nancy Paul und die sorgsam kalkulierten Preise erhöhen die Vorfreude oder mildern den Rückkehrschmerz nach dem Urlaub.

DB
I
GARDASEE
Ab
39
Euro
ITAS

6

ZUM WILDEN MANN

Feine Küche und Tiroler Spezialitäten

Adresse: Römerstraße 12, A-6072 Lans
Rund 10 km südlich von Innsbruck, Brennerautobahn-Ausfahrt Igls/Patsch

+43 (0)512 37 96 96
www.wildermann-lans.at

Ruhetag: keiner, ganzjährig geöffnet
Betriebsferien: 11.30–14 und 17–21.30
Preise: €€, Hauptgerichte: 12–36 €

Das Gasthaus zum Wilden Mann ist ganz sicher jeden Umweg wert. Nur, der ist gar nicht so groß. Man findet es mitten in dem hübschen Ort Lans, hoch über dem Inntal gelegen. Das Haupthaus ist ein uriges Gebäude aus dem 16. Jahrhundert. Hinter den dicken Mauern verbergen sich sechs gemütliche Stuben, in denen Genießer glücklich werden. Gegenüber befindet sich das Landhotel mit einer schönen Sonnenterrasse, auf der man mit sagenhaftem Bergblick speisen kann.

Hier müssten eigentlich alle rundum zufrieden sein. Es gibt regionale Gerichte wie Schlutzkrapfen oder „Jungschweinebratl mit Erdäpfelknödel" zu wirklich günstigen Preisen. Viel Wert wird auf das „Kulinarische Erbe Österreichs" gelegt, man bezieht die Produkte vom Nachbarn bzw. aus der nahen Umgebung, und Küchenchef Christopher Wild verfeinert traditionelle Gerichte auf behutsame Art. Dazu gesellen sich fair kalkulierte Ausflüge in die edle Küche, wie etwa hausgemachtes Entenleber-Parfait mit Zwergorangen-Confit oder Dorade Royale. Alles ist frisch und gekonnt zubereitet und liebevoll serviert. Auch die optische Erscheinung der Teller und die Freundlichkeit des Service sind nicht zu übertreffen. Dazu gibt es schöne Weine aus Österreich oder Italien.

LANZ

Genuss an der Autobahn

Adresse: A22 Modena-Brenner
39041 Brenner (BZ)
Von Italien kommend auf der rechten Seite, von Innsbruck kommend parken, zu Lanz und Plessimuseum gelangt man durch eine Fußgängerunterführung

+39 0472 61 11 32
www.lanz-suedtirol.it

Ruhetag: keiner, 6–22 geöffnet

Seit Anfang 2016 lohnt es sich wieder, am Brenner Halt zu machen. Früher gab man dort auf der Rückreise noch die letzten Lire aus, heute findet man kurz bevor man Italien verlässt eine ganz besondere Raststätte. Moderne Architektur beherbergt das Plessi-Museum (Eintritt kostenfrei) und nur durch Glas getrennt den Feinkostladen mit Gastronomie von Lanz. Also gleich drei Gründe, hier anzuhalten.

Nicht nur das Museum, auch die Raststätte ist modern, lichtdurchflutet und angenehm gestaltet, schöne Holzmöbel, eine einladende Kaffeebar. Espresso oder Cappuccino werden hier zum Genuss – der Kaffee von Lanz ist ausgezeichnet, ebenso wie die anderen Produkte, die man kaufen kann: „Feine Kost aus Südtirol" wie zum Beispiel Kaminwurzen, Trockenfleisch und Schinken, von Hansi Baumgartner mit großer Sorgfalt affinierte Käse von Degust aus Brixen sowie Ziegen- oder Bergkäse von Südtiroler Bauern. Es gibt Brotspezialitäten wie Schüttelbrot oder Vinschgerl, Fruchtaufstriche, Marmeladen, Joghurt, eingelegte Früchte und Gemüse oder Bergkräuterspezialitäten. Die Regale an den Wänden sind gefüllt mit einer stattlichen Auswahl an Südtiroler Weinen (die zu Preisen ab Weingut angeboten werden), Likören, Fruchtbränden oder Grappa. Selbstverständlich findet man hier auch Äpfel und eine Vielzahl von Spezialitäten, die man aus dem Südtiroler Wahrzeichen gewinnt: köstlichen Saft von seltenen Apfelsorten, Apfelringe oder Fruchtaufstriche.

Das Schöne ist: der gute Apfelsaft (köstlich Apfel-Holunder) wird auch an der Theke ausgeschenkt, die Brote mit Käse und Wurst der Qualitätsproduzenten belegt. Dazu gibt es Kuchen und Gebäck von handwerklich arbeitenden Bäckereien aus Südtirol.

Gestärkt kann man sich dann ganz zwanglos die Video-Installationen des italienischen Künstlers Fabrizio Plessi ansehen und kann dann nach kunst- und kulinarischem Genuss entspannt die Weiterreise antreten.

8

PRETZHOF

Slow Food –Tradition in den Bergen

Adresse: Tulfer 259, I-39049 Wiesen/Pfitsch
Von der Autobahnausfahrt Sterzing, Richtung Pfitschtal, dann beschildert

+39 0472 76 44 55
www.pretzhof.com

Ruhetag: Montag, Dienstag und Mittwochabend,
Do–Sa durchgängig 12–21, So 12–20

Betriebsferien: variabel

Preise: €€

Dieser Erbhof ist seit 300 Jahren in Familienbesitz und wird heute in der neunten Generation von Karl und Ulli Mair geführt. Auch wenn es nur eine kurze Fahrt von der Autobahn hierher ist, man fühlt sich wie in einer anderen Welt, inmitten von Bergen und Natur. Im schönen Hofladen gibt es Wurst, Käse und vieles andere mehr aus eigener Produktion und von befreundeten Betrieben. Im Restaurant werden Slow Food-Genießer glücklich.

Ulli Mair ist für die Küche zuständig - mit kluger Hand bereitet sie traditionelle Gerichte der Jahreszeit entsprechend mit erstklassigen und vor allem eigenen Produkten zu. Sensationell der Speck und Schinken von den eigenen Schweinen mit eingelegtem Gemüse, dicht die Suppen, ausgezeichnet die hausgemachten Pasta-Gerichte wie etwa die traditionellen Schlutzkrapfen oder die Käse- und Speckknödeln. Das Fleisch stammt entweder aus eigener Haltung oder von befreundeten Betrieben, die die Tiere artgerecht halten. Alles wird mit großer Sorgfalt und Liebe ausgewählt, zubereitet und serviert.

Die Weine, die man im „Weinladele“ (dahinter verbirgt sich eine wunderschöne Vinothek) verkosten und kaufen kann, stammen von ausgewählten Winzern der Gegend, die naturnah und sorgsam arbeiten.

BRIX 0.1

weltoffen. raffiniert. regional.

Adresse: Fischzuchtweg 17, 39042 Brixen (BZ)
Am südlichen Stadtrand unweit der Eisack, in einem kleinen Park beim Schul- und Sportzentrum – dort beschildert.

+39 0472 26 83 71
www.brix01.com

Ruhetag: Dienstag
Betriebsferien: variabel
Preise: €–€€€

Nicht wundern, wenn ihr Navi am Busbahnhof von Brixen verkündet, Sie seien da und Sie sehen um sich herum Sportanlagen und Schulgebäude. Wenige Minuten zu Fuß finden Sie das moderne, spannende Gebäude mit viel Glas in einem Park mit kleinem See – eine Fischzucht befand sich hier früher. Der Fischteich wurde zum Naturschutzgebiet, Kinder können einen Minizoo bestaunen, Pärchen turteln auf Wiesen mit uralten Bäumen und mittendrin befindet sich ein gastronomisches Chamäleon, „foodparc" steht auf den Schildern. Sonntagvormittag kann man auf der großen Terrasse hin zum See frühstücken, mittags betreten die Köche in der offenen Küche die Szene, zeigen großes Können, nachmittags verwandelt sich brix 0.1 in ein Café: Kuchen, Gebäck, aber auch Snacks und kleine Gerichte kommen auf den Tisch, später werden die lichtdurchfluteten Räume zur Aperitivobar, abends ist es wieder Restaurant und bis spät abends kann man gepflegte Weine und Drinks genießen.

Jung, modern, kreativ, ungezwungen und dabei hochprofessionell: so könnte man mit wenigen Worten Küche und Service beschreiben. Die Basis sind erstklassige Produkte, gerne und oft aus Südtirol (woher auch ein Gutteil der Weine der opulenten Weinkarte stammt, viele Bioerzeugnisse darunter). Vorspeise vielleicht „Rindstartar. Kartoffeln. Sprossenkohl. Perlzwiebel", € 18) oder „Tagliolini. Aubergine. Garnelen. Mandeln" (€ 15). Als Hauptspeise Fleischgerichte „Hirschrücken. Topinambur. Preiselbeeren. Birne" (€ 26) oder Edelfisch. Warum es „modern" ist, lediglich in dürren Worten die Zutaten aufzuzählen? Vielleicht wegen der kulinarischen Überraschungen, die dann auf den Tisch kommen. Das (mit Salat für € 13,50 sehr günstige) Tagesgericht: „Schweinerücken. Wirsing. Kartoffel" wäre früher vielleicht so auf der Karte gestanden: Sous-vide gegarte Scheiben von zarten Schweinelendchen mit gartenfrischem Rahmwirsing, buttrigem Kartoffelpüree und zweierlei Soßen – dunkel und dicht die eine, leicht, gemüsig, darüber schwebend und aufgeschäumt die andere. Genial das „brix 0.1 Tiramisù. Lupinenkaffee. Biscuit. Topinambur. Birne" (€ 7,50) – zu wenig Platz, es hier zu beschreiben, hingehen, probieren, genießen.

10

TURMWIRT

Südtiroler Traum

Adresse: Gufidaun 50, 39043 Klausen (BZ)
Von der Ausfahrt Klausen wenige km den Berg hinauf

+39 0472 84 40 01
www.turmwirt-gufidaun.com

Ruhetag: Mittwoch und Donnerstag
Betriebsferien: variabel
Preise: €–€€

Gufidaun liegt nur wenige Kurven den Berg hinauf von der Brennerautobahn entfernt und doch taucht man sofort in eine andere Welt ein. Es ist Südtirol pur, man könnte auch für einen Wanderurlaub bleiben. Auf jeden Fall sollte man einen kleinen Spaziergang machen und wenigstens die Pfarrkirche mit ihren Fresken und Skulpturen aus dem 15. Jahrhundert besichtigen, den Blick von dort oben genießen und dann gleich unterhalb beim Turmwirt einkehren. Familie Gasser verwöhnt die Gäste in den historischen Stuben oder auf der Terrasse mit Bergblick. Genießer erwarten Südtiroler Spezialitäten, die mit regionalen und oft biologischen Zutaten frisch und mit erfahrener Hand zubereitet werden. Köstlich schon das Körnerbrot, das täglich aus dem Ofen kommt. Delikat der Ziegenkäse aus Lüsen mit Gartengemüse, perfekt Klassiker wie das Knödel-Tris (mit Rote Bete-, Spinat- und Käseknödeln), die Schlutzkrapfen oder die Eisacktaler Weinsuppe. Mit Sprossen, Salat und mildem Weinessig kommt das lauwarme saure Rindfleisch auf den Tisch, hat man mehr Hunger, bestellt man die saftige Tagliata vom Rind oder vor allem im Winter das Siedefleisch mit Gemüse. Süßmäuler schwärmen für das Mohntörtchen mit Honigparfait, den Schokoladenkuchen oder das Früchtetiramisù.

Es gibt, gleich nebenan, Zimmer zu mieten, sofern man bleiben und sich der einen oder anderen Spezialität auf der lobenswerten Weinkarte oder der reichlichen Auswahl an Südtiroler Destillaten widmen möchte.

RIEDEL
THE WINE GLASS COMPANY
REBSORTEN SPEZIFISCH®
WERKSBESICHTIGUNG
MO–FR 9:00–12:00 UND 13:00–16:00 UHR
SHOP • OUTLET
MO–FR 9:00–18:00 UHR SA 9:00–17:00 UHR
TIROLER GLASHÜTTE GMBH
WEISSACHSTRASSE 28–34 • 6330 KUFSTEIN • TIROL • ÖSTERREICH
+43-5372-64896-901 • SHOPKUFSTEIN@RIEDEL.COM • RIEDEL.COM

11

GASTHOF LIPP

Südtiroler Traditionsküche mit herrlicher Aussicht

Adresse: Perdonig 30, 39057 Eppan (BZ)
Auf 800 Metern über Eppan

+39 0471 662517
www.lipp.it

Ruhetag: Montag
Betriebsferien: Ostern–Anfang November geöffnet
Preise: **€€,** Hauptgerichte 9–15 €

Die Aussicht von hier oben auf 800 Höhenmetern ist herrlich - tagsüber hat man einen phantastischen Blick in die Berge, gegen Abend breitet sich unten im Tal ein Lichtermeer aus, der Blick reicht von Bozen bis weit in den Süden. Man sitzt draußen mitten in der Wiese oder auch unter der überdachten Veranda; ist es kühl, locken drinnen die gemütlichen Stuben.

Familie Pichler betreibt den schönen Gasthof mit Leidenschaft, schon seit Generationen. Der Großvater hieß Philipp - daher Gasthof Lipp, denn Pichler, meint Arthur Pichler, der heutige Betreiber, heißen hier zu viele. „Unsere Karte ist klein, denn wir machen alles frisch“, meint er mit Nachdruck. Es gibt Südtiroler Spezialitäten wie Speck- oder Spinatknödel, Teigtaschen mit Fleischfüllung und die berühmten Schlutzkrapfen, auch Kalbsbraten oder Gulasch oder gesottenes Rind. Kleine Gerichte und Brotzeitbrettl gibt es durchgehend von 11 bis etwa 20 Uhr. Dazu kann man feine Tropfen der an Kellereien reichen Gegend in und um Eppan genießen und wem es gefällt, der genießt ein zweites Glas und bleibt: Es gibt 4 gemütliche Doppelzimmer.

ANSITZ PILLHOF

Weinoase mit feinem Essen

Adresse: Boznerstraße 48, I-39010 Frangart - Eppan (BZ)
Am Frangarter Kreisverkehr zwischen Bozen und Eppan

+39 0471 63 31 00
www.pillhof.com

Ruhetag: Samstagabend, Sonn- und Feiertage,
Mo–Fr 16–24, Sa 11–16

Preise: €€–€€€

Aus dem 15. Jahrhundert stammt das alte Gemäuer, das eine herrliche Vinothek, eine lässige Winebar und elegante Restaurantbereiche beherbergt. Hier kümmern sich Kathrin Oberhofer und ihr Team um die Gäste. Weinfreaks bewundern den begehbaren Weinklimaschrank mit einem herausragenden Sortiment von Südtiroler, italienischen und weltweit bekannten Spitzenweinen. Dazu gibt es feinste Delikatessen wie Olivenöle, Aceto Balsamico, Eingelegtes und Marmeladen.

Im gemütlichen Garten zwischen den Mauern des historischen Gebäudes und am langen Tresen kann man ein schönes Glas Wein mit hausgemachten kleinen Häppchen genießen - wer also gute Weine mit nach Hause nehmen und nur einen kurzen genießerischen Stopp einlegen möchte, ist hier bestens aufgehoben. Man kann einen schlichten, aber mit ausgezeichneten Würsten bestückten Brotzeitteller genauso genießen wie hohe Küchenkunst in Mini-Form - als mit Gemüsecreme gefülltes Gebäck etwa. Aber auch wer so richtig fein speisen will, findet in den Restauranträumen des Ansitzes mittags und abends eine kreative elegante Küche - ob Forellentartar oder Zander, raffinierte Nudelgerichte oder Salate. Besonders hervorzuheben ist die Käseauswahl, die mit jeweils passenden Marmeladen oder Mostarde gereicht wird.

TRENTINO

Die Restaurants

1 Il Libertino
2 Il Cappello
3 La Rupe di Beseno
4 Locanda D & D
5 Vineria De Tarczal
6 Locanda delle Tre Chiavi
7 Casa del Vino della Vallagarina
8 Osteria del Pettirosso
9 Maso Palù
10 Antica Gardumo
11 Maso Naranch
12 Al Forte Alto
13 Ca' dei Giosi
14 Al Vecchio Mulino
15 Da Cipriano
16 Ristorante Castel Toblino
17 Hosteria Toblino
18 Belvedere
19 Le Servite
20 La Berlera
21 Madonna delle Vittorie
22 Agritur Calvola
23 Trattoria del Balsamico Trentino
24 La Casina
25 Agritur Eden Marone
26 Leon d' Oro
27 Al Volt
28 Viletta Annessa
29 La Terrazza
30 Rifugio Monte Baldo

HIER BEGINNT DER GARDASEE

Zumindest, wenn man sich ihm von Norden her nähert. Dann könnte man über das Valle dei Laghi, das „Tal der Seen“ mit dem Lago di Toblino oder dem Lago di Cavedano Richtung Arco, Riva und schließlich zum Gardasee fahren. Die Berge und die Seen prägen auch die Küche des Trentino.

Als Antipasti gibt es oft Lachsforellen, die eben diesen Seen entstammen oder in Teichen, vom Bergwasser gespeist, gezüchtet werden. Sie kommen eingelegt, roh mariniert oder manchmal auch leicht geräuchert auf den Tisch. Die Bergluft bietet aber auch ideale Bedingungen, um Salami, Schinken und andere Würste reifen zu lassen. Sie stammen vom Schwein, oft ist aber auch Wildbret dabei.

Die Trentiner Küche ist auf jeden Fall auch eine Bauernküche. Die berühmten „Canederli“, die kleinen Semmelknödel, standen sicher oft auf dem Tisch der Bauersfamilien. Damit das nicht langweilig wird, gibt es unzählige Variationen: mit Speck, mit Wildkräutern wie Brennnesseln, Käse oder manchmal auch schon Oliven und getrockneten Tomaten. Die ganz kleinen Klößchen aus Brot, Grana und Spinat heißen Strangolapreti, Priesterwürger.

Man merkt den Einfluss des Südens, des Mediterranen. Zwar wird hier im Norden noch viel Butter verwendet, aber es gibt auch schon Olivenöl aus dem nördlichsten Olivenanbaugebiet der Welt, wo man im Winter zumindest den jungen Olivenbäumen „Socken“ aus Stroh anziehen muss.

Dieses Öl würzt zum Beispiel eine der bekanntesten Trentiner Spezialitäten: Carne salada. Früher, als es noch keine Kühlschränke gab, musste man sich etwas einfallen lassen, um Fleisch haltbar zu machen. Carne salada ist durch Salz konserviertes Fleisch aus den besten Stücken der Rinderkeule. Dazu kommen bereits recht mediterrane Gewürze wie Rosmarin und Lorbeer. Varianten gibt es so viele, sagen Experten, wie es Bauernhöfe im Trentino gibt. Carne salada genießt man roh, mit dem würzigen Trentingrana darüber gehobelt oder auch kurz gebraten.

Nicht nur in Südtirol, auch in den Tälern des Trentino werden Äpfel angebaut. Die wiederum sind Grundlage des Trentiner Apfelstrudels, der auf kaum einer Speisekarte fehlt. Die Torta de fregoloti hingegen ähnelt schon wieder sehr der Sbrisolona vom Süden des Gardasees: dort ein mürber Mandelkuchen, hier auch schon mal mit Nüssen zubereitet und gern mit einem Gläschen Trentiner Vino Santo serviert.

Womit wir bei den Getränken angekommen sind. Während es im Süden des Gardasees für Kinder oft nur Wasser (oder diverse Softgetränke) gibt, bieten hier immer mehr Gasthöfe naturreinen Apfelsaft an. Die Großen widmen sich mit Genuss den hervorragenden Trentiner Weinen. Weißweinliebhaber dürfen sich auf einen zartfruchtigen Nosiola freuen. Die ebenfalls einheimischen roten Rebsorten Marzemino und Teroldego begleiten Carne salada und Gulasch.

Zum Abschluss (oder auch als Aperitif) ein Glas Trento DOC oder den berühmten Vino Santo, der traditionell am Karfreitag aus den bis dahin in würziger Bergluft getrockneten Nosiola-Trauben entsteht.

IL LIBERTINO

Genuss in der Küchenwerkstatt

Adresse: Piazza Piedicastello 4–6, 38122 Trento (TN)
Auf der rechten Etschseite

+39 0461 26 00 85
www.ristoranteillibertino.com

Ruhetag: Dienstag
Betriebsferien: variabel
Preise: €–€€

Dort, wo jetzt das nette Lokal ist, befand sich eine Werkstatt, die Umwandlung ist gelungen, man sitzt an Holztischen im gemütlichen Gewölbe und genießt Trentiner Klassiker, hausgemacht mit Produkten der Region und der Saison, aber auch ganz eigenen Kreationen, die viel Freude machen.

Als Vorspeise zum Beispiel einen gekonnt in Apfelessig und Zwiebeln marinierten Saibling mit Pinienkernen und Rosinen - Trentiner Interpretation des venezianischen Gerichts. Ausgezeichnet das niedertemperaturgegarte Hirschfilet mit Gewürzen, Salat, Waldfrüchten und Johannisbeersoße oder eine pikante Crème brûlée mit Pfifferlingen und Trüffeln. Als Primi kann man im Herbst hausgemachte Tagliatelle mit Rehragout oder Gnocchi mit Pfifferlingen, knusprig gebratenem Speck und Trentingrana wählen. Fischliebhaber sollten als Hauptspeise den edlen Carpione aus dem Gardasee wählen, einen Fisch, der beinahe ausgestorben wäre und nun wieder nachgezüchtet und eingesetzt wird - immer noch rar, aber ein herrlicher Genuss. Wer Fleisch mag, könnte sich für mürbe Carne salada oder zarte, in Weißwein geschmorte Kalbsbäckchen entscheiden. Dolci könnten ein Strudel im Glas oder eine Schoko-Mandelterrine mit Mascarponecreme und Himbeeren sein. Wer die Qual der Wahl scheut, nimmt entweder das kleine oder große Degustationsmenü (30 bzw. 40 und mit ausgezeichneter Weinbegleitung 40 bzw. 55).

Auf der Weinkarte finden sich über 300 Posten, vor allem aus der an interessanten Weinen so reichen Region, aber auch darüber hinaus. Die Weine kann man auch zum Mitnehmen kaufen bzw. glasweise mit Käse und Salami verkosten.

IL CAPPELLO

Ruhige Atmosphäre, feine Küche in der Altstadt

Adresse: Piazzetta B. Lunelli 5, 38122 Trento (TN)
Zwischen Castello di Buonconsiglio und Dom in der Altstadt

+39 0461 23 58 50
www.osteriailcappello.it

Ruhetag: Sonntagabend und Montag
Betriebsferien: keine
Preise: €€

Unweit vom Dom und dem Castello del Buonconsiglio findet sich dieses schöne Restaurant. Auf drei Etagen wird man bewirtet: im Keller in einem alten Gewölbe bei Kerzenschein, im Erdgeschoss herrscht Bistroflair und man hat einen unterhaltsamen Blick in die Küche, auf der Empore finden sich kleine Tische fürs Essen zu zweit. Im Sommer gibt es auch eine ruhige Terrasse, die die touristische und geschäftige Hektik vergessen lässt.

Seit 1997 bietet man hier Trentiner und mediterrane Gerichte an, man legt Wert auf frische Zutaten der Saison. Die Karte ist überschaubar, alles wird à la Minute zubereitet, also etwas Geduld mitbringen. Schnell kommen die Antipasti auf den Tisch. Wie wäre es mit Schinken und Feigen, Bresaola mit Salatstreifen oder Carpaccio mit Apfelringen als Vorspeise? Danach gibt es als Primi Trentiner Knödel mit Radicchio, knusprigem Speck und Käse oder mit Steinpilzen. Fein die Pappardelle mit Perlhuhnsugo, der Oktopussalat oder die Tagliolini mit Scampi, dann könnte man zwischen überbackenen Jakobsmuscheln, einem sehr zarten Lammcarré oder Rinderbäckchen wählen, zum Nachtisch Kastanieneis auf Khakicreme. Die Weinkarte umfasst ca. 150 Etiketten, vornehmlich aus dem Trentino. Schön, dass man die Weine auch glasweise bekommt.

TIPP

Weingenießern sei empfohlen, die Vinothek Grado 12 zu besuchen. Neben Wein gibt es dort noch viele andere Spezialitäten, die man in Flaschen oder Gläser füllen kann.

Grado 12, Largo Carducci 12, 38122 Trento (TN), www.enotecagrado12.it

3

LA RUPE DI BESENO

Ausflugsziel für Genießer und Entdecker

Adresse: Via Castel Beseno 6, 38060 Maso Trapp Besenello (TN)
Wenige Meter vom Parkplatz des Castel Beseno

+39 0464 83 41 32
www.larupedibeseno.it

Ruhetag: keiner, Mo–Di nur mittags geöffnet
Betriebsferien: variabel
Preise: €–€€

Am Fuß vom Castel Beseno befindet sich das freundliche Gasthaus, wo man die kreative Trentiner Slow Food-Küche von Massimo Curzel genießt.

Als Vorspeise könnte man das traditionelle Trentiner „Speckbrettl" wählen, bestückt mit Feinem von handwerklich arbeitenden Betrieben der Gegend, oder - etwas ausgefallener - Carpaccio von sanft geräuchertem Rindfleisch mit Radicchioflan und „Puzzone di Moena", dem kräftigen Käse aus den Bergen. Mit dem gleichen Käse und krossem Speck werden auch die Rote-Bete-Spätzle gewürzt. Hirschgulasch oder ein gefülltes Kaninchen sind überzeugende Hauptspeisen. Die hausgemachten hervorragenden Dolci sind in einer Vitrine hübsch präsentiert - der Gast hat hier die Qual der Wahl. Lobenswert auch die Weinkarte, die zu äußerst fairen Preisen Tropfen der an interessanten Weinen reichhaltigen Gegend auflistet, von einer Auswahl „Trento DOC" über feine Weiße, charaktervolle Rote bis hin zu Süßweinen. Bier gibt's von einer kleinen Brauerei aus der Gegend.

TIPP

Das Castel Beseno ist eine der größten Burgenanlagen des Alpenraumes und war von 1470 bis 1973 im Besitz der Familie Trapp. Die sehenswerte Burganlage enthält lebendig gestaltete Museumsräume, die Geschichte und Bedeutung der Burg spannend darstellen, es gibt Filme, man kann Bogenschießen üben und der Blick von dort oben ist sagenhaft. In der Burganlage finden immer wieder Veranstaltungen statt. Mehr unter www.buonconsiglio.it

LOCANDA D & D

Sagenhafte Aussicht, kreative Regionalküche

Adresse: Via Maso 2, 38060 Nogaredo (TN)

+39 0464 41 07 77
www.locandaded.it

Ruhetag: Dienstag
Betriebsferien: keine
Preise: €€

Die Locanda D & D gleicht ein wenig einer trutzigen Burg hoch oben über dem Etschtal. Dicke Mauern und ein riesiger Kamin schmücken die gemütliche Gaststube. Von der großen Terrasse hat man eine herrliche Aussicht ins Tal und in die Berge.

Die Tische sind schön eingedeckt, ein Korb mit ausgezeichneten hausgebackenen Brotsorten verkündet den Beginn eines feinen Mahls.

Der Blick auf die Speisekarte lässt einem das Wasser im Mund zusammenlaufen, schwer fällt die Wahl, weil eigentlich alles gut klingt: Gemüsestrudel mit Fonduta oder hausgeräucherte Lachsforelle? Canederli mit Trentiner Schinken oder hausgemachte Salami? Schmorfleisch in Nosiola, der Grillteller oder doch lieber Kaninchen mit Pilzen? Dazu eine schöne Käseauswahl und verführerische Desserts.

Aus regionalen Zutaten zaubern Sandrine und Ivano konzentrierte, feine und zugleich bodenständige Gerichte, die immer dem Lauf der Jahreszeiten folgen. Die Köche am Grill, denen man bei der Arbeit zusehen kann, beherrschen ihr Metier meisterhaft. So zart haben wir Grillgemüse nirgends gegessen, so saftig selten Fleisch und Fisch aus der Glut. Die Weinkarte versammelt die guten Winzer der Gegend, die Preise sind erfreulich kalkuliert.

TIPP

Die Locanda ist Mitglied der Weinstraße des Vallagarina. Auf der informativen Internet-Seite in italienischer und englischer Sprache www.stradedelvinodeltrentino.it findet man jede Menge links zu Produzenten, Produkten, Rezepten, Reiserouten, Kulturevents und Wanderwegen.

VINERIA DE TARCZAL

Feine Landküche im historischen Gebäude

Adresse: Via G. B. Miori 6, 38060 Marano d'Isera (TN)
Südlich von Isera, gut ausgeschildert

+39 0464 45 07 07
www.detarczal.it

Ruhetag: Sonntagabend und Montag
Betriebsferien: variabel
Preise: €–€€

In dem wunderschönen Gemäuer „spürt" man Geschichte förmlich, die Familienhistorie ist ebenso spannend wie die des bekanntesten Weins des Weinguts, des Marzemino, der schon zu Mozarts Zeiten besungen (und getrunken!) wurde. Die gemütlichen Räume schmückt historisches Mobiliar und fast noch schöner ist der Innenhof.

Dazu die ehrliche, bodenständige Küche der Vineria, gekonnt zubereitete Trentiner Klassiker wie Strangolapreti, Canederli aller Arten, das feine Carne salada als Carpaccio, ergänzt durch viele, von der Jahreszeit geprägte Überraschungen wie knusprige Blätterteigtäschchen mit karamellisiertem Radicchio oder Gemüsestrudel. Risotto oder Schmorbraten mit hauseigenem Marzemino sind eine Delikatesse. Doch der Gardasee ist nicht weit und die Teiche des Trentino um die Ecke, so dass es immer auch Fisch gibt: mariniert als Vorspeise, als Sugo zu den Primi oder als Hauptspeise, vielleicht Saibling mit Kräuterkruste, dazu Gemüse der Gegend und der Saison und dann die feinen hauseigenen Desserts.

Die Weine des Weinguts kann man im Rahmen eines Menüs selbstverständlich glasweise verkosten.

LOCANDA DELLE TRE CHIAVI

Hier ist Trentiner Slow Food zuhause

Adresse: Via Vannetti 8, 38060 Isera (TN)
Mitten im Ort

+39 0464 42 37 21
www.locandadelletrechiavi.it

Ruhetag: Montag und Sonntagabend
Betriebsferien: variabel
Preise: €€

Auch wenn man drei Schlüssel bräuchte, um das Tor zum geschmückten Innenhof, über den man zur Locanda gelangt, zu öffnen – man würde sie gerne suchen. Auch die zwei Gewölberäume drinnen sind schön und stilvoll. Der Tisch gleich am Eingang mit Spezialitäten der Region, edlen Bränden und Weinen dekoriert, weist auf die gastronomische Leidenschaft von Sergio Valentini hin, der sich Slow Food verschrieben hat.

Seit 1997 verwandeln Sergio und Annarita Produkte der allernächsten Umgebung zu duftenden Köstlichkeiten. Insbesondere die Produkte „Presidio Slow Food", also besonders Typisches und Schützenswertes, haben es ihnen angetan. Und auch die traditionelle Küche. Die aber wird mit sicherer Hand verfeinert, mancherlei Zutaten in außergewöhnlicher Weise kombiniert. So sind die Casonzei etwa mit Roggenmehl gemacht und mit Bärlauch gefüllt, die Lachsforelle kommt mit mariniertem Gemüse daher, der Rinderbraten wird mit Kaffee gewürzt und mit einem sagenhaft dazu passenden Selleriepüree serviert. Die Auswahl an Käse aus den Trentiner Bergen ist hervorragend. Kreativität und Küchenkunst auch bei den Desserts: hausgemachte Semifreddi, Kaffeemousse mit Gewürzen oder Apfelstrudel mit Zimteis. Der Weinkeller sucht seinesgleichen. Die Locanda bietet auch Zimmer an und einige der Produkte der Region und des Hauses kann man zum Mitnehmen kaufen.

CASA DEL VINO DELLA VALLAGARINA

Historische Gemäuer mit junger Küche, Spezialitätenladen inklusive

Adresse: Piazza San Vincenzo 1, 38060 Isera (TN)
Direkt am Hauptplatz

+39 0464 48 60 57
www.casadelvino.info

Ruhetag: keiner, 12–22 geöffnet
Betriebsferien: keine
Preise: €

Die Innenräume des historischen Gebäudes sind vor nicht allzu langer Zeit renoviert worden, der Garten mit vielen Rosen angelegt. Es sind herrliche alte Gemäuer mit viel Geschichte, Fresken, die von vergangenen Zeiten erzählen, moderne Einbauten für alles, was modern eben angenehmer ist wie Waschräume, Küche & Co. Der Blick von der Terrasse ins Etschtal hinunter ist sagenhaft.

Ein junges Team kümmert sich um die Küche, in der die Produkte der Mitglieder der Kooperative verarbeitet werden. Käse, Gemüse, Wein, Eingelegtes, Schinken und Salami stammen von meist kleinen Familienbetrieben der Gegend. Die Küche verwandelt sie zu einem ansprechenden Menü, immer der Jahreszeit angepasst. Es gibt meist Antipasti mit Salami und Gemüse oder Zungen-Carpaccio mit Trüffeln zum Beispiel, zwei, drei Primi (etwa Canederli oder Risotto) bzw. Secondi (Schmorbraten oder Wild im Herbst) und eine schöne Auswahl an hausgemachten Dolci – wie die Tageskarte berichtet: immer von fröhlichen Menschen mit Freude serviert!

Angenehm für Wanderer, Durchreisende und Leute, die im Urlaub keine Lust haben, auf die Uhr zu sehen: Von morgens bis abends kann man Salami- und/oder Käseteller bekommen, ein Stück Brot dazu und ein Glas Wein aus der reichhaltigen Auswahl.

TIPP

Seit der Renovierung ist der kleine Laden im Palazzo ganztägig geöffnet. Dort findet man all die Produkte der Mitglieder der Kooperative, Weine der besten Produzenten der Gegend, Essige wie etwa Apfelbalsamessig, Olivenöl, allerlei Eingelegtes, Bekanntes wie etwa Pesto oder Gemüse, eher Seltenes wie Kornelkirschen, wie Oliven eingemacht; weiter Marmeladen, Aufstriche, Sirup und Säfte, Gebäck oder Nudeln.

OSTERIA DEL PETTIROSSO

Winebar, Jazzbühne und Restaurant mit moderner Trentiner Küche

Adresse: Corso Bettini 24, 38068 Rovereto (TN)
Vom Museum MART Richtung Zentrum

+39 0464 42 24 63
www.osteriadelpettirosso.com

Ruhetag: keiner
Betriebsferien: keine
Preise: €

Ein langer Tresen lädt die Weinkenner seit 2001 zu einem guten Glas und kleinen Häppchen. Im Restaurant sitzt man an schön eingedeckten Tischen mit großen Weingläsern in einem schummrig beleuchteten, alten Steingewölbe. Mitten in Rovereto, nahe beim Museum MART, ist das Pettirosso ein beliebtes Lokal für Geschäftsessen und abendliche Livemusik.

Das schicke Ambiente hat auch auf die Küche abgefärbt. Hier gibt es moderne Neuinterpretationen klassischer Trentiner Gerichte: Kartoffelkuchen mit Speck und Schinken oder Lauchtarte auf Kürbiscreme als Antipasto, als Primi z.B. Canederli mit Wirsing und Bergkäse oder Tagliatelle mit Lammragout. Das Fleisch der Hauptspeisen kommt vom Grill, so eine üppige und perfekte Tagliata und zum Nachtisch ist der Apfelstrudel mit Vanillesauce zu empfehlen. Das feine Brotsortiment stammt aus eigener Herstellung. Zum Wein gibt es jede Menge Kleinigkeiten zu Essen sowie eine ausgezeichnete Wurst- und Käseauswahl. Der Keller wartet mit etwa 500 Etiketten auf, davon gibt es viele täglich glasweise im Ausschank. Bevorzugt werden Trentiner Weine, man findet aber auch andere italienische Regionen und eine gute Champagnerauswahl; die Weine werden auch zum Mitnehmen angeboten.

TIPP

Es lohnt sich, die hervorragende Sammlung moderner Kunst im MART zu besuchen. Infos unter http://www.mart.trento.it

9

MASO PALÙ

Slow Food in urigem Ambiente

Adresse: Località Palù, Via Graziani 56, 38060 Brentonico (TN)
Von Mori kommend, 2 km hinter Brentonico

+39 0464 39 50 14
www.masopalu.com

Ruhetag: Dienstag
Betriebsferien: variabel
Preise: €

Maso Palù ist ein gemütliches Bergrestaurant, viel Holz, viel urige Dekoration, die hier wunderbar passt. Wir befinden uns immerhin auf fast 800 Höhenmetern. Im Winter wärmen Holzöfen, im Sommer weht eine frische Brise durch die Fenster. Leider gibt es nur wenige Plätze draußen.

Im Internet haben wir gelesen, die Portionen seien klein. Wenn diese Leute je Recht hatten, dann hat sich die Wirtin das sehr zu Herzen genommen. Unser Degustationsmenü bestand aus einem schönen Teller mit Carpaccio und Tartar von Carne salada, einem Klecks herrlich weicher Polenta mit Fonduta und Trüffeln, Salami und Bergkäse, Russischem Salat von Äpfeln und Gemüse sowie Kartoffeln mit Käse. Sodann dreierlei Primi: ein ausgezeichneter Orzotto mit Radicchio und Brät, Gnocchi mit Trüffeln und Bigoli mit Sardinensugo. Froh waren wir, von der Kaninchenroulade noch probiert zu haben, es hätte noch Tagliata mit Trüffeln und Schweinskoteletts gegeben. Dann warmen Apfelstrudel und Joghurt-Tiramisu. Dazu einen feinen Hauswein vom Weingut Simoncelli aus Isera, und zum Abschluss Caffè und Grappa.

Wer möchte, kann aus der Weinkarte auch andere Weine des Trentino wählen.

TIPP

In der Trattoria kann man auch Apfelsaft, Beerenessig, Sirupe und vielerlei Fruchtaufstriche auf der Basis von Trentiner Äpfeln erstehen. Zum Beispiel (nachahmenswert!) einer aus Äpfeln und Hagebutte oder Äpfeln und Pflaumen. Dazu gibt es Tees und Kräuterprodukte des Monte Baldo.

ANTICA GARDUMO

Kunst und Küche

Adresse: Via Ai Piani 1, 38060 Ronzo Chienis (TN)
Mitten im Ort

+39 0464 80 28 55
www.anticagardumo.it

Ruhetag: Montag
Betriebsferien: variabel
Preise: €–€€

Oben in Ronzo Chienis fühlt man sich weit weg vom Gardasee und seinem Trubel, obwohl es nur wenige Kurven hinauf in die Berge sind. Die Hochtäler dort sind nach Norden geschützt, nach Süden geöffnet und erhalten so die milde Luft des Gardasees. Dies ist Grundlage für Gemüseanbau mit erstaunlicher Sortenvielfalt - die Mitglieder des Consorzio Ortofrutticolo des Val di Gresta sind zu fast 80 Prozent biozertifiziert. Erstklassige Grundlage also für eine feine Küche in einem sehr beeindruckenden Ambiente. Uraltes Gemäuer, knorrige Balken, dazu modernes Interieur, schöne Tischwäsche, luftige Terrasse - was will man mehr. Vorspeise könnte ein delikater Gemüsestrudel mit Sesamkruste, ein würziger Spinatkuchen oder Caponata aus vielerlei hiesigem Gemüse sein. Fleischfans bestellen hausgemachtes Carne salada oder Salami. Die klassischen Primi wie Risotto (mit Spumante oder Teroldego) und Nudeln mit würzigen Soßen werden ergänzt durch zarte Crespelle, die mit Ricotta und Spinat, Radicchio, Pilzen oder Fonduta aus Trentiner Käsen gefüllt werden - je nach Jahreszeit.

Empfehlenswert die Fleischgerichte, egal ob vom Grill oder aus dem Ofen. Zart die geschmorten Schweinebäckchen, die gefüllte Wachtel oder der Schweinebraten mit Mandeln und Rosmarin. Auf keinen Fall sollte man die Dolci auslassen, alle hausgemacht und alle verführerisch. Ebenso verführerisch die Möglichkeit, die ausgezeichneten Weine glasweise zu Käse, Schinken und Salami und hausgebackenem Brot im Weinkeller oder im schönen Garten schon ab 18.30 Uhr zu genießen. Wer mag, mietet eines der schönen Zimmer.

11

MASO NARANCH

Biologische Höhenflüge

Adresse: Località Naranch, 38065 Mori-Pannone (TN)

+39 0464 35 61 13
www.naranch.it

Ruhetag: Freitag–Sonntag geöffnet
Betriebsferien: Oktober bis Ostern geschlossen
Preise: €

Ein paradiesischer Platz hier oben, nach Norden geschützt durch imposante Felsen befindet sich Maso Naranch auf einer kleinen, hufeisenförmigen Hochebene, Bänke sind aufgestellt, damit man den Blick in Ruhe genießen kann, denn man hat quasi den ganzen Gardasee vor sich. Drumherum blüht und summt es – hier baut man biologisches Gemüse an, das das Rückgrat der einfachen, aber ausgezeichneten Küche bildet. Frischer also soeben vom Feld geholt, können Salat und Gemüse nicht sein. Sie werden zum Beispiel in eine ausgezeichnete Gemüselasagne verwandelt, kommen in Trentiner Spinatknödel mit gerösteten Mandelblättchen und Kirschtomaten zur Geltung und bereichern ein würziges Gulasch oder saftige Rippchen. Köstlich auch das Tartar von Carne salada auf Rucola und Gemüse. Wenn man wandert, hat man Hunger, also bestellt man die reich bestückten Brotzeibrettl mit Schinken, Trentiner Bergkäse, hausgemachten Mostarde aus Birnen, Feigen oder Zwiebeln. Es gibt hauseigenes eingelegtes Gemüse wie Radicchioherzen oder Sellerie in Olivenöl, Zwiebelchen in Marinade, Zucchini und Auberginen nach alten Rezepten und Bruschette mit Lauch- oder Kürbiscreme. Natürlich gibt es auch Wein und Bier, aber Abwechslung bringt Minzsirup mit Mineralwasser, Holundersaft oder Sbrizzzz – die hausvergorene Holunderlimo. Der Blick von den vier Zimmern ist sagenhaft. Wer essen möchte, sollte unbedingt reservieren; man kann Lokal und Gelände auch für Feste und Feiern mieten.

12

AL FORTE ALTO

Friedliche Verwandlung: Von der Festung zum Restaurant

Adresse: Via Castel Penede 26, 38060 Nago (TN)
Die Festung ist im kleinen Nago nicht zu übersehen

+39 0464 50 55 66
www.alfortealto.it

Ruhetag: Dienstag, nur abends, Sa und So auch mittags
Betriebsferien: keine
Preise: €€–€€€

Bevor man das Lokal betritt, sollte man bei Tageslicht noch ein paar Schritte gehen zum Aussichtsplatz neben der Festung von Nago. Ein herrlicher Blick über den oberen Gardasee und die Sarca-Mündung ist der Lohn. Das dicke Bollwerk der Festung ist innen urgemütlich, einfach etwas ganz besonderes. Im Sommer kann man den Aperitif im Innenhof nehmen.

Die Küche des Restaurants verwandelt Trentiner Produkte in Geschmackserlebnisse. Neue Gartechniken und Ideen lassen fast ein wenig an Molekularküche denken, man merkt aber deutlich die Wurzeln der heimischen Küche. Das beginnt schon beim hausgebackenen Brot mit Nüssen oder „Molche", Oliventrester, also den Rückständen der Ölherstellung. Zur Vorspeise gibt es heimischen Fisch, etwa Forelle in Apfelessig mariniert, legendär ein selbst hergestellter Kochschinken. Die Ravioli füllt man gerne mal mit Olivenölschaum, Kaninchen werden im Vakuum gegart, wie Salami aufgeschnitten und auf Wildsalat präsentiert. Die Desserts sind große Klasse, Liebhaber bestellen die Dolci-Degustation. In einem solch feinen Restaurant ist eine schöne Weinkarte eine Selbstverständlichkeit: Hier sind die besten Produzenten des Trentino und darüber hinaus versammelt.

TIPP

Falls Sie vor dem Essen in Riva bummeln waren, schauen Sie doch in der Riva Bar zum Aperitivo vorbei. Die Bar ist im ehemaligen Bahnhof untergebracht und schon architektonisch sehenswert. Dazu gibt es allerlei Drinks, die bekannten Aperitivi und einen ganzen Tisch voller Knabbereien, kleiner Häppchen, Minipizze und vieles mehr um, den ersten Hunger zu stillen.

CÀ DEI GIOSI

13

Vom Stall zur feinen Osteria: welch ein Aufstieg

Adresse: Via Villa Alta 9a, 38070 Covelo di Terlago (TN)
Unterhalb der Kirche des kleinen Dorfes

+39 0461 86 21 10
www.cadeigiosi.it

Ruhetag: Montag und Dienstag
Betriebsferien: Januar und August
Preise: €–€€

Ein Bilderbuchbetrieb einer großen Familie. Fernando kocht, sein Bruder Germano und dessen Frau Ornella kümmern sich ebenfalls um Küche und Keller. Die Familie betreibt bis heute einen stattlichen Bauernhof. Früher waren die Kühe hier untergebracht, doch dann wurden neue Stallungen gebaut und der alte Stall mit schönem Gewölbe durfte Osteria werden. Urgemütlich ist es drinnen; draußen sitzt man auf einer langgestreckten Veranda und genießt von dort den Ausblick hoch zu den Bergen.

Klassische Trentiner Küche präsentieren Ornella und Fernando. Die Zutaten dafür stammen, soweit irgend möglich, aus der näheren Umgebung oder gar vom eigenen Gemüsegarten. Als Antipasti empfehlen wir Salami und Schinken vom Wild. Danach gibt es lockere, fein gewürzte Canederli mit Butter und Salbei oder in Brühe, grüne Bandnudeln mit Sugo aus verschiedenen Fleischsorten (sehr empfehlenswert!) oder Brennnessel-Knödel mit Kräuterbutter. Dann könnte man das typische Trentiner Carne salada wählen, Fleisch vom Grill oder eine zarte Lachsforelle mit gebratenen Gemüsen.

Wenn Germano Zeit hat, zeigt er gerne seinen gut bestückten Weinkeller, in dem alle kleinen und großen Namen des Trentino versammelt sind. Besonders berücksichtigt werden die Weine des Valle dei Laghi von Pisoni, Pravis, Gino Pedrotti oder Giovanni Poli.

AL VECCHIO MULINO

Schöner Platz, lässiges Essen

Adresse: Località Naran 1, 38070 Vezzano (TN)
Kurz vor Vezzano, von der Landstraße Trento-Riva gut zu sehen

+39 0461 186 03 61
www.vecchiomulinovezzano.com

Ruhetag: keiner
Betriebsferien: variabel
Preise: €–€€

Ob Pizza, Salatschüssel, Holzbrettl mit Schinken und Salami oder feine traditionelle Trentiner Küche: hier wird jeder glücklich. Für Kinder gibt's ein Extra Mini-Menü.

Oben, im Neubau an der Bar, herrscht angenehme Bistro-Atmosphäre. Abends sitzt man in gemütlichen Gewölben, im Sommer auf der Veranda oder an einem der vielen Plätze im weitläufigen Garten.

Ob einer alles kann? Nicht, wenn er alleine wäre. Aber das gut eingespielte Team kocht schon lange zusammen. Jeder findet etwas und alles ist gut. Pizza, Salate, Snacks wie zum Beispiel Oliven oder Kaminwurzen für den kleinen Hunger, Holzbrettl mit Trentiner Wurstspezialitäten und Eingelegtem zur Brotzeit und feine Klassiker wie Canederli, Strangolapreti oder Risotti. Als Hauptgerichte gibt es allerlei Fleisch vom Grill, aus dem Schmortopf – etwa Wildgerichte – sowie Pferdefleischspezialitäten. Die Fische stammen aus den Seen des Valle dei Laghi. Pluspunkt auch das Kindermenü: ein Gericht, ein kleines Dessert und ein Getränk.

Die Weine der sorgsam zusammengestellten Weinkarte kann man auch zum Mitnehmen kaufen. Eine Seite mit Spezialbieren rundet das Weinangebot ab.

DA CIPRIANO

Seit über 30 Jahren Garant für Trentiner Genuss

Adresse: Via Graziadei 13, 38072 Calavino (TN)
Mitten in Calavino

+39 0461 56 47 20

Ruhetag: Mittwoch, außer Sonntag nur abends geöffnet
Betriebsferien: variabel
Preise: €–€€

Ein altes Haus mit dicken Mauern beherbergt das Lokal, urige Gaststuben drinnen, herrlich sitzt man im von Mauern geschützten und mit Olivenbäumen geschmückten Innenhof.

Selbst wenn die Küche über die Jahrzehnte hinweg verfeinert wurde, stehen hier immer noch die Klassiker auf der Speisekarte – ein Erlebnis an Ursprünglichkeit. Die Strangolapreti glänzen in ihrem satten Spinatgrün, duften und schmecken verführerisch. Besondere Aufmerksamkeit widmet man hier den Lachsforellen und Saiblingen aus den Gewässern des Valle die Laghi, als Antipasti mariniert, als Secondo in Bergbauernbutter gedünstet oder gegrillt. Ein würziger Schmorbraten vom Hirsch zeigt die Nähe der Berge, Hirschroulade mit Wildragout das Können des Kochs. Auf die ausgezeichneten Desserts sollte man keinesfalls verzichten. Die Torta de fregoloti, der Mandelstreuselkuchen, wird mit lokalem Vino Santo serviert, als Alternative könnte ein flambiertes Semifreddo von Waldfrüchten empfohlen werden. Die Weine stammen von den Winzern des Valle die Laghi. Der zarte Nosiola passt wunderbar zur Forelle, zu den Braten empfiehlt man im Cipriano einen kräftigen Lagrein. Wir schließen uns dem Guide Michelin an, der dem Restaurant sorgfältig zubereitete Produkte, eine moderate Rechnung sowie eine frische Küche mit exzellentem Preis-Leistungs-Verhältnis zuschreibt.

16

RISTORANTE CASTEL TOBLINO

Edelküche mit Trentiner Wurzeln und Seeblick

Adresse: Località Castel Toblino 1, 38072 Calavino (TN)

+39 0461 86 40 36
www.casteltoblino.com

Ruhetag: Dienstag
Betriebsferien: variabel
Preise: €€–€€€

Das schöne Restaurant liegt quasi mitten im See, in der mittelalterlichen Burg, auf einer Halbinsel im Lago di Toblino. Man speist in ehrwürdigen Gewölben und viele der Urahnen des Geschlechts der Madruzzo, die die Burg einmal bewohnten, schauen von Ölgemälden auf die schön gedeckten Tische. Dass man hier den Platz ein wenig mitbezahlt, ist klar. Doch der Besuch lohnt sich. Küchenchef Stefano Bertoni gelingt es, Trentiner Klassiker mit Kreativität und frischem Wind in der Küche zu verfeinern. Wie allen guten Köchen ist ihm die Auswahl der Produkte, die in die Küche wandern, ganz besonders wichtig: vieles bezieht er aus der Region. Die Fische für das „Menu del Lago" kommen selbstverständlich von hier, der gekonnt marinierte Saibling oder der Barsch auf Kräuterschaum schmecken ausgezeichnet. Ganz leicht und zart im Geschmack gelingen ihm die Bigoli alle Sarde, die er mit kandierten Zitrusfrüchten verfeinert. Klassiker wie Tortelli werden mal traditionell mit Kürbis gefüllt, aber mit einem Schaum aus Trentingrana und zarten Mandelhippen serviert, mal dient Entenbrust als Füllung, verfeinert mit hiesigem Trüffel. Als Hauptspeise überzeugte die Forelle auf Zitronen-Bohnencreme; fein auch Wildgerichte wie Rehlende mit knuspriger Kruste, Pfifferlingen und Waldbeeren. Bei den Desserts kommen die Äpfel des Trentino und die Pflaumen aus dem nahen Dro zu Ehren. Lob verdienen auch die hausgebackenen Brotspezialitäten.

Bei nahezu 400 Etiketten auf der Weinkarte dürfte die Wahl schwer fallen – beste Tropfen der Gegend, aber selbstverständlich auch weit darüber hinaus werden angeboten.

HOSTERIA & SELLING POINT TOBLINO

17

Wein probieren, Spezialitäten kaufen, Trentiner Küche genießen

Adresse: Via Garda 3, Frazione Sarche, 38072 Calavino (TN)
An der Hauptstraße nicht zu übersehen

+39 0461 56 11 13
www.toblino.it

Ruhetag: siehe unten
Betriebsferien: keine
Preise: €

Die Hosteria mit dem H am Anfang weißt auf den Ursprung des Wortes hin. Hostes ist der Gast auf Lateinisch. Hier kann der willkommene Gast gleich mehrere Dinge gleichzeitig erledigen - er kann Wein probieren, Wein kaufen und bekommt auch noch etwas Anständiges zu essen. Keine verschnörkelte Kochkunst, sondern einfache, gute Trentiner Küche zum anständigen Preis: Nudelgerichte, Knödel, einfache Fleischgerichte mit frischen Beilagen, Salate. Man kann am langen Tresen aber auch nur ein Gläschen trinken und etwas Schinken, Salami oder Käse dazu schnabulieren. Der gemütliche, helle Restaurantbereich geht über in einen gut bestückten Spezialitätenladen und eine Vinothek. Man bekommt hier viele Weine der Erzeuger der Gegend, aber auch aus ganz Italien zu sehr freundlich kalkulierten Preisen, dann aber auch Olivenöle, Grappe und Obstdestillate, Essige wie Balsamico oder Bio-Apfelessig, Eingelegtes, Kekse, Salami, Käse und vieles andere mehr. Auch hier: von Genusshandwerkern vor Ort, viele Slow Food prämierte „Sapori" des Gardasees und der Dolomiten.

TIPP

Öffnungszeiten Weinbar: Mo–Sa 10.30 alle 22.30, So 11.00 alle 19.00, Montag geschlossen

Hosteria: 12.00–14.00 und 19.00 alle 22.00 Uhr, Sonntagabend und Montag geschlossen

Spezialitätenladen und Vinothek: Mo–Sa 8.00 alle 12.30 und 14.00 alle 19.00, So 9–12.30 Uhr

BELVEDERE

Tradition, Tradition, Tradition

Adresse: Via Serafini 2, 38062 Varignano in Arco (TN)
Von Arco Richtung Tenno

+39 0464 51 61 44
www.trattoriabelvedere.it

Ruhetag: Mittwoch
Betriebsferien: Juni–September
Preise: €

Ob man hier ein Lokal empfehlen soll, dass von Juni bis September geschlossen ist? Wir haben lange überlegt, aber erstens finden wir, dass der Gardasee auch im Winter schön ist, sodann sind ja auch viele Bergwanderer unter Ihnen und schließlich ist das Belvedere eine solche Traditionsbastion, dass sie hier einfach aufgenommen werden muss.

Historisch gewachsen, Familienbetrieb seit 1800, im Sommer macht man nicht etwa nur Ferien, sondern kümmert sich um die eigene Landwirtschaft. Die Küche ist traditionell, wie es traditioneller gar nicht gehen kann. Alles ist hausgemacht, wenn man es selbst herstellen kann und die Speisekarte dürfte sich lange nicht geändert haben. Hier gibt es, so sind sich viele einig, das beste Carne salada überhaupt. Das große Geheimnis ist natürlich die Würze, besondere, familieneigene Feinheiten der Zubereitung, doch voran: die Auswahl des Fleisches, die Aufzucht der Tiere. Carne salada kann man als Vorspeise mit dem typischen in Essig und Öl eingelegten Gartengemüse wählen. Es gibt Käse und Salami von handverlesenen Produzenten der Gegend, dazu hausgebackenes Brot mit „Molche", dem Oliventrester. Wer Carne salada als Hauptspeise genießen will, stellt hier fest, dass es mürbe und zart ist und nicht etwa zäh – das passiert sonst oft einmal. Dazu gibt es Bohnenkerne, die klassischen Borlotti-Bohnen mit Zwiebeln. Klassische Süßspeisen wie Apfelstrudel, Obstkuchen oder eingelegte Früchte runden das Mahl ab. Die Weinauswahl ist nicht üppig, aber man findet gute Trentiner Tropfen zu angenehmen Preisen.

LE SERVITE

Biogenuss im Grünen

Adresse: Via Passirone 68, Loc S. Giorgio, 38062 Arco (TN)
Zwischen Riva und Arco

+39 0464 55 74 11
www.leservite.com

Ruhetag: Montag, Oktober–März auch Sonntag und Dienstag
Betriebsferien: November und Februar
Preise: €€

Es gibt Lokale, die werden von so vielen verschiedenen Seiten empfohlen, dass man schon mit Vorfreude hingeht. Das können Sie auch tun. Drinnen wie draußen ist es ausgesprochen schön, gemütliche Möbel, Gewölbe, gemauerte Bögen. Von der Terrasse blickt man direkt in Weinfelder und den Gemüsegarten der Familie, die Ernte wandert zum großen Teil in die Küche der Osteria. Was sie selbst nicht herstellen, beziehen sie von handverlesenen, handwerklich arbeitenden und oft bio-zertifizierten Betrieben der Gegend und anderswo her.

Ab 16 Uhr hat die Vinothek geöffnet, dazu bekommt man hausgemachten kalten Rinderbraten mit Kräutersoße, Hirschschinken mit verschiedenen hausgemachten Fruchtsoßen und Beeren aus dem Garten, hiesige Salami mit eingelegtem Gemüse, einen köstlichen marinierten Saibling und vieles mehr. Abends gibt es dann selbstverständlich auch warmes Essen. Traditionell geht es bei den Primi zu: Bigoli mit Sarde di Lago, Gnocchi mit Puzzone di Moena, dem würzigen Trentiner Käse oder hausgemachte Tagliatelle mit Gartentomatensoße. Ausgesprochen empfehlenswert die Hauptspeisen mit Fleisch wie etwa Pferde-Tagliata oder Rindersteak am Knochen, das berühmte Bistecca Fiorentina, das man sich am besten zu zweit oder zu mehreren teilt. Bei den Degustationsmenüs gibt es auch manche delikaten Überraschungen wie zarten Gemüse-Forellen-Flan oder mit Biofrischkäse und Wildkräutern gefüllte Ravioli. Wer in einem der Appartements wohnt, kann die ausgezeichnete Weinauswahl, darunter sehr viele Bioweine, genießen, die anderen ebenso, denn die Weine (und andere Produkte) werden auch zum Mitnehmen verkauft.

LA BERLERA

Kulinarische Perle

Adresse: Località Ceole 8 b, 38066 Riva del Garda (TN)

Im Norden Rivas, fast schon bei Arco, die Località Ceole ist wegen des scheußlichen Betonwerks gut ausgeschildert, doch das vergisst man sofort, versprochen!

+39 0464 52 11 49
www.laberlera.it

Ruhetag: Montag

Betriebsferien: im Sommer nur Montagmittag und Mittwochmittag geschlossen, sonst täglich geöffnet

Preise: €€

Eine Perle, ein Kleinod, ein Glücksfall jedenfalls für Genießer, dass Andrea Guglielmi nach langen gastronomischen Reisen beschlossen hat, sich hier selbständig zu machen. Er schaute bei Gualtiero Marchesi in die Kochtöpfe, kochte in Michelinküchen und landete schließlich in Kopenhagen wo er den neuen gastronomischen Wind rund um Noma & Co. mitbekam. Welch großes Glück für den Gardasee, dass er nach 10 Jahren in Dänemark Sehnsucht nach der Heimat bekam. Seit zwei Jahren verwöhnt er Genießer in den beeindruckenden Felsengewölben der trutzigen Burg, deren Wurzeln bis ins Mittelalter reichen. Berlera soll Perle im damaligen Dialekt bedeutet haben.

Hochküche zu ganz normalen Preisen zaubert Andrea so: er verwendet ganz einfache Zutaten wie Kräuter und Gemüse der Saison, Fleisch wie Rindsbäckchen oder Spanferkel und heimische Lachsforelle anstatt teurem Meeresfisch. Der delikate Gruß aus der Küche: ein Mini-Borlottibohnen-Törtchen mit Schwarzkohl und Linsen, genauso schlicht wie köstlich. Er serviert Canederli „Fumanti" – dahinter verbergen sich perfekt zubereitete Trentiner Knödel, mit Zwiebelcreme und kandierter Zitrone in der Cloche serviert – upgrading eines Traditionsgerichts. Egal ob Rindsbäckchen mit Cabernet-Schokoladensoße, niedertemperaturgegartes Spanferkel mit Rote-Bete Creme, frittierte Kräuter und Blüten mit Ingwersorbet oder sous-vide gegartes Kaninchen – man schmeckt und sieht sein Können. Ehefrau Lizet serviert mit großer Freundlichkeit und Professionalität, berät kundig beim Wein. Denn die ebenso behutsam kalkulierte wie reich bestückte Weinkarte enthält die kreativsten und interessantesten Tropfen der Region und darüber hinaus. Es gibt überdies viele Weine glasweise. Es wird, vergäben wir Punkte, sowohl beim Ambiente, der Küche, dem Service und dem Preis-Leistungs-Verhältnis volle Punktzahl erreicht

MADONNA DELLE VITTORIE

Abgerundet: Ölmühle, Weinkellerei, Trattoria

Adresse: Via Linfano 81, 38062 Arco (TN)

+39 0464 50 55 42
www.madonnadellevittorie.it

Ruhetag: Dienstag
Betriebsferien: variabel
Preise: €–€€

Feinschmeckern ist Madonna delle Vittorie schon seit langem ein Begriff, denn die Weine und das Olivenöl des Betriebs erhalten seit Jahren höchste Auszeichnungen, so zahlreich, dass hier der Platz nicht reicht. Besonders erwähnenswert der Flaschengärsekt Trento DOC, den man zum Aperitiv genießen kann oder der „Summolaco Rosso" aus Teroldego, Lagrein und Cabernet Sauvignon. Die Olivenöle sind allesamt hervorragend, wer wenig Platz im Kofferraum hat, sollte sich auf jeden Fall etwas vom Reinsorten-Olivenöl aus entsteinten Früchten der Sorte Frantoio mitnehmen. Wenn man aber nun schon guten Wein und bestes Olivenöl herstellt, Zimmer und Appartements für Gäste hat, dann liegt es nahe, auch gute Küche anzubieten. Und das macht Familie Mandelli seit einigen Jahren. Es gibt die Klassiker der Trentiner Küche in wunderbarer Qualität. Die Produkte stammen von Nachbarn, hiesigen Produzenten, jedenfalls aus der Region. Man sitzt in hellen, freundlichen Räumen oder auf der Terrasse mit Blick in Felder und Berge. Als Antipasti gibt es Salami, Schinken, Käse und eingelegtes Gemüse, Forellencarpaccio, mit Zitrusfrüchten marinierter Saibling oder Carne salada mit würzigen Kräutern. Verführerisch auch die Primi: Strangolapreti, mit Rindfleisch oder Kaninchen gefüllte Teigtäschchen oder hausgemachte Tagliatelle mit zartem Fischsugo. Das Rindfleisch, das auch als Hauptspeise auf den Tisch kommt, stammt aus eigener Aufzucht und wird zum Beispiel in Teroldego geschmort. Dazu kommen Gerichte der Saison wie Zicklein an Ostern oder Wild im Herbst.

TIPP

Wein und Olivenöl kann man von Montag bis Samstag jeweils von 8.30–19 Uhr kostenlos probieren und natürlich kaufen. Außerdem werden für Gruppen Führungen und Verkostungen angeboten.

AGRITUR CALVOLA

Bioparadies mit Seeblick

Adresse: Via Villa Calvola 62, 38060 Calvola Tenno (TN)
Von Riva aus kurz hinter Tenno

+39 0464 50 08 20
www.agriturcalvola.it

Ruhetag: im Sommer keiner, Oktober–März Mo–Do
Betriebsferien: variabel
Preise: €

Egal, ob Richtung Berge oder See: Der Blick ist sagenhaft. Hier auf 650 Höhenmetern ist man vom Trubel des Seeufers weit entfernt und dennoch rasch unten am See. Blumengeschmückt ist das herrliche Steinhaus im Sommer, wenn man im schönen Garten mit Seeblick speisen kann, die urigen Gewölbe bieten im Winter heimelige Atmosphäre.

Der Bio-Agriturismo von Bruno Santoni und seiner Familie ist ein lohnendes Ziel für Liebhaber von Tradition und Frische. Hier werden die hauseigenen Bio-Produkte in Trentiner Klassiker verwandelt. Es gibt Carne salada mit Bohnen, köstliches eigenes Olivenöl, dessen Pressrückstände, Molche genannt, einem charaktervollen hausgebackenen Brot beigemengt werden. Das Fleisch der eigenen Schweine wird in delikate Salamisorten verwandelt, das Gemüse aus dem Garten wird eingelegt als Vorspeise serviert. Man serviert hausgemachte Pasta mit frischem Gartengemüse, mit Sugo aus Molche oder zarte Strangolapreti. Man kann sich aber auch Kaninchen oder Spanferkelbraten aus dem Holzofen schmecken lassen. Im Sommer erfreuen hausgemachtes Eis und ansonsten Strudel oder feine, mürbe Kuchen mit eigener Marmelade.

Dazu kann man ein gutes Glas des Weißen (Muller IGT oder Sauvignon) oder Roten (Schiava oder den charaktervollen Rebo) genießen.

TIPP

Carne salada wird so gemacht: Sie nehmen ein schönes Stück Rinderkeule von ca. 1 kg. Das Fleisch mit einer Würzmischung rundherum einreiben. Dafür 50 g Salz, 10 g braunen Zucker sowie Rosmarin, Lorbeer und Wacholder mischen. In einer Deckelterrine, in die das Fleisch gerade so hineinpasst, eine Woche im Kühlschrank reifen lassen, ab und an umdrehen. Nun kann man das Fleisch entweder wie Carpaccio roh servieren, oder ganz kurz in der Pfanne braten.

23

TRATTORIA DEL BALSAMICO

Herrliche Aussicht, kulinarische Freuden

Adresse: Strada di San Zeno 2, 38060 Cologna di Tenno (TN)
Von Riva Richtung Lago di Tenno

+39 0464 55 00 64
www.acetaiatn.it

Ruhetag: keiner
Betriebsferien: im Winter nur am Wochenende geöffnet
Preise: €–€€

Der Platz ist sicher einer der schönsten am Gardasee. Der liebevoll eingerichtete Gastraum bietet einen herrlichen Blick auf den See und in die Berge. Die Gaststube ist mit vielen kleinen Fässern dekoriert, in denen ein Schatz des Hauses reift – Trentiner Balsamico. Wer bleiben will: Es gibt wunderschöne Zimmer mit Blick auf den See. Ein Platz zum Träumen.

Ivo Bombardelli kann getrost nach der Philosophie des „Kilometro Zero" arbeiten – hier sind es nämlich wirklich null Kilometer von der hauseigenen Acetaia, dem Weingut und der Rinderzucht in die Küche. Die zarten Canederli baden hier in einer würzigen Consommé vom eigenen Rindfleisch. Daraus wird auch Gulasch gekocht, gewürzt mit dem eigenen Rotwein, dazu Biogemüse aus dem nahen Val di Gresta. Cremiger Risotto wird mit feinem Balsamico aus Gewürztraminer vollendet. Die Gnocchi entstehen aus Polenta di Storo, auch sie mit Rinderbraten oder dem eigenen Käse serviert. Das Geheimnis von Carne salada liegt zwar auch an den Gewürzen, vor allem aber an der Qualität des Fleischs. Nur Rinder, die langsam wachsen durften und bestes Futter erhielten, liefern gutes Fleisch für zartes Carne salada, das hier selbstverständlich mit Balsamico serviert wird.

TIPP

Aus heimischem Gewürztraminer stellt die Acetaia Balsamico in demselben Verfahren wie den Balsamico tradizionale di Modena her. Das bedeutet, dass der Essig in Fässern aus verschiedenen Hölzern reift und so zu einer dichten, duftenden Würzflüssigkeit wird. Wenn Sie sich anmelden, können Sie Weinkellerei und Acetaia besichtigen und die Produkte mit Brot, Käse und Salami probieren. Öffnungszeiten Sommer: 8–12 und 15–22 Uhr, im Winter am Wochenende ab 18.30, Sa 12–14.30 Uhr.

LA CASINA

Trentiner Spezialitäten mit herrlichem Blick

Adresse: Località La Casina 1, 38074 Drena (TN)
Auf dem Weg nach Drena beschildert

+39 0464 54 12 12
www.ristorantelacasina.com

Ruhetag: Dienstag
Betriebsferien: variabel
Preise: €

Ein trutziges Gebäude aus Bruchsteinmauern liegt ganz malerisch über dem Tal, der Blick reicht weit, der Garten ist wunderschön, mit vielen Kräutern und alten Bäumen bewachsen. Auch drinnen ist es urig – Gewölbe und dicke Mauern, alte bäuerliche Gegenstände, die die Wände schmücken, hölzerne Tische und Stühle, hübsch eingedeckt. Wenn uns etwas gestört hat, dann der Fernseher im Hauptraum. Aber es gibt auch zwei gemütliche Nebenräume.

Die junge Köchin Giada tischt hier Trentiner Spezialitäten auf, die sie mit eigener Handschrift versieht. Salami und Wildschinken könnten eine Vorspeise sein, dann gibt es hausgemachte Canederli in Brühe oder Strangolapreti, die berühmten Priesterwürger mit Spinat, Trentingrana und zerlassener Butter. Zu den hausgemachten Primi werden oft Wildsoßen gereicht, aus Hirsch oder Reh aus den hiesigen Wäldern. Die Gerichte, zumal die Gemüsebeilagen und Salate, wechseln je nach Jahreszeit, die Zutaten stammen von bäuerlichen (Bio-)Betrieben der Gegend. Im Winter überzeugte eine Karottensuppe mit feinen Streifen von Carne salada oder Hirschgulasch mit Preiselbeeren. Auf der Weinkarte findet man Tropfen der hiesigen Produzenten. Manchmal gibt es – je nach Jahreszeit – Themenmenüs wie etwa ein Kastanienmenü im Herbst oder zur Erntezeit Spezialitäten aus den „Susine di Dro“, den feinen hiesigen Pflaumen.

AGRITUR EDEN MARONE

Mit Liebe hausgemacht

Adresse: Via Marone 23, 38066 Riva del Garda (TN)
2 km im Hinterland von Riva

+39 0464 52 15 20
www.edenmarone.it

Ruhetag: keiner, nur abends geöffnet, Sa/So auch mittags, unbedingt reservieren
Betriebsferien: Februar
Preise: €

Im Hinterland von Riva geht es schon ins schöne Valle dei Laghi mit seinen Weinfeldern, Olivenhainen und den malerischen Seen. Hier liegt der Agritur Eden Marone mit schönem Blick rundherum von der Terrasse. Innen herrscht Trentiner Gastlichkeit: karierte Tischtücher, schönes Geschirr, freundlicher Service.

Soweit es irgend geht, verwendet Valter die eigenen Produkte in der Küche: das köstliche Olivenöl, den Wein, den Honig sowie Früchte und Kräuter aus dem Garten. Daraus zaubert er Trentiner Spezialitäten wie die feinen Strangolapreti, die Spinatnocken, hausgemachte Pasta mit „Molche", dem Pressrückstand des Olivenöls. Die Fische der umliegenden Seen kommen als köstliche Antipasti auf den Tisch, als Sugo zum Beispiel zu Dinkeltagliatelle oder als Secondo mit würziger Kräuterkruste. Das Fleisch für bestes Carne Salada, Schweinefilet mit Trentiner Käse oder Sughi bezieht der Agritur von befreundeten Betrieben. Es gibt aber auch vegetarische Hauptgerichte wie gegrillte Gartengemüse mit Tofu und Kräutersoße. Außerdem bietet der Agritur glutenfreie Gerichte. Gattin Wania ist für die Dolci zuständig: hausgemachte Kuchen und Torten, Panna cotta mit vielen Früchten aus dem Garten oder Apfelstrudel.

TIPP

Die Produkte des Agritur kann man auch kaufen. Zum Beispiel das Olivenöl, das den kräftigen Charakter des Öls des Valle dei Laghi hat. Es gibt weiterhin Akazien- und Kastanienhonig, wobei der Akazienhonig ein sehr mild-feiner Honig ist. Kastanienhonig ist dunkel und hat einen sehr ausgeprägten, charaktervollen Eigengeschmack. Bei den Weinen sind es Merlot, Cabernet Sauvignon, Chardonnay und Pinot Grigio, deren Reben hier ums Haus wachsen und die von Valter vinifiziert werden.

LEON D'ORO

Ein gemütliches Gasthaus für die ganze Familie

Adresse: Via Fiume 28, 38066 Riva (TN)
In der Altstadt von Riva

+39 0464 55 23 41
www.leondororiva.it

Ruhetag: keiner
Betriebsferien: November–März
Preise: €–€€

Man sieht den Gewölben an, dass sie schon vor rund hundert Jahren Gäste beherbergt haben: dicke Mauern und Pfeiler, die Geschichte atmen. Die großen Räume sind mit hübschen Durchgängen unterteilt, so dass man viele gemütliche Ecken findet. Im Sommer kann man an den Tischen vor der Tür den anderen beim Bummeln zusehen.

Im Leon d'Oro dürfte jeder etwas finden. Es gibt Kinderteller und Pizza aus dem Holzofen, allerlei Nudelgerichte, die Pasta hausgemacht wie die Soßen dazu, Risotti, klassische Fleischgerichte der Trentiner Küche wie etwa Hirschragout und selbstverständlich Carne salada. Die Portionen sind so bemessen, dass auch Bergsteiger satt werden. Für etwas verwöhntere Gaumen werden etwa geräucherte Entenbrust, Trüffelgerichte und auch Meeresfisch angeboten. Angenehm ist, dass man hier durchgehend warm essen kann. Grade wenn man vom Wassersport oder von einer Bergtour zurückkehrt, will man vielleicht gleich was „Gescheites" und das bekommt man hier zu angenehmen Preisen.

TIPP

In Riva und Arco befinden sich die zwei Niederlassungen des MAG, was für „Museo Alto Garda" steht. Hier gibt es eine sehenswerte Dauerausstellung unter anderem zur Geschichte der Gardaseeregion. In Riva befindet sich das Museum direkt am See in der mittelalterlichen Rocca mit dem hohen Turm Mastio, den man besteigen kann. Von dort hat man eine wunderbare Aussicht auf den See und die Altstadt. Weitere Informationen findet man unter www.museoaltogarda.it

AL VOLT

Ein Klassiker für klassische Küche

Adresse: Via Fiume 73, 38066 Riva (TN)
In der Altstadt

+39 0464 55 25 70
www.ristorantealvolt.com

Ruhetag: Montag
Betriebsferien: variabel
Preise: €€–€€€

Elegantes Ambiente empfängt die Gäste, Kerzen, Spiegel, edel eingedeckte Tische in einem Palazzo mitten in der Altstadt. Draußen schmücken Fresken das Haus; vor dem Restaurant gibt es einige kleine Tische, doch die gehobene Küche zieht nach drinnen. Wie beim Wein wird auch bei der Inneneinrichtung mit den Farben rot und weiß gespielt.

Seit vielen Jahren bietet man hier eine besonders elegante Version der Trentiner Küche an. Man widmet sich durchaus den Produkten der Region, den Fischen des Gardasees, den Trüffeln der Berge, dem Wild. Doch auch dem Meeresfisch wird große Aufmerksamkeit geschenkt; so schmecken die Linguine mit Jakobsmuscheln ausgezeichnet. Gut auch die mit Lachsforelle gefüllten Ravioli oder der gleiche Fisch auf Gemüsejulienne mit Safransoße. Empfehlenswert, auch was das Preis-Leistungsverhältnis anbelangt, sind die Degustationsmenüs - entweder mit Fisch oder mit Fleisch. Die Weinkarte versammelt die besten Tropfen der Region, Italiens und auch darüber hinaus. Reservieren Sie, wenn möglich, denn das Restaurant ist oft ausgebucht, im Winter manchmal geschlossen, weil keine Reservierungen vorlagen.

TIPP

Als Aperitif vor einem solch edlen Essen sollte man einen Trento DOC genießen. Seit die Champagner-Hersteller vor Jahren klagten und gewannen, dürfen flaschenvergorene Spumante nicht mehr mit „méthode champenoise" bezeichnet werden. Spumante hingegen kann auch im Gärtank hergestellt werden. Nach dem Vorbild der Champagne versucht man nun, die Region als Namen für das schäumende Edelgetränk durchzusetzen, also „Franciacorta" wie auch „Trento DOC".

VILLETTA ANNESSA

Eine Küche ohne Dosenöffner

Adresse: Via Monte Oro 9, 38066 Riva del Garda (TN)
Mitten in Riva

+39 0464 55 23 35
www.hotelvillamiravalle.com

Ruhetag: Montag, nur abends geöffnet
Betriebsferien: variabel
Preise: €€

Im Sommer sitzt man im Innenhof zwischen Zitronen- und Orangenbäumen, schaut in die Berglandschaft hinter Riva und lässt sich verwöhnen. Drinnen sorgen mediterrane Pflanzen, fröhlich-bunte Wände und schöne Tische für eine elegante Gemütlichkeit. Sehr freundlicher, kompetenter Service.

Küchenchef Luca Bombardelli ist ein kreativer Koch, der aus einfachen Gerichten das gewisse Etwas herausholt. Seine Philosophie ist eigentlich einfach: beste Produkte, wenn irgend möglich aus der Region, von Betrieben, die er selber besucht. Frische Zutaten, jeweils der Jahreszeit entsprechend, mit Schlichtheit einerseits und großem Können andererseits zubereitet. Was er kann, zeigt er vor allem bei den Antipasti (Parmesancrespelle mit Robiola und Spargel oder Schinkenmousse mit weißem Spargel und Bozener Soße) und den Dolci. Die Primi sind traditionell mit eigner Handschrift: Ravioli mit Hecht und jungem Gemüse oder Fettucine mit Spargelsoße. Die Secondi kommen vom Grill – Gemüse, Gardaseefisch und Fleisch bester Herkunft, perfekt gegrillt. Als Dolce wählt man lauwarmen Schokoladenkuchen oder hausgemachtes Zimteis mit Rotweinbirnen oder Ananas-Krokant-Sorbet.

Schöne Weinauswahl, von Zeit zu Zeit gibt es Themenmenüs.

LA TERRAZZA

Ein herrlicher Platz zum Genießen und Schauen

Adresse: Via Benaco 24, 38069 Torbole (TN)
In Torbole am See

+39 0464 50 60 83
www.allaterrazza.com

Ruhetag: Dienstag
Betriebsferien: November bis Februar
Preise: €€–€€€

Man sitzt direkt am See, von einer verglasten Veranda vor den kräftigen, die Surfer freuenden Winden des nördlichen Gardasees geschützt. Schöne Tischwäsche, feines Geschirr, edle Gläser, ein ganz besonderer Ort, den Fisch-Liebhaber sich keinesfalls entgehen lassen sollten.

Es gibt nur wenige Wirte am Gardasee, die die Fische des Gardasees so variantenreich und kreativ zubereiten wie Ivo Miorelli, Patron und Koch des schönen Restaurants. Lassen Sie sich die gemischten Vorspeisen nicht entgehen: gebratene Küchlein von der Renke, roh marinierte Forelle, saftiger Schleien-Salat und viele weitere kleine Fischgerichte werden Sie überraschen. Der klassische Schleien-Risotto (Risotto alla Tinca) gerät hier noch aromatischer und frischer als anderswo, die Soßen sind dichter im Geschmack, das Olivenöl zarter und fruchtiger. Ein gekonntes Feuerwerk der Aromen und jedes Rezept eine Hommage an die „Geschenke" des Sees, aber auch des Hinterlandes, denn auf der Weinkarte finden selbst Kenner noch unbekannte Tropfen, Bio-Weine der Region und edle Klassiker. Zum Abschluss genießt man feine Dolci und Kleingebäck zum Caffè.

RIFUGIO MONTE BALDO

Beste Traditionsküche am Berg

Adresse: Val Domenegal II, Località Madonna della Neve, 38063 Avio (TN)
Zwischen Caprino und Ferrara di Monte Baldo

+39 0464 39 15 53
www.rifugiomontebaldo.it

Ruhetag: keiner
Betriebsferien: Dezember–März geschlossen
Preise: €

Ein uriger Berggasthof an den Hängen des Monte Baldo empfängt Wanderer, Naturliebhaber und natürlich Hungrige. Im großen Speisesaal sitzt man an schön eingedeckten Tischen, im Sommer wartet auf die Gäste eine Terrasse mit phantastischem Ausblick. Die Familie Pachera führt das Rifugio seit der Eröffnung im Jahre 1924 und setzt auf die Verbindung von Natur und jahreszeitlicher Küche. In gemütlichen Zimmern kann günstig übernachtet werden, was sich bei den vielfältigen Ausflugsmöglichkeiten allemal lohnt.

Wie in dieser Lage zu erwarten, bestimmen die Berge das kulinarische Angebot: Wild, Pilze, Kräuter, alles üppig und zu sehr moderaten Preisen. Hier gibt es Gnocchi mit einem feinen Kaninchensugo oder Tagliatelle mit Rehragout, aber auch Risotto mit Kräutern vom Monte Baldo. Als Hauptspeise könnten Hirschragout und Polenta, Kaninchenrollbraten oder Scaloppine mit Pilzen erfreuen, als Beilage gibt es bisweilen auch Wildkräuter wie Guter Heinrich. Eine Spezialität des Rifugio sind Krautwickel, ganz italienisch gewürzt. Natürlich ist alles hausgemacht und liebevoll präsentiert, auch das Brot und die Kuchen. Nur die Weinauswahl ist leider eher mager. Doch dafür ist der Ausblick herrlich und die reine Luft zum Genießen, vor allem im Sommer, wenn es unten zu heiß ist.

TIPP

Der Monte Baldo ist ein Pflanzenparadies, es gibt jede Menge Kräuter und Blumen, die nur hier heimisch sind. Für Besucher ist die herrliche Pflanzenwelt im Orto Botanico di Novezzina aufbereitet, einem ausgedehnten Gelände auf gut 1200 Höhenmetern. Hier findet man auch die Bottega dello Speziale, wo es Kräutertees aus Baldokräutern, Marmeladen aus Wildfrüchten und Beeren und vieles andere mehr gibt. Informationen unter www.ortobotanicomontebaldo.org

TRENTINO

Die Einkaufsadressen

1 De Tarczal
2 Casa del Vino della Vallagarina
3 Casearia Trentina
4 Delizie del Monte Baldo
5 Consorzio Ortofrutticolo Val di Gresta sca
6 Letrari
7 Vallarom
8 Bongiovanni
9 Tenno Bio Natura
10 Acetaia del Balsamico Trentino
11 Francesco Poli
12 Giovanni Poli
13 Specialità Alimentari Lunelli
14 Pisoni
15 Gino Pedrotti
16 Pravis
17 Madonna delle Vittorie
18 Maso Botes Olivenöl
19 Olio Cru
20 Omkafè
21 Agraraia Riva del Garda
22 Vivai Omezzolli
23 Trota Oro
24 Troticoltura Armanini

1

DE TARCZAL
Via G.B. Miori 6
38060 Marano d'Isera (TN)
+39 0464 45 07 07
www.detarczal.it

Das Weingut De Tarczal ist eines der ältesten im Trentino. Lassen Sie sich den Weinkeller zeigen – uralte Gewölbe und beeindruckende riesige Fässer, in denen der Wein reift. De Tarczal ist berühmt für seinen Marzemino, jenen Wein, der in Mozarts Oper Don Giovanni besungen wird. Marzemino ist eine der wichtigsten heimischen Rebsorten hier im Vallagarina. Aus ihr entsteht ein fruchtiger Rotwein, der viele Trentiner Gerichte bestens begleitet.

2

CASA DEL VINO DELLA VALLAGARINA
Piazza San Vincenzo 1
38060 Isera (TN)
+39 0464 48 60 57
www.casadelvino.info

Seit der Renovierung ist der herrliche Laden im Palazzo ganztägig geöffnet. Dort findet man all die Produkte der Mitglieder der hiesigen Kooperative, Weine der besten Produzenten der Gegend, Essige wie etwa Apfelbalsamessig, Olivenöl, allerlei Eingelegtes, Bekanntes wie etwa Pesto oder Gemüse, eher Seltenes wie Kornelkirschen, wie Oliven eingemacht; weiter Marmeladen, Aufstriche, Sirup und Säfte, Gebäck oder Nudeln.

3

CASEARIA TRENTINA
Via Rivana
38060 Loppio di Mori (TN)
+39 0464 91 82 73
www.caseariatrentina.it
Mo–Fr 8–12 / 15–19, Sa 8–12

Direkt an der Straße findet sich der Laden, in dem Käseliebhaber glücklich werden. Es gibt eine schöne Vielfalt handwerklich hergestellter Käse vom Primo Sale, dem ganz jungen, frischen Käse über gereifte Bergkäse und kräftige Sorten von Kuh, Ziege oder Schaf. Die Milch stammt zum großen Teil von Tieren, die das würzige Gras der Bergweiden zu fressen bekamen. Zum Käse gesellen sich Schinken, Salami und allerlei Eingelegtes aus dem Trentino von kleinen Betrieben.

4

DELIZIE DEL MONTE BALDO

Viale San Rocco 18
38060 Brentonico (TN)
+39 0464 39 41 02
Mo–Sa 8–12 / 14.30–18.30

Ein Muss für Liebhaber von Kräutern und Wildfrüchten. Was man auf den Hängen des Monte Baldo findet oder in der eigenen Gärtnerei zieht wird in Sirup, Marmeladen, Aufstriche verwandelt. Vom einfachen Holunderblütensirup bis hin zu wie Oliven eingelegten Kornelkirschen findet man hier wirkliche Besonderheiten in Bioqualität.

5

CONSORZIO ORTOFRUTTICOLO VAL DI GRESTA

Via Longa 86/90
38060 Ronzo-Chienis (TN)
+39 0464 80 29 22
www.valdigresta.org
Di–Sa 8–12

Seit 1972 gibt es im Val di Gresta die Kooperative der Gemüseerzeuger. 150 Mitglieder hat sie heute und gemeinsam werden stolze 20.000 Tonnen Obst und Gemüse erzeugt. Man hat hier schon biologisch produziert, so ein Mitglied, als das noch gar nicht „modern" war. Heute sind 75 Prozent der Produktion biologisch zertifiziert. Wichtige Erzeugnisse sind Mangold, Kohl, Bohnen, Kartoffeln, Lauch, Radicchio sowie Beerenfrüchte. Sie werden eingelegt oder zu Saft und Aufstrichen verarbeitet.

6

LETRARI

Via Monte Baldo 13–15
38068 Rovereto (TN)
+39 0464 48 02 00
www.letrari.it

Traditionsweingut mit einer ausgezeichneten Auswahl an Trento DOC, also dem Trentiner Spumante im Flaschengärverfahren. Probieren Sie den trockenen „Dosaggio Zero Riserva", dem kein Zucker zugegeben wurde. Von den Rotweinen sind Teroldego, Enantio und ein interessanter Cabernet Franc erwähnenswert. Slow Food prämiert auch das Olivenöl, das von einem der wenigen Ölhaine des Etschtals stammt.

7

VALLAROM

Frazione Masi 21
38063 Avio (TN)
+39 0464 68 42 97
www.vallarom.it

Bioweingut der Extraklasse. Filippo Scienza ist Önologe, Winzer mit Leidenschaft und hat über den Tellerrand hinausgesehen und Weingüter in Deutschland oder im Burgund besucht. Seine Weine haben nicht nur Klasse, sondern tragen eine besondere Handschrift. Filippo widmet sich auch Trauben, die sonst selten reinsortig ausgebaut werden, wie zum Beispiel Lambrusco. Gut, dass man hier auch übernachten kann, so kann man die Weine in Ruhe verkosten.

8

BONGIOVANNI

Via S. Antonio 28
38063 Sabbionara d'Avio (TN)
+39 0464 68 43 88
www.bongiovannilorenzo.com

Das Familienweingut im Etschtal widmet sich mit besonderer Sorgfalt dem hier einheimischen Enantio. Es ist ein dichter, charaktervoller Wein, den Rotweinliebhaber unbedingt kennen lernen sollten. Doch auch klassische Reben wie Merlot und Cabernet oder Chardonnay und Pinot Grigio sowie ein Spumante werden angeboten. Verkosten kann man die Weine auch in der Malga Mortigola, dem Berggasthof der Familie wo im Sommer eigener Käse produziert wird. Mehr hierzu unter www.agriturmalgamortigola.it.

9

TENNO BIO NATURA

Via dei Laghi 53
38060 Tenno (TN)
+39 328 269 93 98
www.agriturtenno.it

Die Rebsorten Merlot, Pinot Nero, Pinot Grigio, Schiava und Müller-Thurgau werden hier in Bioqualität angebaut. Im Keller werden sie als Naturwein ausgebaut, dies bedeutet, die Weine werden nicht gefiltert, nicht geschönt, Schwefel wird kaum verwendet und sie werden nur im Edelstahl ausgebaut. Es gibt auch Grappa und Olivenöl. Wer bleiben will: es werden Zimmer und Ferienwohnungen vermietet und Biofrühstück angeboten.

10

ACETAIA DEL BALSAMICO

Strada di San Zeno 2
38060 Cologna di Tenno (TN)
+39 0464 55 00 64
www.acetaiatn.it

Hier hüpft das Genießerherz: es gibt hauseigenen Wein, Käse, Olivenöl und etwas ganz Besonderes, nämlich Trentiner Balsamico, der aus heimischem Gewürztraminer in demselben Verfahren wie der Balsamico tradizionale di Modena hergestellt wird. Das bedeutet, dass der Essig in Fässern aus verschiedenen Hölzern (Wacholder, Kirsche, Akazie, Kastanie, Birne....) reift und so zu einer dichten, duftenden Würzflüssigkeit wird. Die Produkte kann man kaufen oder auch im hervorragenden Restaurant verkosten.

11

FRANCESCO POLI

Fraz. Santa Massenza 36
38070 Vezzano (TN)
+39 0461 34 00 90
www.distilleriafrancesco.it

Vater Francesco ist stolz auf seinen Sohn Alessandro. Denn der hat mit Hingabe das Weingut biologisch umgestellt, ohne auf Erfahrung und Tradition zu verzichten. Seine Weine, zum Beispiel der frische Nosiola und der Solaris, der hier besonders gut gedeiht, erzählen davon. Große Klasse ist der Vino Santo, der „heilige Wein" des Hauses, der aus über Wochen an der Luft getrockneten Nosiola-Trauben entsteht. Er wird lange gelagert, seine Aromen erfüllen einen ganzen Raum, öffnet man eine Flasche. Mit viel Erfahrung und modernen Destilliergeräten entstehen Reinsorten-Grappe der Sonderklasse.

12

GIOVANNI POLI

Via del Lago 3, Loc. Santa Massenza
38070 Vezzano (TN)
+39 0461 86 41 19
www.giovannipolisantamassenza.it

Bei den vielen Polis im Dorf Santa Massenza sollte man nicht durcheinander kommen. Es sind fünf Betriebe mit Brennrecht und alle fünf heißen Poli. Wie edler Grappa entsteht, kann man bei einem Besuch während der Weinlese verfolgen. Saftig und frisch wird der Trester gebrannt. Hier dient der Brand auch als Basis für Kräuterschnäpse und -liköre mit Enzianwurzeln oder Wildkräutern. Es gibt auch ausgezeichnete Weine und den berühmten Vino Santo.

13

SPECIALITÀ ALIMENTARI LUNELLI

Piazza Valussi 5
38070 Sarche (TN)
+39 0461 56 41 66
www.lunelli.it
Di–Sa 6.45–12.30 / 15–19.15, Montagvormittag geschlossen

Ein wunderbares Delikatessengeschäft, auch mit Filiale in Trento in der Via Mazzini 46 im Zentrum der Stadt. Hier finden Genießer alles, was ihr Herz begehrt. Weine, Destillate und Liköre der an guten Produzenten reichen Gegend, eine sagenhafte Käse- und Wurstauswahl und so vieles andere mehr, das hier der Platz nicht reicht.

14

PISONI

Via San Siro 7
38070 Pergolese di Lasino (TN)
+39 0461 56 32 16
www.pisoni.it
Mo–Sa 9–12 / 14–18

Die Familie Pisoni baut auf 16 Hektar Wein an. Es gibt ausgezeichnete Spumante und Weine, inzwischen sind sie alle bio-zertifiziert, gleichzeitig in namhaften Führern hoch prämiert. Große Aufmerksamkeit wird heimischen Rebsorten wie Nosiola oder Rebo, aber auch dem Vino Santo gewidmet. Wird Wein gekeltert, fällt Trester an, und hier wird daraus exzellenter Grappa gebrannt. Der darf zum Teil in Holzfässern reifen, er dient aber auch als Basis hervorragender Liköre. Zur Verdauung gibt es Grappe mit Kräutern wie Enzian oder Wachholder.

15

GINO PEDROTTI

Via Cavedine 7
38073 Lago di Cavedine (TN)
+39 0461 56 41 23
www.ginopedrotti.it

Das Weingut der Pedrottis liegt gleich am Radweg, der durch das schöne Valle dei Laghi führt. Im Sommer betreiben sie eine Bar mit kleiner Küche; man kann im Garten die charaktervollen, hochgelobten Bioweine genießen und eine Kleinigkeit dazu essen. Es gibt Trentiner Wurst und Speck, einen Käseteller mit hausgemachten Mostarde, geräucherten und eingelegten Fisch aus den Seen und einige Dolci. Ein schöner Familienbetrieb, dessen Weinberge im Tal, aber auch an den terrassierten Hängen über dem Lago di Cavedine liegen.

16

PRAVIS

Fraz. Madruzzo Loc. Le Biolche, 1
38076 Lasino (TN)
+39 0461 56 43 05
www.pravis.it

Im Bio-Weingut Pravis findet der Weinliebhaber nicht nur die bekannten heimischen Rebsorten wie Nosiola oder Rebo, internationale wie Chardonnay, Merlot, Cabernet Sauvignon, sondern man widmet sich mit Enthusiasmus beinahe ausgestorbenen Rebsorten wie Negrara oder dem tanninreichen, kräftigen Groppello di Revò. Der Boden ist ideal für Weinstöcke, seien es heimische Rebsorten oder internationale - und neuerdings wird auch pilzwiderstandsfähigen neuen Sorten wie etwa „Solaris“ Aufmerksamkeit geschenkt.

17

MADONNA DELLE VITTORIE

Loc. Linfano 81
38062 Arco (TN)
+39 0464 50 55 42
www.madonnadellevittorie.it
Mo–Sa 8.30–19

In den Ölhainen um Torbole, Riva und Arco, im nördlichsten Olivenanbaugebiet der Welt, entsteht das erstklassige Öl. Mit vielen Auszeichnungen von Merum, Feinschmecker und Co versehen ist das „Olio Extravergine Monocultivar Denocciolato“, das ausschließlich aus entkernten Oliven der Sorte Frantoio gewonnen wird. Doch auch die Weine der Familie Mandelli sind beachtlich - zum Beispiel der „Summolaco“ aus Teroldego, Lagrein und Cabernet Sauvignon. Man kauft oder verkostet im hauseigenen Restaurant.

18

MASO BOTES

Loc. Varignano
38062 Arco (TN)
+39 0464 79 10 14
www.agriturismomasobotes.it

Es lohnt sich aus vielerlei Gründen Maso Botes zu besuchen. Es gibt ausgezeichnete Bioprodukte wie Olivenöl, verschiedene Honigsorten (Kastanienhonig, Lindenhonig, Blütenhonig, Honig mit Nüssen), Olivenpaste und einiges mehr. Herrlich der Blick und ausgesprochen interessant die Architektur. Hat auch sehr schöne Zimmer und Suiten.

19

OLIO CRU

Piazza III Novembre 6a
38062 Arco (TN)
+39 0464 51 76 07
www.oliocru.it
Mo–Fr 9–12 / 14–18

Das mit vielen nationalen und internationalen Auszeichnungen prämierte Olivenöl kann sowohl in der Ölmühle südlich von Arco (Richtung Nago-Torbole) wie auch im feinen Laden OlioCRUpoint mitten in Arco verkostet und gekauft werden. Besonders die Öle aus entsteinten Oliven fallen auf, vor allem aber die beiden hochwertigen Reinsorten-Öle aus Casaliva und Coratina. Die hervorragende Qualität hat aber ihren Preis.

20

OMKAFÈ

Via Aldo Moro 7
38062 Arco (TN)
+39 0464 55 27 61
www.omkafe.com
Mo–Fr 8 – 12 / 14.30 – 18.30, Sa 8–12

In Arco hat die Kaffeerösterei Omkafè ein kleines Museum eingerichtet, das sich mit der Geschichte des schwarzen Lebenselixiers von antiken Traditionen bis zu den ersten Espresso-Maschinen beschäftigt. Gezeigt werden Kaffeemaschinen seit 1800, Bücher von 1600 bis 1800 sowie Exponate zur Firmengeschichte von Omkafè, des Weiteren die faszinierende Reise des Kaffees von den Ursprungsländern bis in unsere Tassen.

21

AGRARIA RIVA

Loc. San Nazzaro 4
38066 Riva del Garda (TN)
+39 0464 55 21 33
www.agririva.it
Mo–Sa 8.30–12.30 / 15–19,
Weihnachtszeit und Hochsommer auch Sonntag 9–13

Steuert man das nicht zu übersehende Gebäude der Agrariariva am nördlichen Rand von Riva an, trifft man auf ein Feinschmeckerparadies. Denn hinter den modernen Mauern befindet sich ein Feinkostladen besonderer Art. Das Consorzio produziert Olivenöl und Wein, dazu werden Spezialitäten von befreundeten Betrieben der Region aber auch aus ganz Italien angeboten. Das Olivenöl, zum Teil biologisch produziert, hat viele Auszeichnungen erhalten und zählt zu den besten der Gardaseeregion.

22

VIVAI OMEZZOLLI

Via Brione 9
38066 Riva del Garda (TN)
+39 0464 55 16 42
www.fruttiantichi.biz

Für Biogärtner ein Paradies, wo Sie unbedingt vorbei schauen sollten. Die Baumschule züchtet und vermehrt vor allem Obstgehölze, darunter viele alte Sorten. Weg von standardisierten supermarkttauglichen Früchten, hin zu Geschmack und das Bewahren der alten Sorten ist die Philosophie des Biobetriebs. Es gibt Obstgehölze wie Apfel, Birne, Feige, Kirsche, Pflaume, Weinreben, dann Beerenfrüchte aller Arten von Erdbeeren über Brom- und Himbeeren und vieles andere mehr.

23

TROTA ORO

Loc. Isolo 1
38070 Preore (TN)
+39 0465 32 27 73
www.trotaoro.it

Viele gute Restaurants der Gegend beziehen Lachsforellen und andere Fische von der Fischzucht Trota d'oro im nahen Preore. Die vielen Bäche und Seen des Valle dei Laghi bieten ideale Bedingungen für die Fischzucht. Die Teiche können ständig von Frischwasser durchflutet werden, genau das wollen die Forellen. Dann braucht man nur noch natürliches Futter und lässt ihnen Zeit zum Wachsen. Denn auch bei Fischen führt „Turbomast" zu geringer Güte und wenig Geschmack.

24

TROTICOLTURA ARMANINI

Via Linfano 39
38062 Arco (TN)
+39 0465 50 52 24
www.armanini.it
Mo–Fr 9–12 / 14.30–18, Sa 9–12

Forellen, Lachsforellen und Saiblinge werden in den Teichen gezüchtet. Sie erhalten neben dem klaren Gebirgswasser bestes Futter, haben viel Platz und dürfen langsam wachsen – so werden sie zur Delikatesse. Es gibt marinierte Fische, Fischsughi, Pasta mit Fischfüllung, Fischsalate, Kaviar von Forellen und Saiblingen und einen sagenhaften „Speck di Trota" – mit Trentiner Wildkräutern kalt geräucherte Lachsforelle. Geräuchert wird mit Biogewürzen und Holzspänen aus den hiesigen Wäldern. Sportangler können am Hauptsitz in Storo ihrem Hobby nachgehen.

VENETO

Die Restaurants

31 Santo Cielo
32 Alla Rosa
33 Capitano
34 Alla Fassa
35 Al Pescatore
36 Da Umberto
37 Sarsissa
38 Menapace
39 Locanda San Marco
40 Trattoria Loncrino
41 Taverna Kus
42 Le Rasole
43 Ai Beati
44 El Brol
45 Garda Natura
46 Al Vecchio Forno
47 Cima 11
48 Al Ponte
49 Roeno
50 Bonaparte
51 Croce d'Oro
52 Ca' Orsa
53 Locanda Moscal
54 Locanda Centrale
55 Ca' Persiane
56 Corte Torcolo
57 Trattoria Villa
58 La Dacia
59 Giardino delle Esperidi
60 Due Nani
61 Cardellino
62 Piccolo Doge
63 L'Unico
64 Trattoria Rocchetti
65 Porticciolo
66 Dal Pansa
67 Goto
68 Tortuga
69 Luisa
70 Bella Italia
71 Vecchio Mulino Beach
72 Busocaldo
73 Loda
74 La Locanda di Noris
75 Agriturismo Ca' del Gal
76 Fornello
77 Alla Borsa
78 Lo Stappo
79 Gatto Moro
80 Antica Locanda Mincio
81 Colli Storici
82 Al Ponte

83 Da Guido
84 Croto di Corgnan
85 Da Bepi
86 Enoteca della Valpolicella
87 Enoteca in Piazza
88 Locanda '800
89 Alla Ruota
90 Caprini
91 Macafame
92 Al Bersagliere
93 Alcova del Frate
94 Ristorante Ponte Pietra
95 Caffè Monte Baldo
96 Vescovo Moro

OLIVENHAINE, WEINLANDSCHAFT UND FISCHERHÄFEN

Das Ostufer des Gardasees gehört zur Provinz Verona und die wiederum zum Veneto - Venetien. Verona hatte klug entschieden, an den Machtkämpfen der einst mächtigen Städte Mantua und Mailand nicht mehr teilzuhaben und sich unter den Schutz Venedigs zu stellen. Es erlebte so als Handelsstützpunkt, als Drehscheibe des Warenaustausches zwischen Nord und Süd Jahrhunderte wirtschaftlicher Prosperität.

Die Lagunenstadt hat auch in der Küche des Gardasee-Ostufers ihre Spuren hinterlassen. Dort findet man Sarde in saor, gebratene Sardinen (aus dem See!) in Zwiebelmarinade, oder Risotti aller Arten aus den Reissorten Vialone Nano oder Carnaroli, die im bereits flachen Land südlich von Verona, wo die Berge plötzlich aufhören und die Po-Ebene beginnt, angebaut werden.

Die Provinz Verona war bis zu den italienischen Befreiungskämpfen österreichisch. Und so würzt Kren das Bollito misto, das Siedefleisch (beide kennt man aus der Wiener Küche) und bisweilen steht Scaloppina, Schnitzel, auf der Speisekarte, paniert wie in einem Wiener Beisl (oder waren es doch die Mailänder, die es erfunden haben?).

Die Orte entlang des östlichen Gardasee-Ufers, dort, wo sich der Monte Baldo erhebt, waren vor dem Bau der Uferstraße Gardesana recht weit vom Rest der Welt entfernt. Hier spielen bis heute die Fische aus dem Gardasee eine große Rolle in der Küche: mariniert als Antipasti, inzwischen oft auch roh, als Carpaccio oder Tartar, als Sugo zu Nudeln oder als Hauptspeise meist gegrillt.

Am Ufer und soweit es geht den Berg hinauf wachsen die Olivenbäume der Riviera degli Ulivi. Ab Torri del Benaco, benannt nach dem alten Namen des Gardasees, werden die Ausläufer des Baldo niedriger, das Hinterland bietet nicht nur den Oliven, sondern auch den Weinreben beste Wachstumsbedingungen. Nach dem kleinen Städtchen Bardolino ist ein Wein benannt, der früher leider als billiger Massenwein auf den Markt gelangte. Doch seit geraumer Zeit arbeiten engagierte Winzerinnen und Winzer an seinem Ruf, vinifizieren fruchtige, nussige Rotweine, ohne seinen Charakter zu verfälschen. Bardolino, so die Meinung vieler, soll ein leichter Wein sein, der damit bestens zur Gardasee-Küche passt. Das gilt auch für seinen „jüngeren Bruder" Chiaretto, einen Roséwein, den es inzwischen auch in der spritzigen Variante als Chiaretto Spumante gibt. Dicht und schwer hingegen ist der Amarone, der bekannte Wein aus dem Valpolicella, das auf der anderen Seite der Etsch beginnt und sich nördlich von Verona in die Berge hinein zieht. Die Wurzeln des Amarone liegen im Süßwein Recioto, der wie der Amarone aus angetrockneten Trauben gewonnen wird. Werden die Trauben, vornehmlich der Sorte Corvina, frisch gekeltert, entsteht Valpolicella Classico oder Superiore. Lässt man wiederum diesen Wein noch ein wenig auf den Pressrückständen des Amarone nachgären, erhält man den bemerkenswerten „kleinen Amarone", den Ripasso.

Doch auch Liebhaber von Weißwein werden hier glücklich. Im nahen Custoza entsteht vor allem aus den Rebsorten Trebbiano und Garganega ein zarter, charmanter Weißwein, der völlig zu Unrecht unterschätzt wird. Zu den berühmten Tortelli di Valeggio, den gefüllten Nudelkringeln, deren Vorbild der Bauchnabel der Venus gewesen sein soll, passen die Weine allesamt.

SANTO CIELO

Tapas und Biowein

Adresse: Piazza Turazza 11, 37018 Malcesine (VR)
Mitten in Malcesine

+39 348 745 13 45
www.osteriasantocielo.com

Ruhetag: Im Sommer keiner
Betriebsferien: variabel
Preise: €

Uriges, wunderschönes Gewölbe mitten in Malcesine, gleich bei der Burg: Die kleine Bar ist immer dann empfehlenswert, wenn man einfach ein paar wirklich gute Kleinigkeiten genießen will, ohne "groß essen zu gehen", aber gleichzeitig ohne auf das übliche Fastfood zurückgreifen zu wollen, oder wenn man mal von Pasta, Polenta und Gardaseefisch genug hat. Die Niederländerin Hella Nods, die schon lange hier lebt, bietet wunderbare, frische Kleinigkeiten an. Das kann eingelegter Feta-Käse mit Sommergemüse sein, getrocknete Tomaten, Oliven, Artischocken, gefüllte Paprikaschoten, die sie entweder selbst herstellt oder von handwerklich arbeitenden Betrieben bezieht. Es gibt Bruschette mit Gemüse-, Fisch- oder Olivenpaste, Mozzarella oder Kräutern, sie schmecken ausgezeichnet und sind hübsch anzusehen. Sodann immer der Jahreszeit angepasste Salate mit viel Phantasie und feinen Dressings und schließlich eine ausgezeichnete Auswahl an Salami, Schinken, Wurst und handgemachte Käse vom Monte Baldo, aus den Lessinischen Alpen und anderswo her.

Wie es sich für eine richtige Osteria gehört, gibt es eine große und mit viel Verstand ausgewählte Weinkarte, wo man viele Weine aus dem Trentino, dem Valle dei Laghi nördlich des Gardasees und dem Veneto findet, darunter viele Bio- und Naturweine. Es gibt aber auch Tropfen aus anderen Gegenden Italiens wie dem Friaul, dem Piemont und der Toskana.

ALLA ROSA

Tradition im Touristenort

Adresse: Piazza Boccara 5, 37018 Malcesine (VR)
Im Zentrum von Malcesine

+39 045 657 07 83
www.osteriaallarosa.it

Ruhetag: Montag
Betriebsferien: Mitte Januar bis Mitte Februar
Preise: €

Die Osteria Alla Rosa ist eine Osteria im eigentlichen Sinne - eine Bar bildet den Eingang, dort kann man ein Gläschen Wein trinken. Dahinter gibt es einen mit Fischernetzen dekorierten Speiseraum. Draußen sitzt man unter einer Laube und kann sich traditionelle Speisen schmecken lassen. Hier seien früher die Esel angebunden worden und die Besitzer hätten drinnen über Geschäfte geredet und deren Abschluss gefeiert.

Malcesine liegt bekanntermaßen zwischen Monte Baldo und dem See. Das prägt die Karte: es gibt akkurat zubereitete Vorspeisen, bei denen die Gardaseefische, aber auch die Käse, Pilze oder Trüffel vom Monte Baldo eine Rolle spielen. Viele weitere Produkte, etwa die Eier für die hausgemachte Pasta, stammen von Bauern der Umgebung. Betrieb für Betrieb wird dies auf der Karte vermerkt. Zu den Standardspeisen gesellen sich Gerichte der Jahreszeit, etwa Hirschbraten im Herbst und Winter oder Tagliatelle mit würzigem Wildragout. Andere Pasta wird im Frühling mit Spargel oder Wildkräutern gefüllt. Der Hauswein ist anständig, die Weinkarte nicht spektakulär, aber es dürfte jeder einen guten Tropfen finden. Wer keine Lust auf eines der traditionellen Dolci hat, bestellt sich einen Käseteller mit Käse und Honig vom Monte Baldo. Den Käse kann man auch gleich kaufen.

TIPP

Die Bauernvereinigung Coldiretti, hier die Abteilung von Verona, hat sich stark gemacht, Restaurants dazu zu bewegen, Produkte vor Ort zu erwerben. Die Osteria beteiligt sich mit Erfolg daran. Auf der Speisekarte finden Sie Hinweise, wo die Produkte her sind und wo Sie sie erwerben können. Manches gibt es gleich in der Osteria selbst, wie auch eine eigene Grappa-Kreation mit Oliven.

33

TAVERNA DEL CAPITANO

Charmante Fischertaverne als Familienbetrieb

Adresse: Via Lungolago 8, 37010 Porto di Brenzone (VR)
Direkt am Hafen von Porto di Brenzone

+39 045 742 01 01

Ruhetag: Dienstag; im Sommer keiner
Betriebsferien: November bis 8.12. Dann bis Ostern nur am Wochenende geöffnet
Preise: €–€€

Lino und Lucia führen das Lokal, das 1960 von den Eltern eröffnet wurde. Ein bisschen fühlt man sich in eine Zeit zurück versetzt, als der Tourismus am Gardasee erst anfing, denn direkt am See zu solch erschwinglichen Preisen eine derart feine und dabei bodenständige Küche zu finden, ist selten. Man sitzt vor Wind geschützt innen oder auf der inzwischen verglasten Veranda mit einem herrlichen Blick auf den See und das gegenüberliegende Ufer.

Die Fische stammen vom Cousin, die Rezepte von der Nonna. Man sollte sich auf gar keinen Fall den großen Antipasti-Teller entgehen lassen: Eingelegte, marinierte oder gebratene Fische tummeln sich dort, verstecken sich unter mürben Zwiebelringen. Unvergesslich sind „Sisam" mit geschmorten Gemüsezwiebeln oder die feinen Polpettine in einer pikanten Tomatensoße. Wer statt dessen Primi bevorzugt, dem seien die Bigoli mit würzigen Gardasee-Sardinen oder die legendäre Fischsuppe empfohlen.

Delikat und vor allem saftig sind die Gardaseefische vom Grill, zart und perfekt frittiert kleine Fischchen, die mit frischem Salat serviert werden. Für jene, die Fisch absolut nicht mögen, gibt es auch Fleischgerichte auf der Karte, die in der Präzision der Zubereitung dem Fisch nicht nachstehen. Wer dann den Wunsch nach einem Verdauungsschnaps hat, der sollte nach Lucias Grappe (mit Oliven, Hagebutte, Minze....) fragen.

TIPP

Wer den Olivengrappa selber machen will: Eine Handvoll schwarze reife Oliven in eine Flasche füllen, dann etwa 1–2 EL Zucker dazu geben. Mit Grappa übergießen und 4 Wochen ziehen lassen. Schmeckt würzig und gar nicht so „schlimm", wie es sich anhören mag. Lino sagt: Zum Verdauen helfen etwas Alkohol, Bitterstoffe und ein wenig Fett. Das alles bietet Olivengrappa.

ALLA FASSA

Wo die Fische beinahe auf den Teller springen

Adresse: Via B.G. Nascimbeni 11, 37010 Castelletto di Brenzone (VR)
Nördlich des Ortes direkt am See

+39 045 743 03 19
www.ristoranteallafassa.com

Ruhetag: Dienstag
Betriebsferien: Mitte Juli–Mitte September nur Dienstagmittag geschlossen
Preise: €€

Ein traumhafter Platz, um im Sommer zu bestem Fisch den Blick auf den See zu genießen - das geht bei schlechtem Wetter zwar auch hinter den Glasfenstern der Veranda, aber die Terrasse ist natürlich etwas Besonderes. Ein freundlicher Service begrüßt die Gäste in diesem Lokal, das zwar kein Geheimtipp mehr ist, aber eine Empfehlung verdient. Die Stärke des Hauses liegt eindeutig bei den frischen Fischen aus dem Gardasee - kein Wunder, bei dieser Lage! Neben dem typischen Hecht zur Polenta schmecken zur Vorspeise die Fischklößchen in zarter Soße, aber auch vegetarische Gemüsegnocchi und hausgemachte Felchentortelli. Oder sollen es Tagiolini mit Trüffeln vom Monte Baldo sein? Auch bei den Hauptspeisen hat Fisch den Vorrang, vom Grill oder sanft in Butter gebraten. Sehr zu empfehlen die gerollten Felchenfilets mit Krabben. Die Küche bietet auch Ausflüge ans Meer. Als Desserts finden sich Kreationen wie Haselnussmousse mit jungem Olivenöl oder karamellisierte Walnüsse. Hier wird alles frisch zubereitet, deswegen sollte man ein wenig Geduld mitbringen. Der gut sortierte Weinkeller bietet nicht nur eine ansprechende Auswahl der Weine des Veroneser Ufers, auch aus anderen Regionen Italiens lässt sich manch guter Tropfen finden, besonders bei den Weißen.

AL PESCATORE

Senza Lista e Lische

Adresse: Via Imbarcadero 31, 37010 Castelletto di Brenzone (VR)
Direkt am Hafen von Castelletto

+39 045 743 07 02
www.osteriaalpescatore.it

Ruhetag: Montag
Betriebsferien: variabel
Preise: €€–€€€

Autodidaktin Rosaria zaubert ausschließlich aus Gardaseefischen variantenreiche Menüs. Was will man mehr: schöne, gemütliche Räume, ein sagenhafter Blick über den Hafen zum See, einfach edel, schlicht, gut. Schöne Tischwäsche, beste Gläser und eine charmante Begrüßung durch Patron Livio Parisi.

„Senza Lista e Lische": Ohne Speisekarte kommt das Degustationsmenü am Abend daher, denn serviert wird, was tagesfrisch gefangen wurde und selbstverständlich ohne Gräten – Lische -, denn Livios Frau Rosaria bereitet die Fische aus dem See mit großer Sorgfalt zu. Zum frischen Fisch, der in vielerlei Arten zubereitet auf den Tisch kommt, gesellt sich Gemüse der Region und der Jahreszeit. Faszinierend ist auch der Umgang mit den verschiedenen Olivenölen des Gardasees – das kräftige aus dem Trentiner Norden für das eine, das sanfte des Veroneser Südens für ein anderes Gericht. Zum Schleiensalat etwa kräftiges, zum Fischtatar mildes.

Also genieße man, kaufe sich verschiedene Öle des Gardasees und dazu das dreisprachige hübsche Fischkochbuch von Livio und Rosaria, um sich den Gardasee auch zu Hause auf den Tisch zaubern zu können.

TIPP

Wenn Du Gardaseefisch essen willst, geh zu Livio und Rosaria, empfiehlt Ambra Tiraboschi mit Entschiedenheit. Wie Künstler, meint sie, zaubern die beiden den Fisch auf den Teller, diese Vielfalt und Frische und, sagt sie schmunzelnd, unser Wein dazu – ein Gedicht. Wir überzeugen uns: es stimmt, der eher runde, weiche Lugana des Weinguts Ca' Lojera passt vorzüglich zur aromenreichen Fischküche.

DA UMBERTO

Feine Fische direkt am See

Adresse: Via Imbarcadero 15, 37010 Castelletto di Brenzone (VR)
Direkt am Hafen des Ortes

+39 045 743 03 88
www.daumberto.it

Ruhetag: Mittwoch, im Sommer keiner
Betriebsferien: variabel
Preise: €€

Der verglaste Pavillon direkt am See wurde frisch renoviert und erstrahlt im neuen Glanz. Im 1963 eröffneten Lokal sitzt man sehr gemütlich. Der Blick auf das gegenüberliegende Ufer ist atemberaubend, das geschäftige Hin und Her im kleinen Hafen ist immer ein Hingucker. Vater Modena erzählt gerne von den Anfängen des Tourismus am Gardasee und den ersten deutschen Gästen gegen Ende der 1950er Jahre; mittlerweile führt die nächste Generation das Restaurant.

Fisch aus dem See, aus dem Meer, aber auch Fleisch werden jeweils als Degustationsmenü angeboten. Neu auch ein vegetarisches Menü mit frischem Gemüse von Bauern der Gegend und Käse vom Monte Baldo. Der fangfrische Gardaseefisch kommt als Vorspeise mit Hecht, Blaufelchen und Barsch auf den Teller, Gardasee-Sardinen mit Bigoli und Felchen vom Grill sind es wert, probiert zu werden, die Meeresfisch-Antipasti sind köstlich, ebenso wie die Spaghetti mit Krustentieren oder der saftige Wolfsbarsch vom Grill. Rind oder Lamm werden ebenfalls auf Holzkohle gegrillt. Jahreszeitlich ausgerichtet gibt es wechselnde Menüs mit feinen, geschmacksintensiven Kreationen. Alles ist frisch, hausgemacht und mit Liebe serviert. Die Weine stammen aus den Weißweingebieten des Gardasees, der Lugana von Provenza oder Cà dei Frati passt auch zu den Fleischgerichten.

SARSISSA

Fischers Stammkneipe

Adresse: Piazza Olivo 6, 37010 Castelletto di Brenzone (VR)
An der Piazza im historischen Ortskern

+39 045 743 04 02

Ruhetag: keiner
Betriebsferien: von Oktober bis Ostern geschlossen
Preise: €

Die kleine Piazza Olivo dürfte zu einem der malerischsten Geheimtipps am Ostufer gehören. Der kurze, aber steile Aufstieg von der Gardesana hoch lohnt sich auch ohne Hunger. Häuser im venezianischen Stil, Bougainvilleen und natürlich der Olivenbaum sind die Kulisse für die hübschen Tische vor der Trattoria Sarsissa. Drinnen historische Gewölbe, urige Holztische, dafür an den Wänden moderne Bilder der Künstlerin Amaranta De Francisco. Der Service ist ausgesprochen herzlich.

Sarsissa ist eine einfache Trattoria mit schlichten Gerichten wie Schinken und Melone oder Polenta mit Fisch als Vorspeise. Dann gibt es viele Nudelgerichte, die besten mit Sugo aus Gardasee-Fischen. Die Tagliatelle sind hausgemacht. Die Fleischgerichte sind korrekt, aber schlicht. Genießer werden mit den perfekt zubereiteten Gardasee-Fischen glücklich, denn der Lavarello vom Grill war zart, saftig und frisch - genau so, wie er gehört. Kein Wunder, dass Lauro, der Fischer in Castelletto, der gegenüber der Trattoria seinen Laden hat, hier Stammgast ist.

Der offene Wein befriedigt nur sehr Anspruchslose, bestellen Sie sich lieber eine Flasche „besseren" Wein, der wird ab 14 Euro angeboten. Schokoladenfans werden mit der Schokocreme auf knusprigem Keks glücklich gemacht.

TIPP

Schräg gegenüber der Trattoria ist der Laden des Fischers Lauro Boschelli. Dort gibt es jeden Vormittag frischen Fisch aus dem Gardasee, eben was der Tagesfang hergibt. Fast immer sind Renken (Lavarello) dabei, manchmal auch Tinca (Schleie) oder Sarde di Lago, die berühmten Gardasee-Sardinen, die man auch eingesalzen erhält. Täglich von 9 bis 12 Uhr geöffnet. Die Telefonnummer: +39 045 743 00 23

RISTORANTE MENAPACE

Platz am See für Fischliebhaber

Adresse: Via Pai di Sotto 39, 37010 Pai di Torri del Benaco (VR)
Direkt an der Gardesana

+39 045 726 00 25
www.hotelmenapace.it

Ruhetag: Dienstag
Betriebsferien: nach Dreikönig bis Mitte Februar
Preise: €– €€

Das Ristorante Menapace liegt direkt am See und von dort stammt auch ein Gutteil der Produkte, die in der Küche verfeinert werden. Drinnen lohnt es sich, einen Platz am Fenster zu ergattern, auf der Terrasse haben alle herrlichen Blick. Es sind nur zehn Meter zum Wasser. Luca, Sohn der Hotelbesitzer und Koch, widmet sich mit großer Sorgfalt den Fischen des Gardasees und traditionellen Gerichten, die er mit pfiffigen Ideen verfeinert. So wird der traditionelle eingelegte Hecht von Lachsforelle begleitet, die Forelle gibt es auch, fein und nachahmenswert, mit Joghurt und Apfel, aromatisch abgerundet mit Fenchelsamen. Ausgezeichnet als Primo die Fischsuppe nur aus Gardaseefischen oder die Bigoli mit Sardinensugo. Mutige probieren den geschmorten Aal, andere das saftig gegrillte Forellenfilet oder die knusprigen kleinen frittierten Fische - auch sie aus dem See. Es gibt aber auch etwas Meeresfisch - „Das Meer zu Gast am See" steht auf der Karte und dahinter könnte sich zum Beispiel Tintenfisch mit Kirschtomaten und Oliven verbergen. Wer Fisch nicht mag, bekommt als Antipasto beispielsweise von Hand geschnittenes, kerniges Rindertartar, hausgemachte Tagliatelle mit Entensugo, Eselsschmorbraten oder Lammkoteletts mit Thymianbutter. Vegetarier genießen einen Brokkoliflan mit Parmesancreme und Balsamico oder Radicchio-Risotto mit Blue Stilton. Es gibt außerdem eine feine Käseauswahl mit Mostarda, die man in kleiner Portion auch anstatt eines Desserts wählen kann. Süße Schleckermäuler schließen das Mahl mit Tiramisù, Zitronensorbet oder einem frischen Obstsalat ab. Auf der Weinkarte finden sich viele Weine der Gardaseeregion aber auch darüber hinaus und in der Küche wird hiesiges Olivenöl verwendet.

39

LOCANDA SAN MARCO

Frischester Fisch und italienisches Leben

Adresse: Piazza San Marco 22, 37010 Pai di Sopra
Am Hauptplatz von Pai di Sopra

+39 045 726 00 04
www.locandasanmarco.it

Ruhetag: im Sommer keiner. Oktober bis Ostern Mittwoch
Betriebsferien: im Februar
Preise: €

Die Locanda San Marco ist ein herzlicher Familienbetrieb etwas abseits vom Touristenrummel, denn der Ort Pai ist sehr klein. Man sitzt mitten auf der verkehrsberuhigten Piazza wie in einem Freiluft-Wohnzimmer und schaut italienischem Leben zu. Hier kennen sich Einheimische und Touristen, viele sind Stammgäste. Drinnen findet man eine Ebene höher einen hübschen Speisesaal und aus den Panoramafenstern blickt man auf den Gardasee, der sich malerisch hinter den Dächern erstreckt. Von der Piazza aus betritt man das Lokal durch eine Bar – hier kann man also auch einfach einen Aperitivo trinken. Am Abend sollte man auf jeden Fall reservieren!

Gigi Aloisi ist ein Koch mit Leidenschaft und Ideen. Und außerdem pflegt er beste Beziehungen zum Fischer in Pai. Der bringt ihm ganz früh morgens den ersten Fisch, frischer geht es also kaum. Daraus zaubert Gigi hausgemachte Ravioli mit Renken-Füllung oder Tagliatelle mit einem dichten und zugleich zarten Fischsugo. Genauso gekonnt bereitet er allerlei Antipasti wie Forellensalat oder marinierte Lachsforelle zu. Als Hauptspeise werden Fische sorgsam gegrillt, dazu viel Gemüse und Salate. Doch es gibt auch Fleischgerichte wie Rindersteak, Gulasch oder Huhn, für den kleinen Hunger mit frischen Zutaten belegte Flammkuchen. Dies alles und die feinen Desserts wie Tiramisù mit Erdbeeren oder Kaffee-Vanille-Sorbet werden von seiner herzlichen Schwester Linda serviert.

Auf der kleinen Weinkarte findet man Flaschenweine der Region, aber auch einen schönen Offenen aus dem Veneto.

TIPP

Sportliche können zu Fuß gleich hinter der Piazza los laufen. Ziel könnte der Agriturismo Scriciol hoch über Pai in San Zeno di Montagna sein. Dort gibt es hausgemachte Salami und Speck, Käse vom Monte Baldo und dazu guten Wein und einen unbezahlbaren Blick auf den See. Wer nicht laufen will, erreicht den Agriturismo auch mit dem Auto. Er hat im Sommer täglich geöffnet, im Winter ist er geschlossen.
www.agriturismoscriciol.it

TRATTORIA LONCRINO

Ein Traum von einem Familienbetrieb

Adresse: Via Pirandello 10, Località Loncrino, 37010 Torri del Benaco (VR)
Von Torri Richtung Albisano, beschildert.

+39 045 629 00 18

Ruhetag: Mittwoch
Betriebsferien: variabel
Preise: €–€€

Traumblick über die Dächer von Torri del Benaco und natürlich über den See bis zu den Bergen gegenüber. Die Trattoria ist ganz sicher Anwärterin für den „schönsten Platz am Gardasee“, vor allem, wenn man bei schönem Wetter draußen sitzt. Aber auch drinnen ist es gemütlich, wenn man bei schlechterem Wetter den Wolken zusehen kann, wie sie über den See jagen. Ein Teil der Terrasse wird in der kühleren Jahreszeit geschützt und beheizt.

War man einmal dort und hat die Möglichkeit, wieder zu kommen, wird man Stammgast. Denn die Küche von Fiorella ist kreativ, akkurat und liebevoll. Die bescheidene Frau lächelt: Der Sternekoch Isidoro Consolini meinte, ihr Vitello Tonnato sei das beste überhaupt. Aber auch ihre Vorspeisen vom Gardaseefisch oder Meer, die hausgemachte Salami, die Gnocchi mit Trüffeln, die Sohn Omar auf dem Monte Baldo mit seinem Onkel zusammen findet, sind genial. Die Kräuter für die Tortellini mit Erba Amara werden auch an den Hängen des Baldo selbst gesammelt. Jeden Morgen grillt sie das Gemüse für die Gemüsebeilage frisch. Gewürzt wird mit Olivenöl aus Torri. Der gute Hauswein kommt von Monte del Fra in Custoza, die Weinkarte ist sorgsam zusammen gestellt. Begrüßt wird man mit einem Glas Frizzante und immer einem Lächeln. Also: hingehen und genießen!

TIPP

Erba Amara bedeutet „bitteres Kraut“. Damit werden Tortellini gefüllt, salzige Torten gebacken, Risotto und Gnocchi gewürzt, sogar Getränke aromatisiert und Bier gebraut. Es ist ein Wildkraut mit vielen Namen und Varianten, es schmeckt leicht bitter und ein wenig minzeartig. In Castel Goffredo im Süden des Gardasees ist ihm ein kulinarisches Fest gewidmet. Im Agribirrificio Luppolajo, einer kleinen Familienbrauerei, wird damit sogar Bier gewürzt.
www.luppolajo.it

41

TAVERNA KUS

Slow Food hoch über dem Gardasee

Adresse: Contrada Castello 14, 37010 San Zeno di Montagna (VR)
Am nördlichen Ortsausgang von San Zeno

+39 045 728 56 67
www.tavernakus.it

Ruhetag: Montag bis Mittwoch, im Sommer keiner
Betriebsferien: nach Dreikönig bis Anfang Februar
Preise: €€–€€€

Die Fahrt lohnt sich schon allein wegen der spektakulären Blicke auf den See und die Berge. Und oben, im Garten, auf der schönen Veranda oder in einem der liebevoll dekorierten Gasträume mit Natursteingewölbe, fühlt man sich einfach wohl. Der Service ist ausgesprochen freundlich. Lassen Sie sich den Weinkeller zeigen – er befindet sich in einem ehemaligen Eiskeller, wo man in Zeiten, als es noch keine Kühlschränke gab, Eis lagerte.

Bereits der Gruß aus der Küche lässt die perfekte Vermählung von Bodenständigkeit und Kreativität erahnen: Wir bekamen eine würzig-edle Creme aus Borlotti-Bohnen, gekrönt von einer hauchdünnen Scheibe hausgemachter Salami. Wegen der Salami und vieler anderer Spezialitäten des Hauses weilt Giancarlo Zanolli in den „Ferien" auch nicht in der Karibik, sondern macht Salami, legt Gemüse ein, besucht Produzenten. Gekocht wird nach Jahreszeit - jeder Monat hat einen Protagonisten, Spargel im April, Wildkräuter im Mai, Gardaseefische im Juli und Castagne di San Zeno, die Esskastanien vom Monte Baldo, im Herbst. Eigentlich wäre es schön, jeden Monat einmal zu kommen und die Spezialitäten der Jahreszeiten zu genießen. Die Weinkarte ist opulent und erfreulich, dass man jeweils passende Weine glasweise angeboten bekommt.

TIPP

Am Monte Baldo gibt es im Sommer nicht nur eine außergewöhnliche Flora zu entdecken, sondern auch Bergbauernhöfe, die nur in der schönen Jahreszeit bewirtschaftet werden. Einer davon ist Baito dei Santi, ein wenig weiter bergauf gelegen. Dort bekommt man eine ordentliche Brotzeit, Käse und einen guten Schluck Wein. Den Käse kann man kaufen. Im Winter ist die Bergkäserei geschlossen.

LE RASOLE

Ein Familiengasthof für Familien

Adresse: Via San Bernardo 151, 37016 Garda (VR)
Unterhalb der Rocca von Garda

+39 045 725 56 86
www.lerasole.it

Ruhetag: Dienstag
Betriebsferien: Dezember bis Februar
Preise: €–€€

Im Hinterland von Garda, unterhalb der Rocca, befindet sich der Familienbetrieb mit herrlichem Blick ins Grüne. Lassen Sie sich von der etwas in die Jahre gekommenen Inneneinrichtung nicht abschrecken. Der alte Teil des Gebäudes wurde durch eine lichtdurchflutete verglaste Veranda erweitert. Draußen auf der geräumigen Terrasse mit vielen Blumen sitzt es sich schön und die Kinder können auf der großen Wiese nebenan herumtollen, bis das Essen kommt.

Seit rund 40 Jahren betreibt die Familie Moratti den Landgasthof. Es kocht die Mutter Maria, vor allem aber Michele, der Onkel, erzählt Claudio, der den Familienbetrieb weiterführt. Es gibt traditionelle Küche zu vernünftigen Preisen, die Pasta ist hausgemacht, etwa die Bigoli mit Hasenragout, die Fettuccine mit Pilzen oder die Strangolapreti. Spezialität sind Fisch und Fleisch vom Grill, als Beilage gibt es gegrilltes Gemüse und frische Salate. Die Pommes hätte es eigentlich nicht gebraucht, aber die frittierten Zucchinistückchen waren fein. Die Weinkarte könnte etwas liebevoller zusammengestellt sein, aber der Hauswein ist anständig und günstig. Die hausgemachten Desserts sind besonders zu erwähnen. Wir hatten eine legendäre Panna Cotta mit weißer Schokolade und Passionsfrucht.

TIPP

Hier mal etwas zum Lachen. Wir öffnen die Speisekarte, finden dort zunächst, dass „Fettuccine" mit „Tagliatelle" ins Deutsche übertragen wurde. Aha. Doch die oben erwähnte weiße Panna Cotta erfreute noch mehr. Sie stand auf Italienisch mit „Panna Cotta al Cioccolato Biondo" im Menü. Auf Deutsch: Panna Cotta mit Blondine. Wirklich! Der Ober sieht uns lachen, kommt ebenfalls lachend hinzu und sagt: Wir wissen es inzwischen, aber wir lassen es so. Die Leute freuen sich alle.

AI BEATI

Traumblick über den See und eine kreative Küche

Adresse: Via Val Mora, 57/59, 37016 Garda (VR)
Von Garda Richtung Costermano ist Ai Beati ausgeschildert

+39 045 7 25 57 80
www.ristoranteaibeati.com

Ruhetag: Dienstag und Mittwochmittag
Betriebsferien: variabel
Preise: €€€–€€€€

Es sei der romantischste Ort am Gardasee, sagen viele. Opulent gedeckte Tische mit feinem Porzellan, schöne Gläser, Vorhänge, Leuchter, Tische, Stühle in edlem Ecru mit ein wenig Shabby-Schick dazu schaffen Wohlfühlatmosphäre. Sensationell der Blick auf Garda und den See von der großen Terrasse. Ein Sommernachtstraum.

Pilzflan auf Bagoss-Creme, Avocado mit Gamberoni oder Meeresgetier - roh oder kreativ zubereitet - läuten das Menü ein. Grüne Ravioli mit Seeteufel und Krustentieren, Kürbisgnocchi mit geräuchertem Ricotta oder Bigoli mit Oliven vom Gardasee sind harmonisch gewürzt. Hummer, Bouillabaisse von Edelfischen, Rinderfilet mit Gänseleber könnten als Hauptspeise auf den Tisch kommen. Die Soßen sind kreativ und würzig, etwas phantasielos fanden wir die Beilagen (Salat, gegrilltes Gemüse, Ofenkartoffeln). Bei den Dolci allerdings legt die Küche wieder zu: Schokoladentörtchen oder gefüllte Früchte, beides mit sehr feinem hausgemachtem Eis. Spannend die Käseauswahl mit passenden Mostarde.

Auf der Weinkarte findet man bekannte Namen aus ganz Italien, Champagner aus Frankreich, Franciacorta in reichlicher Auswahl sowie Weine des Gardaseegebiets von Rang und Namen.

Bei aller Zufriedenheit muss man sich vorher im Klaren sein, dass man das phantastische Ambiente ein wenig mitbezahlt.

EL BROL

Schöner Garten und feine Küche im Hinterland

Adresse: Piazza Vittorio Veneto 7, 37010 Castion di Costermano (VR)
Mitten im kleinen Ort Castion

+39 045 620 00 43
www.elbrol.com

Ruhetag: Mittwoch
Betriebsferien: variabel
Preise: €–€€

Direkt am Hauptplatz des gemütlichen Ortes Castion befindet sich das stattliche, Ende des 19. Jahrhunderts erbaute Haus der Familie Castelletti. Drinnen gibt es zwei gemütliche Räume und einen hellen, verglasten Anbau. Draußen auf der überdachten Terrasse schaut man in einen mit Zitronenbäumchen, Oliven und Rosmarin geschmückten, sehr gepflegten Garten. Alles ist sehr gediegen und edel und man ist angenehm überrascht von den moderaten Preisen.

In der Küche des El Brol zaubert Vater Angelo mit Sohn Marco feine Gerichte, die hübsch dekoriert auf den Tisch gelangen. Die Basis der Rezepte ist die Tradition der Gegend, doch etwas verfeinert, eleganter, leichter. Als Antipasti gibt es selbst eingelegtes Gemüse, Oliven und hausgemachte Wurst. Besonders die Sopressa war exzellent. Eigene Handschrift auch bei den Fischvorspeisen, die sehr empfehlenswert sind. Die Pasta ist selbstverständlich hausgemacht, ebenso wie die Soßen von Reh, Wildschwein oder Kaninchen. Die drei letzteren werden im Herbst auch als Hauptgericht mit feinen Ofenkartoffeln und Gemüsen der Saison zubereitet. Auch für die Desserts sollte man Platz lassen, für frischen Obstsalat mit hausgemachtem Sorbet oder Schokoladentörtchen. Käseliebhaber erhalten würzige Käse vom Monte Baldo. Einzig die Weinauswahl ist etwas dürftig. Es könnten ruhig etwas spannendere Tropfen auf der Karte stehen.

GARDA NATURA

Gartenfrische auf den Tisch

Adresse: Via della Valletta/Montarion 29, Località Marciaga, 37010 Costermano sul Garda (VR)
In Marciaga beschildert

+39 045 627 07 87
www.gardanatura.it

Ruhetag: keiner, täglich geöffnet von 10–20.30 durchgehend
Betriebsferien: November bis März
Preise: €

Hier hat sich die Familie Lorenzini ein kleines Paradies geschaffen. Im Grünen, inmitten der eigenen Felder, baut sie Obst, Gemüse und Wein an und hält Hühner. Die jeweiligen Gartenteile sind mit schönen Schildern geschmückt. „Isola del Pollaio" steht am Hühnerstall, „Isola del Kiwi" auf einem anderen. Außerdem gibt es eine lichtdurchflutete Probier- und Gaststube.

Die Speisekarte ist kurz und schlicht. Es gibt das, was der riesige Garten hergibt, dazu hausgemachte Wurst, etwas Fleisch, aber vor allem frisches Gemüse, Obst und Kräuter. Alles kommt direkt aus dem Garten und wird zu Aufstrichen, Pesto, Suppen und verschiedenen Soßen verarbeitet. Es gibt zum Beispiel Salamiteller mit eingelegtem Gemüse oder Rührei mit Bergkäse und Kräutern, warme Bruschette mit frischen Tomaten oder verschiedene Käsesorten mit hausgemachten Marmeladen. Als Primi bekommt man Spaghetti oder Brotnocken mit verschiedenen Soßen. Zum Dessert Kuchen und Kekse mit hausgemachten Marmeladen oder Obstsalat aus gartenfrischen Früchten. Auf einem halben Hektar wird Wein angebaut, der wirklich ganz hervorragend schmeckt. Pfiffig auch die Idee der Öffnungszeiten, denn es gibt tagsüber durchgehend etwas zu essen.

TIPP

Der kleine Restaurantbetrieb schließt, wenn nichts mehr im Garten wächst, aber die Produkte, die die Familie Lorenzini herstellt, kann man auch im Winter erwerben. 347 680 78 81 ist die Handynummer von Graziano. Die Familie wohnt ganz in der Nähe und öffnet den kleinen Laden für Sie. Es gibt bestes Olivenöl, aromatisierte Kräuteröle, Balsamico, Weine und hausgemachte Marmeladen, zum Beispiel eine sehr köstliche aus Kirschen, Erdbeeren und (!) Karotten.

AL VECCHIO FORNO

Urige Gewölbe mit feiner Küche

Adresse: Piazza Don G. Roncari 19, Località Pazzon, 37013 Caprino Veronese (VR)
Mitten im kleinen Ort Pazzon

+39 045 625 0027
www.alvecchioforno.it

Ruhetag: Montag und Dienstagmittag
Betriebsferien: im Winter auch Sonntagabend geschlossen
Preise: €€–€€€

Alte Mauern und verwinkelte Gassen findet man im kleinen Ort Pazzon. Und mitten im Ort muss man eigentlich nur der Nase nachgehen. Es duftet nach konzentrierten Soßen, nach Braten. Betritt man das schöne Restaurant, steht man in herrlichen Gewölben mit hübsch eingedeckten Tischen.

Hausgebackenes, noch warmes Brot begleitet das Tartar vom Angusrind. Im Herbst und Winter gibt es Trüffel vom Monte Baldo, zum Beispiel auf einem pochierten Ei oder zu hausgemachten Gnocchi. Bigoli und Tagliatelle gibt es mit Sugo nach Rezepten der Großmutter oder auch mit Baccalà. Der klassische Risotto mit Cabernet und Radicchio ist köstlich, Neugierige probieren den mit Lauch und dunklem Bier. Das Angusrind begegnet uns wieder als Hauptspeise, als Tagliata oder Kotelett. Sein Filet kommt zusammen mit einer köstlichen Soße mit rosa Pfeffer auf den Tisch, Hirschfilet wird mit Johannisbeersoße serviert, begleitet von frischem Gemüse der Saison. Man könnte sich auch für geschmorte Schweinebäckchen, Spanferkelrücken oder Kaninchen entscheiden. Bei den Doci sollte man die Variationen des Hauses wählen.

Auf der Weinkarte findet man bekannte und weniger bekannte Erzeuger der Weinbaugebiete im Süden und Osten des Gardasees.

TRATTORIA CIMA 11

Nomen est Omen: In Porcino gibt's Pilze

Adresse: Località Porcino, 37013 Caprino Veronese (VR)
Etwas nördlich von Caprino, am Rand der Località Porcino

+39 045 726 50 61

Ruhetag: Montag und Dienstagmittag
Betriebsferien: 2 Wochen Anfang Januar
Preise: €

Von außen ein wenig sehr schlicht, innen dafür sehr gemütlich. Der Blick rundum ist wunderschön. Das Cima 11 liegt in der schon recht bergigen Landschaft nördlich von Caprino, die von Wanderwegen und Bikepfaden durchzogen ist.

Porcini sind Steinpilze auf Italienisch und die gibt es hier als Vorspeise vom Grill, eingelegt, überbacken oder auch als duftenden Sugo zu hausgemachter Pasta. Doch auch alle anderen Pilze wie Morcheln im Frühjahr oder Pfifferlinge werden von den Schwestern Emilia und Margherita in der Küche zu Delikatessen verfeinert. Ab Sommer gesellen sich Trüffel vom Monte Baldo und, wenn man Glück hat, auch die seltenen und delikaten Kaiserlinge dazu. Als Hauptspeise gibt es gekonnt zubereitete Fleischgerichte, darunter viel Wild, denn wir befinden uns ja auf der waldreichen Ostseite des Monte Baldo. Die Beilagen kann man sich von einem Wagen voll Gemüse und Salaten aussuchen. Vor allem abends und am Wochenende gesellt sich dazu noch ein Wagen mit Käse und einer mit Desserts.

Sowohl die offenen Hausweine als auch die Auswahl an Flaschen aus dem Valpolicella, dem Etschtal und darüber hinaus sind lobenswert. Ein weiterer Pluspunkt ist das hauseigene exzellente Olivenöl, das auf jedem Tisch steht. Leider kann man es nicht kaufen und so muss man einfach immer wieder kommen.

TRATTORIA AL PONTE

Die inneren Werte zählen

Adresse: Mitten im Ort gegenüber der Kirche
Piazza Vittoria 12, 37020 Brentino Belluno (VR)

+39 045 723 01 09

Ruhetag: Mittwoch
Betriebsferien: 3 Wochen im August
Preise: €

Wer will da schon anhalten, in diesem Straßendorf im Etschtal, wenn man doch an den Gardasee will, noch dazu an diesem unspektakulären Haus? Wer weiter fährt, wird die Herzlichkeit und die hervorragende Küche von Stefano Bridi nicht erleben. Die schlichten, aber gemütlichen Räumlichkeiten verbergen das Können der Küche und die Schätze des Weinkellers. Keine Terrasse, kein Ausblick – dafür kann man sich ganz auf die Köstlichkeiten konzentrieren.

Hier herrscht Tradition in hervorragender Qualität. Die Forellen, die aus der Zucht des Nachbarn stammen, sind ausgezeichnet, die Primi, etwa Bigoli (hausgemachte Eierspaghetti) mit Sardinen- oder Entensugo, mehr als empfehlenswert. Der Eselsschmorbraten ist überragend und lohnt jeden Umweg – esst mehr Esel, sonst stirbt er aus! Hier findet man eine wirklich traditionelle Küche, die den Rezepten der Großmütter Ehre erweist: Gnocchi mit Ragout, Stockfisch mit Polenta oder hausgemachte Tagliatelle mit Trüffeln vom Monte Baldo. Die Dolci sind ebenfalls nach alter Überlieferung.

Wir haben selten eine so freundlich kalkulierte Weinkarte gesehen. Hier kann man sich den edlen Granato von Elisabetta Foradori aus dem Trentino gönnen. Die Weine sind mit Bedacht gewählt, auf die Empfehlungen des Hauses kann man sich getrost verlassen.

ROENO

Beste Küche im Weingut

Adresse: Via Mama 5, 37020 Belluno Veronese (VR)
Von Affi aus gesehen gleich hinter Brentino Belluno

+39 045 723 01 10
www.cantinaroeno.com

Ruhetag: Montag
Betriebsferien: 2 Wochen Ende Juni
Preise: €–€€

Im alten Weinkeller mit seinen schönen Gewölben befindet sich heute der gemütlichere der beiden Gasträume der Trattoria. Der andere gleicht einer Landosteria mit Bartresen, wo sich Einheimische einen Caffè oder ein Gläschen Wein gönnen. Im Sommer sitzt man im geschützten Garten hinter dem Haus.

Roeno strahlt die Wärme eines italienischen Familienbetriebes aus. Cristina Fugatti ist hochgelobte Önologin – ihr Süßwein „Cristina" wurde 2011 vom Gambero Rosso zum besten Süßwein Italiens gekürt. Fein und elegant ihr Riesling und dicht strukturiert ihr Enantio, der Carne salada oder Grillfleisch begleitet. Ausgesprochen zart das Kaninchen und der Zickleinbraten, nach den Rezepten der Mutter zubereitet. Die in der Küche verwendeten Produkte sind alle „handverlesen", die Kaninchen etwa stammen vom Nachbarn. Fein alle Primi wie Tortellini mit Spargel gefüllt oder die Spinatgnocchi, die Strangolapreti. Toll die hausgemachte Salami mit vielerlei eingelegtem Gemüse als Antipasti.

TIPP

Enantio ist eine lange verkannte und heute zu neuem Ruhm gelangte heimische Rebsorte. Gut gemacht gibt er einen sehr strukturieren, dichten Wein von unglaublich intensivem Rot. Schon Plinius der Ältere hat von dieser mit der Lambrusco-Rebe verwandten Traube berichtet. Im Etschtal verhelfen ihr nun einige Winzer zu neuem Ruhm.

BONAPARTE

Vorspeisentraum und mehr

Adresse: Corte Bramante, 37010 Rivoli Veronese (VR)
Mitten im kleinen Ort Rivoli Veronese

+39 045 628 01 12
www.ristorantebonaparte.it

Ruhetag: Dienstagabend und Mittwoch
Betriebsferien: 1.–15. Januar und 2–3 Wochen im Juli
Preise: €–€€

Der Tipp kam vom ebenso empfehlenswerten Restaurant Cima 11 bei Caprino. Wohin, so die Frage, gehen Inhaber einer guten Trattoria essen, wenn sie frei haben? Zum Beispiel ins Bonaparte in Rivoli, fernab vom Touristenrummel, aber so nah, dass man auch in deutscher Sprache Auskunft bekommt.

Es ist eines dieser Restaurants, wo man eigentlich zwei Mal hingehen muss. Beim ersten Mal sollte man sich unbedingt die Antipasti gönnen, danach schafft man vielleicht noch ein Primo (zum Beispiel Kürbisgnocchi mit Trüffel oder hausgemachte Tagliatelle mit einem feinen Sugo aus Kaninchen und Zucchiniblüten) oder eins der erstklassig klingenden und aussehenden Desserts, wofür der Koch eine besondere Liebe hat (dreierlei Crème brûlée, Semifreddo mit Amaretti, Ananascarpaccio mit Sorbet....). Doch zu den Antipasti, die im Prinzip mehrere Hauptgerichte enthalten. Zunächst kommt ein Teller mit ausgezeichneten und wirklich raren Wurstspezialitäten (wie Coppa vom Maulesel oder Lachsschinken vom Büffel im Käsemantel), dann folgen köstliche Fischsalate (Sepia mit Grana und Kapern) und warme Fischgerichte in Miniportionen wie Sepia-Bandnudeln, Moscardini mit Borlottibohnen oder - unser Favorit - Gardaseehecht, wie Baccalà zubereitet.

Es gibt einen ausgezeichneten Hauswein des Weinguts Girardelli in Bardolino, aber auch eine kleine Auswahl von Flaschenweinen von hier und anderen italienischen Weinregionen.

CROCE D'ORO

Herzliche Generationenküche

Adresse: Via Valentini 55, 37020 Volargne (VR)
Mitten in Volargne

+39 045 773 23 55
www.albergocrocedoro.com

Ruhetag: Sonntag
Betriebsferien: 2 Wochen im Januar sowie im August
Preise: €–€€

Die schöne Trattoria kann auf eine lange Vergangenheit zurückblicken - seit 1800 schon wird hier gekocht und werden Reisende beherbergt. Volargne ist wahrlich im Hinterland des Gardasees, der kleine Ort hat noch seinen unspektakulär urtümlichen Charakter, es gibt ein kleines Lebensmittelgeschäft und eben das Croce d'Oro, wo Federico und Sabina Gerichte zaubern, wie man sie früher gemacht hat. Wer zusehen möchte, kann auf der Internetseite einen bezaubernden Kurzfilm ansehen und dort lernen, wie gute Pasta gemacht wird – „otto mani" heißt er, acht Hände. Denn die Eltern Teresa und Silvano helfen mit. Das Lokal ist freundlich, gemütlich eingerichtet und mit sehr schönen Bildern geschmückt, die von der Arbeit in der Küche erzählen.

Die Pasta wird, wie es sich gehört, täglich frisch hergestellt. Köstliche Tagliatelle mit verschiedenen Soßen wie klassisches Fleischragout, eine würzige mit Reh, eine leichte mit Tomate und anderen Gartengemüsen kommen auf den Tisch. Sie sind alle so gut, dass man sich ein „Bis", also zwei verschiedene Nudelgerichte oder gar ein Tris leisten sollte. Genauso gut sind die Kartoffelgnocchi, die im Herbst gerne mal mit Trüffeln vom Monte Baldo serviert werden. Auch die Hauptgerichte sind Klassiker. Zart rosa gebratene Tagliata vom Pferd oder vom Rind, Kotelett vom Kalb oder Schwein, Gulasch, das im Herbst manchmal vom Wild stammt. Liebhaber von Innereien freuen sich über zarte Leber oder würzige, perfekt zubereitete Kutteln. Dazu frische Gemüse, Salate, knusprige Ofenkartoffeln. Kleine, aber schöne Auswahl an Weinen aus der Terradeiforti und dem Valpolicella.

TIPP

Das Weinbaugebiet hier im Etschtal nennt sich Terra dei Forti, der vielen Festungen wegen. Es zu entdecken lohnt sich. Erwähnenswert ist die hier heimische Traube Enantio, aus der dichte, kräftige und sehr nennenswerte Rotweine entstehen. Mehr unter www.terradeifortivini.it

CA' ORSA

Slow Food mit Liebe zubereitet

Adresse: Località Caorsa 10, 37010 Affi (VR)
Von der Autobahnausfahrt Affi Richtung Cavaion Veronese

+39 045 723 50 39
www.caorsa.it

Ruhetag: Dienstag
Betriebsferien: ganzjährig geöffnet
Preise: €

Hier ist man ganz weit weg vom Trubel des Gardasees und ebenso weit vom Centro Commerciale von Affi, obwohl sich die Località Ca' Orsa gleich daneben befindet. Man sitzt draußen auf einer pflanzenbewachsenen Terrasse gegenüber dem Lokal. Drinnen sorgen Farben und schöne alte Holzmöbel, gepaart mit ein bisschen moderner Frische, für Gemütlichkeit.

Liebhaber von Kutteln kommen hier auf ihre Kosten, es gibt sie als Antipasto, als Suppe oder geschmort mit Gemüse als Hauptspeise. Aber keine Angst, wer das Arme-Leute-Gericht auch exzellent zubereitet nicht mag, auf den warten Bigoli (hausgemachte Spaghetti) mit Entensugo, gleichfalls hausgemachte Tagliatelle mit Hühnerleber im Winter oder mit Gemüse im Sommer. Es gibt Ente, nach Bauernart gefüllt, Ossobuco oder zartes Kaninchen mit Polenta. In der kalten Jahreszeit genießt man Bollito (Siedefleisch-Topf, meist mit Rindfleisch, Kalbszunge und Huhn) mit der cremigen Brotsoße Pearà. Dazu Gemüse der Saison, frische Salate und ein gutes Glas Wein.

Der klassische Mandelkuchen Sbrisolona oder ein hausgebackener Apfelkuchen kann das Mahl beschließen. Außer dem günstigen und guten Hauswein kann man die Weine des Veroneser Ufers des Gardasees und des Valpolicella verkosten.

TIPP

Der berühmten Soße zum Bollito ist sogar eine eigene Internetseite gewidmet: www.peara.it. Wer sie machen möchte: 250 g fein geriebenes, altbackenes Weißbrot, 50 g Knochenmark, 50 ml bestes Olivenöl, 50 ml Fleischbrühe, Salz und Pfeffer zum Abschmecken. Mark und Olivenöl erwärmen, rühren, bis sich das Mark auflöst, Semmelbrösel sowie die Brühe nach und nach dazu geben. Mit Salz und Pfeffer abschmecken. Mit Meerrettich oder Parmesan verfeinern.

53

LOCANDA MOSCAL

Feine Küche am Fuß des Berges Moscal

Adresse: Via Pigna 1, 37010 Affi (VR)
Im historischen Zentrum von Affi

+39 045 626 03 09
www.moscal.it

Ruhetag: Montag
Betriebsferien: November
Preise: €€

Mutter Nadia lacht. Denn Tochter Corinne liebt wie ihr Vater bunte Farben. Der Vater nämlich ist Leandro Luppi, Koch und Patron des Sterne-Lokals Vecchia Malcesine. Die Wände des alten Gemäuers sind also in tiefem Rot, Lila, Orange gestrichen, ein spannender Kontrast zu edlem Geschirr, schönen Tischen. Auf der großen überdachten Veranda verbringt man genießerische Sommerstunden am Fuße des Berges Moscal.

Man spürt die Sterne-Handschrift nicht an den Preisen, aber an der Qualität und der sorgsamen und technisch perfekten Zubereitung. Mittags gibt es auch einen „piatto unico", also eine Hauptspeise mit Beilage, immer auch eine vegetarische Variante. Figurbewusste können sich an einer großen Auswahl an „Insalatone" – großen Salaten – satt essen. Dazu aber gibt es mittags und erst recht abends kreative Gerichte, die die Veroneser Tradition nicht verleugnen, aber modern verfeinert, veredelt sind. Zum Beispiel Gnocchi mit Käse und Trüffeln vom Monte Baldo oder Risotto mit Taleggio und Pfifferlingen. Für die Rindfleischgerichte wird Fleisch der besten Rinderrassen Italiens gewählt, zum Gardaseefisch gesellt sich immer auch ein Gericht aus Meeresfisch, federleicht zubereitet. Man sollte Platz für die Sterne-Dolci lassen, ein Semifreddo di limone etwa.

LOCANDA CENTRALE

Zwei Süditaliener am Gardasee: heimische Küche und Meeresfisch

Adresse: Piazza della Chiesa 4, 37010 Cavaion Veronese (VR)
Am Kirchplatz neben der großen Barockkirche

+39 045 723 51 81

Ruhetag: Mittwoch
Betriebsferien: ganzjährig geöffnet
Preise: €–€€

Man betritt die Locanda durch die Bar, man kann also auch nur auf einen Kaffee oder einen Aperitivo vorbeikommen. Dahinter verbirgt sich ein gemütlicher Gastraum, dessen Wände von netten Bildern mit Szenen aus der Gegend geschmückt sind. Im Sommer sitzt man ein Stockwerk tiefer, auf der Terrasse entlang der Seitengasse des hübschen kleinen Ortes im Hinterland.

Giuseppe Milordo und Michele Fortunato betrieben zuvor gemeinsam die Pizzeria Metti in Incaffi, seit Dezember 2012 sind sie nun hier in Cavaion. Koch Giuseppe verwendet frische Zutaten aus der Region, der Meeresfisch kommt täglich aus Chioggia. Aus dem heimischen Gemüse macht er zum Beispiel einen luftigen, würzigen Gemüseflan. Der Hirschschinken mit Rucola, Granatapfelkernen und Fenchel war ebenso fein wie die Tagliatelle mit Kaninchensugo. Wer Kutteln mag, bekommt sie hier in bester Qualität. Edler freilich sind die akkurat zubereiteten Meeresfische. Was gerade frisch vorhanden ist, klärt man am besten mit Michele, der jeden Gast freundlich berät. Das gilt auch bei der Frage, welcher Wein am besten zu welchem Gericht passt. Selbstverständlich ist die Pasta hausgemacht, ebenso die verführerischen Dolci wie zum Beispiel ein köstlicher Schokoladenkuchen mit Gewürzen.

TIPP

Giuseppes Rezept für den Gemüseflan: Für 20 Stück, etwa in Kaffeetassengröße, kocht er zunächst einen Liter sehr dichte Béchamelsoße. Die verrührt er mit 6 Eiern und 4 Eigelb sowie einigen Löffeln frisch geriebenem Grana. Dazu kommen etwa 1,5 Kilo gemischte Gemüse, je nach Sorte fein geschnitten und gedünstet. Nun püriert er die Masse ein wenig, würzt mit Salz, Pfeffer und Muskatnuss und gart sie bei 150 Grad im Wasserbad im Ofen in kleinen Förmchen.

CA' PERSIANE

Familienbetrieb: bodenständig und kreativ

Adresse: Località Ca' Persiane 1, 37010 Cavaion Veronese (VR)
Von Cavaion Richtung Piovezzano, nahe der Autobahnausfahrt Affi

+39 045 723 68 47
www.capersiane.com

Ruhetag: Montag und Dienstag
Betriebsferien: variabel
Preise: €€

Direkt an der Straße nach Piovezzano liegt das stattliche Haus, in dem neben einer ausgezeichneten Küche auch Zimmer zum Übernachten angeboten werden. Im Gastraum fühlt man sich ein bisschen wie in einer Tenne: offene Holzbalken, gemütliches Mobiliar, bäuerliche Gegenstände an den Wänden. Trotz der Größe ist der Raum gut unterteilt und strahlt Wohlfühlatmosphäre aus.

Ein Familienbetrieb von Anfang an: Die Eltern von Luca sind beide leidenschaftliche Köche. Vater Valentino ist für das Fleisch vom Grill zuständig. Seine Spezialität ist Straußenfleisch, das von ausgewählten Betrieben stammt. Die edleren Teile werden zu Tagliata verarbeitet. Doch zum Strauß gesellt sich auch anderes wie Fiorentina vom Rind, Kaninchen, Pferd oder Esel. Die Salami zur Vorspeise ist hausgemacht, ebenso alle Pasta-Gerichte (die Bigoli mit Straußensugo sind besonders erwähnenswert). Es gibt eine schöne Käseauswahl mit Honig und hausgemachten Marmeladen. Hervorzuheben sind auch die Dolci, vor allem die Torten, die Ehefrau Paola und Mamma Elisa backen. Sie verwenden Früchte der jeweiligen Saison (z.B. Ricotta-Birne oder Ricotta-Traube). Die Weine stammen aus der Gegend, vom Gardasee und aus dem Valpolicella.

TIPP

Straußenfleisch ist gesund. Es enthält noch mehr Eisen als Rindfleisch. Man kann es wie Rindfleisch zubereiten. Sehr gut ist zum Beispiel Gulasch aus Straußenfleisch. Für den Sugo zu den Bigoli wird grobes Straußenhack mit viel Gemüse bei niedriger Temperatur stundenlang geschmort. Aus Straußeneiern werden auch Nudeln hergestellt, die man bisweilen bekommen kann und die selbstverständlich bestens zum Straußensugo passen.

CORTE TORCOLO

Abseits vom Touristenrummel und doch mittendrin

Adresse: Via Vittorio Veneto 1, 37010 Cavaion Veronese (VR)
Mitten in Cavaion

+30 045 723 54 14

Ruhetag: Montag
Betriebsferien: variabel
Preise: €

Durch einen Torbogen betritt man den Innenhof, den Olivenbäume, Rosmarinsträucher und Blumen schmücken. Geschützt von Mauern kann man hier oft im Frühjahr schon draußen sitzen. Innen die kleine Bar und die beiden Gasträume sind eine stimmige Mischung aus altem Gewölbe und einigen modernen Möbeln und Lampen. Da sollte sich jeder wohlfühlen. Die Osteria ist übrigens Teil des Gemeindezentrums von Cavaion mit der kleinen Open-Air-Bühne; im Sommer gibt's dort Theater und Konzerte.

Rund 15 Jahre gibt es die Osteria. Das Konzept, eine gradlinige Küche zu sehr angenehmen Preisen anzubieten, geht auf.

Wirt Silvano Ferronato möchte in Zukunft noch mehr Wert auf die Küche legen, die Weinauswahl dagegen ein wenig begrenzen. Man findet aber immer noch viele gute Tropfen der Gardaseeregion. Seine junge Küchenbrigade bereitet klassische Antipasti, hausgemachte, abwechslungsreiche Primi mit würzigen Sughi zu, vegetarisch, Fisch oder Fleisch, es wird alles frisch zubereitet. Empfehlenswert ist die Auswahl an heimischer Wurst, an Käse und Häppchen zum Aperitivo. Sodann gibt es Bigoli mit Gardaseefischen, Gnocchi mit Gemüse, eine perfekte Tagliata mit bestem Olivenöl vom Gardasee. Kein Wunder (siehe Tipp).

TIPP

Im gleichen Innenhof befindet sich das Büro von oliogardadop, der Vereinigung der besten Olivenöl-Produzenten rund um den Gardasee. Auf der Internetseite www.oliogardadop.it finden Sie die Adressen, Informationen über das flüssige Gold und sehr interessante Rezepte.

TRATTORIA VILLA

Familienfreundliche Traditionsküche

Adresse: Località Villa 32, 37010 Cavaion Veronese (VR)
Südlich von Cavaion

+39 045 723 54 26
www.trattoriavilla.it

Ruhetag: Montag
Betriebsferien: variabel
Preise: €

Ein Familienbetrieb im Grünen, um das Haus herum Terrassen und viel Platz zum Spielen für Kinder, drinnen hell mit viel Blick nach draußen, schön gedeckte Tische – ein Platz zum Wohlfühlen.

Familienfreundlich sind auch die Preise. Als Antipasti gibt es den traditionellen Aufschnitt mit Salami, Schinken und dazu eingelegtes Gemüse, der marinierte Hecht wird hier warm und mit knusprigen Polentastreifen an den Tisch gebracht, sehr fein auch das Carpaccio von Carne salata mit Rucola und Grana. Als Primi sind die Bigoli empfehlenswert, die mit Fleischsugo oder Gardasee-Sardinen serviert werden, es gibt auch Tagliatelle mit Pilzen, Tortellini in Salbeibutter oder – für Mutige – Trippa in Brodo: Kuttelsuppe. Die Auswahl an Hauptspeisen ist groß, als Beilage gibt es allerlei Gemüse wie Peperonata, würzige Bohnenkerne oder Radicchio, frische Salate, Polenta und Ofenkartoffeln. Man bekommt Fleisch vom Grill wie Koteletts von Kalb, Lamm oder Schwein, Tagliata vom Rind auf Rucola oder Radicchio, ein ausgezeichnetes Lamm mit Kartoffeln aus dem Ofen. Doch auch ein wenig aus der Mode gekommene traditionelle Speisen werden angeboten wie wiederum Kutteln (alla Parmigiana, also in Tomatensoße geschmort) oder Stockfisch. Sehr gut dazu der Bardolino und der weiße Custoza von Le Tende aus Colà di Lazise. Etwas mehr als die Hälfte der Weingärten des Bioweinguts liegen ganz in der Nähe des Restaurants.

Wer keinen Nachtisch möchte, und nur einen Caffè bestellt, bekommt zarte, luftige San Vigilini, hausgemacht wie fast alles hier.

LA DACIA

Familienrestaurant im Grünen

Adresse: Via del Monvei 1, 37011 Bardolino (VR)
Im Hinterland zwischen Garda und Bardolino, beschildert

+39 045 721 14 08
www.ristoranteladacia.com

Ruhetag: Dienstag, im Sommer keiner
Betriebsferien: variabel
Preise: €–€€

Das Ristorante La Dacia ist ein idealer Ort, um mitten im Grünen ein schönes Mittag- oder Abendessen zu genießen. Im Sommer sitzt man sogar auf der Wiese, bei Regenwetter speist man geschützt auf der überdachten Terrasse. Das Restaurant existiert seit vielen Jahren und ist ein beliebter Treffpunkt für Familien und Freunde geworden. Eine rustikal-gemütliche Einrichtung empfängt die Gäste in den Speiseräumen.

La Dacia ist bekannt für Fleisch und Fisch vom Grill. Doch auch die Vorspeisen brauchen sich nicht zu verstecken: Carpaccio, marinierter Hecht, Gemüsetörtchen oder ein fein gewürzter Salat vom Hühnchen. Die Nudeln sind hausgemacht und werden mit Ente, Pilzen, Gardaseefisch oder (sehr fein) Kaninchen-Thymian-Sugo serviert. Das Kaninchen kann man sich als Hauptspeise bestellen, aber auch Huhn oder Rinder-Tagliata und natürlich zart gegrillte Gardaseefische. Die wechselnden Desserts sind alle hausgemacht. Zu besonderen Anlässen und Feiertagen werden raffinierte Menüs angeboten. Familienfreundlich sind die Kinderteller. Es gibt Weine aus den Anbaugebieten der näheren Umgebung wie Bardolino oder Custoza.

TIPP

Fisch vom Grill wird dann zart, wenn man ihn auf der Haut grillt und mit Hitze sehr vorsichtig umgeht. Die Fischfrau meint: „Es ist viel besser, den Fisch ganz und nicht als Filet zu grillen." Man kann Fisch auch in frische Weinblätter oder Pancetta wickeln, damit er saftig bleibt. Die Weinblätter geben gleich etwas Säure mit. Fein sind auch Kräuter wie Fenchel oder Dill im Bauch des Grillfisches. Serviert wird er mit bestem Olivenöl vom Gardasee, Gemüse und knusprigem Brot.

IL GIARDINO DELLE ESPERIDI

Wein in Frauenhand

Adresse: Via Goffredo Mameli 1, 37011 Bardolino (VR)
In der Altstadt, etwas weg vom See

+39 045 621 04 77

Ruhetag: Dienstag
Betriebsferien: nach Dreikönig bis Ende Februar
Preise: €€–€€€

Ein wenig versteckt liegt die heimelige Enoteca in einem historischen Haus in der Altstadt von Bardolino; dicht gedrängt stehen die Tische in dem recht kleinen, aber urgemütlichen Raum. Die Regale sind gefüllt mit Wein – mit Weinen, die man bestellen kann und Bouteillen, die hier irgendwann einmal getrunken wurden. Große Namen und handverlesene Fundstücke. Die Weinkarte ist opulent, ein dickes Buch, und wie es sich für eine gute Enoteca gehört, kann man viele Weine glasweise bestellen und während eines Menüs den jeweils passenden Wein genießen – Susy Tezzon berät gerne.

Wer vor allem den Wein genießen will, bestellt die Aufschnittplatte des Hauses – ausgesuchte Wurstspezialitäten, handverlesen und von den besten Produzenten der Gegend. Doch die Karte macht Lust auf mehr. Es gibt gekonnt zubereitete Antipasti wie Parmesan-Trüffel-Gratin oder eine zarte Crème brûlée von der Hühnerleber mit Brioche. Die gefüllte Pasta mit Gardaseefisch wird begleitet von Brokkoli, Linsen und leuchtend grüner Erbsencreme.

Fisch kommt mit gebratenem Fenchel, Topinamburcreme und gerösteten Haselnüssen auf den Tisch, das Rebhuhn wird mit Apfelspalten und Granatapfelsoße serviert. Gut wäre, in der bestimmt auch sehr engen Küche trotzdem noch Platz für einen funktionierenden Tellerwärmer zu schaffen, das hätte dem ansonsten gekonnt zubereiteten Zander wie dem Rebhuhn gut getan.

DUE NANI

Urige Mauern, gute Küche

Adresse: Corso Umberto 1, 37011 Bardolino (VR)
In der Altstadt

+39 045 621 13 23
www.osteriaduenani.it

Ruhetag: Mittwoch
Betriebsferien: variabel
Preise: €€

Die Osteria ist ein sehr gemütliches Lokal mit dicken Natursteinmauern und einem stattlichen Grill, wo man gekonnt Fleisch, aber auch Fisch und Gemüse zubereitet. Große Glastüren werden im Sommer geöffnet, so sitzt man geschützt, aber an der frischen Luft.

Wenn man zu mehreren hingeht, empfiehlt es sich, verschiedene gemischte Vorspeisenteller zu bestellen. Es gibt Salami und Schinken mit Mostarda, einen vegetarischen Vorspeisenteller mit allerlei Salaten und marinierten Gemüsen und natürlich einen mit verschiedenen Gardaseefisch-Kreationen.

Die Pasta ist, wie es sich gehört, hausgemacht. Man kann ausgezeichnete Ravioli, gefüllt mit Amaroneschmorbraten oder erfrischend leichte und nachahmenswerte Tagliatelle mit Minze und Peperoncino, Kartoffelgnocchi mit Tomaten und bestem Olivenöl vom Gardasee, eine schöne Gemüsesuppe oder den klassischen Schleienrisotto wählen.

Vom Grill kommt eine stattliche „Fiorentina", das Ochsenkotelett, das man zu mehreren verspeist, aber auch Fleisch vom Lamm, Schwein oder Kalb und natürlich Gardaseefische wie Forelle oder Renke. Wer Gegrilltes nicht mag, entscheidet sich für den intensiven Schmorbraten mit Amarone oder eine saftige Ente. Dazu bekommt man Gemüse vom Grill oder ausgezeichnete Salate, die auch solo daherkommen können, wenn man weniger Hunger hat, wie beispielsweise ein gemischter Salat mit Birne, Walnüssen und Grana oder einer mit grünen Bohnen, Eiern, Walnüssen und Sardellen.

Die Weinkarte ist nicht schlecht bestückt – bekannte und weniger bekannte Weingüter der Anbaugebiete des Gardasees, vor allem der Veroneser Seite, aber auch schöne Tropfen aus dem Friaul oder der Toskana.

LOCANDA AL CARDELLINO

Gastronomenblut und Showtalent

Adresse: Via Pralesi 16, Cisano di Bardolino, 37011 Bardolino (VR)
Von Süden kommend kurz nach dem Ölmuseum rechts abbiegen, nach wenigen Metern auf der rechten Seite.

+ 39 338 897 42 29
www.alcardellino.it

Ruhetag: Dienstag
Betriebsferien: variabel
Preise: €€

Der weitläufige Olivengarten mit plätschernden Brunnen auf mehreren Ebenen ist eine Oase in der Sommerhitze. Drinnen hat man einen schönen Blick darauf, im Eingangsbereich befindet sich der große Kamin, auf dem saftige Fleischstücke und zarte Fische zubereitet werden. Davor findet man tagesfrisch die hausgemachten Nudeln appetitlich präsentiert.

Wenn Sie Tartar und Carpaccio mögen, bestellen Sie die gemischte Vorspeise nach Art des Hauses, die einer der beiden Brüder Modena in sympathischem Deutsch empfiehlt. Auf einer dreistöckigen Etagere, imposant präsentiert, finden sich verschiedene Fleischsorten, variantenreich gewürzt mit eingelegtem Gemüse und Rucola. Wir waren zu fünft, bestellten die Vorspeise für zwei und waren danach fast satt. Die hausgemachte Pasta, egal ob mit viel Ei angereicherte Bandnudeln oder kreativ gefüllte Ravioli, schmeckt vorzüglich. Bestes Fleisch oder zarter Fisch könnten die Hauptspeise sein, wenn man mit großem Appetit gekommen ist. „Uno in due", eine Speise zu zweit teilen, ist unser Tipp. Frische Sommerweine, etwa ein perfekt gekühlter Bardolino Chiaretto oder körperreiche Rote begleiten Fleisch und Fisch.

TIPP

Wer zum Cardellino fährt, könnte vorher beim Olivenölmuseum in Cisano vorbei schauen. Selbstverständlich kann man hier Produkte kaufen – Olivenöl, aromatisiertes Öl, aber auch Balsamicoessig, Marmeladen, eingelegte Gemüse und schöne Accessoires aus Olivenholz.

Interessant der Museumsteil, wo gezeigt wird, wie früher das grüne Gold des Südens gewonnen wurde.

PICCOLO DOGE

So vielfältig ist der Gardasee – sogar Venedig kann man dort finden.

Adresse: Via S. Cristina 45, 37011 Cisano di Bardolino (VR)
Zwischen Cisano und Bardolino direkt am See

+39 045 621 23 93
www.ristorantepiccolodoge.com

Ruhetag: Dienstag
Betriebsferien: variabel
Preise: €€–€€€

Zwischen all den Vergnügungsparks gelegen meint man, das Restaurant wäre auch ein Teil von ihnen. Eigentlich ein spartanischer Bau, der allerdings wie ein venezianischer Palazzo bemalt ist. Und man vermutet einfältige Touristenküche. Doch im schön gestalteten Raum drinnen und auf der herrlichen Terrasse gibt es frischen Meeresfisch und noch manch andere Überraschung zu sehr zivilen Preisen.

Vorneweg: es gibt auch Fleischgerichte, traditionelle Antipasti wie Salami oder Schinken, Pasta mit Gemüse- oder Fleischsugo. Aber deshalb geht man eigentlich nicht in das originelle Restaurant.

Denn in der Küche des „kleinen Dogenpalastes" dominiert der Fisch und der ist absolut frisch und vielfältig. Denn das Meer und der Fischerhafen Chioggia sind nah. Von dort kommen täglich Krustentiere, Fische aller Arten oder Muscheln. Wir können den „Vorspeisen" nie wiederstehen. Warme und kalte, sorgsam zubereitete und rohe Fischspezialitäten werden nach und nach serviert. Danach könnten Linguine mit Calamaretti und Mazzancolle folgen, zart mit Zitrone und Olivenöl abgeschmeckt, oder Dorade in Salzkruste, zarte Calamari vom Grill.

TIPP

Wer den Dogenpalast in Venedig im Original sehen will: von Peschiera fährt mehrmals täglich ein Zug direkt ins Zentrum der Lagunenstadt. Dort kauft man sich am besten ein Tagesticket fürs Vaporetto und kehrt abends bequem wieder zurück an den Gardasee.

L'UNICO RESTAURANT & PIZZA

Küche mit Seeblick

Adresse: Via Nicolò Copernico 2, 37011 Bardolino (VR)
An der Gardesana am südlichen Ortsrand von Bardolino

+39 045 721 04 03

Ruhetag: Montagmittag
Betriebsferien: variabel
Preise: €–€€

Mit viel Pfiff und Kreativität hat der alteingesessene Gastronom Andrea Cabilli das große Gebäude aus den 1970er Jahren umgebaut, in kleinere Einheiten geteilt und liebevoll dekoriert. Die buschige Hecke wurde entfernt und so kann man nun bei bestem Essen den Blick auf den See genießen.

Koch Roberto arbeitet schon lange bei der Gastronomenfamilie Cabilli. Besonders den hervorragenden Vorspeisen gehört seine Zuneigung. Lauter kleine Köstlichkeiten erhält man, bestellt man den L'Unico-Vorspeisenteller. Jedes Gericht ist liebevoll präsentiert. Aber auch die hausgemachte Pasta, die schönen Salate und die Pizza stehen dem in nichts nach. Als Hauptspeise kann man Fisch, Fleisch oder Geflügel bestellen, zum Beispiel knuspriges Hühnchen vom Grill mit frischem Gemüse. Die Gerichte sind alle akkurat zubereitet und haben immer eine kleine Besonderheit, die der leidenschaftliche Roberto sich einfallen lässt. Die gemischten Meeresvorspeisen würde man sich am liebsten gleich ein zweites Mal bestellen, warteten nicht bereits gefüllte Crespelle mit Spargel oder Tartar mit drei Soßen darauf, als nächstes serviert zu werden. Gute Weinauswahl mit Weinen der Region und darüber hinaus. Lobenswert auch die günstigen Kinderteller.

TIPP

Zum Tartar aus bester Rinderlende reicht Roberto verschiedene Soßen und Beilagen. Es gibt mittelscharfen Senf, eingelegte Kapern, grüne und schwarze Oliven und bestes Olivenöl dazu. Die in allerfeinste Scheiben geschnittenen Zwiebeln weicht Roberto eine Weile in warmem Wasser ein. Sie verlieren dann etwas von der Schärfe und werden mürber. Dadurch übertönen sie den zarten Fleischgeschmack nicht, sondern runden ihn ab.

TRATTORIA ROCCHETTI

Erfreulich gut und günstig

Adresse: Via Rocchetti 34, 37017 Lazise (VR)
Wenige km östlich von Lazise

+39 045 758 04 96

Ruhetag: Donnerstag
Betriebsferien: nach Dreikönig bis Mitte Februar
Preise: €

Seit nunmehr fünf Jahren betreiben Alessandro Zanetti und Disma Ugolini die nette Trattoria im Hinterland, von außen wirkt sie recht schlicht, aber drinnen und auf der Terrasse ist es gemütlich. Hier kann man gute Küche genießen, die schön präsentiert wird. Es ist eine klassische Regionalküche mit eigener Handschrift, die sich schon bei den Antipasti zeigt. Beim Fischvorspeisenteller findet man gekonnt zubereitet Hecht mit Olivenöl und Kapern, Forelle in süß-saurer Zwiebelmarinade, doch auch geräucherte Lachsforelle mit Feldsalat und ein kleines Gläschen feine Fischsuppe. Auch das Pendant ohne Fisch kommt mit Culatello, hausgemachter Giardiniera, mariniertem Büffelmozzarella und Tomatensuppe im Glas mit Polentachips etwas leichter daher, als oft üblich. Die Pasta ist selbstverständlich hausgemacht, ausgezeichnet die Bigoli, die mit Fischcarbonara oder Entensugo serviert werden, oder die Tagliatelle mit frischen Artischocken und Zitronenzesten oder im Herbst und Winter auch mit schwarzem Trüffel aus den Lessinischen Alpen oder vom Monte Baldo. Frische Salate begleiten Fisch und Fleisch vom Grill wie etwa Saibling oder Renke, Lammkoteletts oder Rindersteak. Hausgemacht auch die Dolci wie klassisches Tiramisù im Glas oder Bayrische Creme mit Waldbeeren.

Die Weine kommen vor allem aus dem Valpolicella, aus der Gegend um Soave und natürlich auch vom Gardasee, man findet aber auch Augustiner Bier auf der Karte. Beim Essen wie beim Wein: fair kalkulierte Preise.

IL PORTICCIOLO

Traditionelle Fischküche an der Uferpromenade

Adresse: Lungolago Marconi 22, 37017 Lazise (VR)
An der Strandpromenade von Lazise

+39 045 758 02 54

Ruhetag: Dienstag
Betriebsferien: variabel
Preise: €–€€

Nach einem kurzen Spaziergang an der Uferpromenade von Lazise erreicht man das Lokal. Im Sommer hat man von der Terrasse oder vom Garten einen herrlichen Blick auf den See, im Gastraum wird auf dem riesigen Kamingrill der Fisch zubereitet - ein Augenschmaus, der auch die Geschmacksnerven anregt.

Hier steht ganz nach Slow Food-Tradition Gardaseefisch im Mittelpunkt. Zur Einstimmung lädt ein Vorspeisenbuffet ein, auch das ganz dem Fisch gewidmet. Eingelegt, zart angeräuchert, mit Zwiebeln oder mit Essig mariniert. Die hausgemachte Pasta wird mit einem Sugo aus Blaufelchen oder Gardaseesardinen serviert, alternativ je nach Jahreszeit auch mal ohne Fisch, dafür mit Trüffeln vom Monte Baldo. Aber der Klassiker des Hauses ist der hervorragende Schleien-Risotto. Aal, Barsch oder Renke werden nach allen Regeln der Kunst gegrillt und geraten hier überhaupt nicht trocken wie sonst leider oft. Zum Dessert gibt es etwa Semifreddo di Torrone oder Sbrisolona, den Mandelkuchen.

Rotweine sind auf der Karte nur sehr spärlich vertreten, zum Fisch möchte eben Weißwein getrunken werden oder Chiaretto, wie der Rosé am Gardasee genannt wird. Und hier ist die Auswahl sehr bedacht.

DAL PANSA

Dorfwirtschaft für Jung und Alt

Adresse: Piazza di Sopra 12, 37017 Colà di Lazise (VR)
Mitten in Colà

+39 045 759 02 96

Ruhetag: Montag
Betriebsferien: variabel
Preise: €

Gemütliche Räume in fröhlichem Gelb gestrichen, grün karierte Tischdecken, urige und charmante Atmosphäre in diesem unglaublich netten „Bauch“ von Colà, denn Pansa kommt von Pancia und das bedeutet Bauch auf Italienisch.

Alt und Jung, Arbeiter und elegante Damen, Touristen, Geschäftsleute – sie alle versammeln sich zahlreich zur Mittagszeit (und erst recht abends) in dieser gemütlichen, fast möchte man sagen: einzigartigen Trattoria. Dass man so nah am Gardasee Dorfkneipenatmosphäre wie ehedem findet, ist selten.

Mittags gibt es ein sehr günstiges Menü. Man kann aus etwa 6 Primi und ebenso vielen Secondi wählen. Zum Beispiel Penne mit Paprika, Curry und Wurstbrät, Risotto mit Radicchio und Rotwein, Bigoli mit Entensugo oder schlichte, aber feine Tagliatelle mit Tomatensoße. Dann könnte Pferdesteak auf den Tisch kommen, oder Wildhasenragout (sehr fein!), Huhn oder Carpaccio. Als Dessert eine schlichte, aber ebenso gute Panna Cotta mit Waldbeeren. Es gibt einen wirklich passablen Hauswein und auch eine kleine Auswahl von Etiketten aus der Gegend.

Am Abend empfiehlt es sich vorzubestellen!

GOTO

Kreative Küche abseits des Touristenrummels

Adresse: Piazza Ferdinando di Savoia 2, 37019 Peschiera (VR)

+39 045 923 30 14

Ruhetag: Donnerstag
Betriebsferien: variabel
Preise: €€

Ein wenig abseits des Touristenrummels und schon wird das Essen besser. Der Koch Takehiro kommt aus Japan, daher ist es nicht verwunderlich, dass es manchmal Sushi-Abende gibt. Aber ansonsten ist die Küche italienisch, auf der Küchentradition des Veneto basierend, mit viel Kreativität verfeinert. Die Speisekarte wechselt im Lauf der Jahreszeiten, es werden zusätzlich zur Karte immer Gerichte präsentiert, die sich am Angebot des Marktes orientieren. So gibt es zum Beispiel Gemüsetörtchen auf Paprikacreme, Quinoa mit Gemüse und Ziegenkäse, Wildkräuterravioli mit geräuchertem Ricotta oder Spargel mit Mimoseneiern und Trüffel. Hauptspeise könnte ein Perlhuhnbraten mit glasierten Nüssen und Brokkoliflan oder klassisches Rinderfilet mit luftigem Kartoffelpüree und Topinamburchips sein. Dann serviert man auch gerne Gardasee- oder Meeresfisch, als Antipasti zum Beispiel marinierte Forelle, Sardinen in süß-saurer Soße oder Garnelen auf Sprossensalat, als Primi Spaghetti mit Meeresfisch und knackigem Gemüse oder Tagliatelle mit Spargel und Jakobsmuscheln. Gerade wenn man mit Kindern essen geht, ist schön, dass es einfache, hausgemachte Pasta mit Ragù oder Tomatensoße zum günstigen Preis gibt.

Dessertliebhaber sollten auf jeden Fall Platz dafür lassen – sie sind ausgezeichnet und wunderbar anzusehen, etwa eine Tarte mit kandierten Zitrusfrüchten, Vanillecreme und frischem Obst. Schöne Weinauswahl, gepflegter Service, ein Platz zum Genießen. Das Lokal hat nur knapp 30 Plätze, es empfiehlt sich, zu reservieren.

TORTUGA COFFEE & RESTAURANT

Frischer Wind am See

Adresse: Lungolago Mazzini 2, 37019 Peschiera (VR)
Vom Hafen wenige Schritte Richtung Westen

+ 39 045 64 01 735
www.tortugapeschiera.com

Ruhetag: Dienstag, im Sommer keiner, 8–24 geöffnet
Betriebsferien: variabel
Preise: €–€€

Ob Frühstück, Brunch, Mittagessen, Aperitivo oder Abendmenü - bei der Tortuga ist man immer gut aufgehoben. Das Lokal ist mit viel Charme gestaltet, man sieht den See von der großen verglasten Veranda und natürlich von der Terrasse aus. Die Gerichte machen allesamt Spaß, es ist schön zu sehen, dass neu eröffnete Lokale frisches Gemüse, knackige Salate und wie hier in der Tortuga viele Bioprodukte verwenden (sogar Bio-Eis!), dass also die Zeiten von ungesunden Fertigprodukten wohl vorbei sind. Aus der Küche der Tortuga kommen klassische, italienische Gerichte wie Büffelmozzarella und Tomaten, Meeresfrüchtesalat oder Bruschette. Fein ein mariniertes Carpaccio von der Lachsforelle mit Rucola. Es gibt traditionelle regionale Speisen wie etwa den klassischen Aufschnitt mit Salami und Schinken, aber man kann auch Pinzimonio, Gemüsesticks mit Dip, oder Rindertartar bestellen. Es werden große Salatteller angeboten und man wählt, was man dazu will, Putenbrust, Fisch, Schinken oder Käse. Man erhält auch Risotto, Lasagne, Bigoli oder Tortellini, eine wechselnde Tagessuppe und günstige Kinderteller. Hauptgericht könnte ein gegrillter Gardaseefisch oder ein Branzino sein, Rinderfilet oder ein wahrlich stattlicher „Cheeseburger New York". Sodann bekommt man Pizza, klassisch oder auch mit etwas ausgefalleneren Belagen wie Ziegenkäse, Tropeazwiebeln oder Lachs. Auch schöne Desserts werden angeboten, unter anderem das oben erwähnte Bio-Eis.

Weinliebhaber finden eine gute Auswahl, dann erhält man vielerlei Biersorten, selbstverständlich Softdrinks, aber auch Bio-Fruchtsäfte und schließlich allerlei Cocktails.

TRATTORIA LUISA

Verwandlung geglückt: von einer einfachen Trattoria zum Lokal für Genießer

Adresse: Via Frassino 16, 37019 Peschiera (VR)
Außerhalb des Zentrums, an der Straße Richtung Madonna di Frassino

+39 045 755 07 60

Ruhetag: Dienstag
Betriebsferien: variabel
Preise: €€

Man sieht der Trattoria noch an, dass sie früher, zu Schwiegermutter Luisas Zeiten, eine Bar mit einem Speiseraum war – eine einfache Trattoria eben. Doch Tochter Nadia hat modernisiert, das Haus, die Räume wurden in freundlichen Farben gestrichen, neu eingerichtet, schön dekoriert. Beste Küche und kundiger Service tragen zum Wohlfühlen auch für anspruchsvollere Genießer bei.

Im Vorfrühling wächst auf den Feldern ein Wildkraut namens Raperonzoli. Der sieht ein wenig aus wie eine Mischung aus Feldsalat und Rucola, hat aber einen ganz eigenen, fein-nussigen Geschmack. Daraus zaubert Koch Paolo Bazzoli einen Salat, den er mit klitzekleinen, knusprigen Speckwürfelchen verfeinert. Seine weitere kulinarische Liebe gehört dem heimischen Fisch. Die selbstverständlich hausgemachten feinen Bandnudeln mit Schleiensugo sind ein Fest der zarten Aromen. Slow-food-Produkten wird eine Seite der Speisekarte gewidmet, etwa Tortelli mit Bagoss di Bagolino, dem edlen Käse aus den Brescianer Bergen. Zum Abschluss genossen wir eine Tarte Tatin mit Birnen. Schöne Weinkarte mit hiesigen Weinen und welchen von woanders her, gute Auswahl an Champagner und Franciacorta. Sehr feiner Hauswein, der aus Trauben von eigenen Feldern im Lugana-Gebiet stammt.

TIPP

Donnerstagvormittag ist Bauernmarkt in San Benedetto di Lugana, dort bekommt man, wenn man Glück hat, im Spätwinter Raperonzoli.

BELLA ITALIA

Ehrliche Küche am Straßenrand

Adresse: Via Bell' Italia 4, 37019 Peschiera del Garda (VR)
Von Peschiera Richtung San Benedetto an der Hauptstraße

+39 045 755 02 29
www.ristorantebellaitalia.it

Ruhetag: keiner
Betriebsferien: variabel
Preise: €–€€

Vor einiger Zeit wurde die Terrasse von der Straße ein wenig nach hinten verlegt, Pflanzen dazwischen und schon fühlt man sich wohl. Auch drinnen hat sich viel getan, warme Farben und hübsche Einrichtung haben aus der vormals eher schlichten Trattoria ein echtes Schmuckstück gemacht.

Mauro Boni ist ein profunder Kenner der italienischen Weinlandschaft. Aus allen Regionen des Stiefels sind ausgesuchte Tropfen bei ihm zu finden, mit großer Sorgfalt wird aus der näheren Umgebung ausgewählt. Die einseitige Speisekarte, auf ein Holzbrett genagelt, macht schnell klar, dass es hier hauptsächlich um ausgezeichnetes gegrilltes Fleisch geht: Die Bistecca alla fiorentina ist beeindruckend in Größe und Geschmack. Als Vorspeise wird eine kleine Käseplatte angeboten, ein einziges Nudelgericht mit einer köstlichen Kräuter-Tomatensoße gibt es. Fischliebhaber finden nur Forelle vom Grill, aber diese ist nach allen Regeln der Kunst zubereitet. Die hausgemachten Desserts sind empfehlenswert, ob Eis oder Schokoladenkuchen.

VECCHIO MULINO BEACH

Fröhlich, bunt, gut und direkt am See

Adresse: Strada Bergamini 14, 37019 Peschiera del Garda (VR)
Zwischen Peschiera und San Benedetto direkt am See

+39 045 923 30 82
www.vecchiomulinobeach.com

Ruhetag: keiner
Betriebsferien: November bis März
Preise: €–€€

Früher war hier eine kleine Bar, etwas Fast Food im Sommer. Doch was hat sich in den letzten Jahren geändert! Jetzt ist aus der Bar ein großes Freiluft-Restaurant geworden, allerdings überdacht, denn direkt am See kann schon mal der Nordwind pfeifen. Plastikmobiliar ist eleganten Tischen und bequemen Stühlen gewichen und statt Fast Food gibt es frische, junge Küche, Kleinigkeiten und richtige Menüs, Kinderteller, Salate, Tapas.

Der Gardaseefisch, hier die Tinca, die Schleie, wird zu einem köstlichen Salat mit Oliven und Kirschtomaten verarbeitet, dazu ein erfrischendes Campari-Sorbet. Der Salat in einer Schale aus pikanter Hippenmasse, das Sorbet in einem kleinen Gläschen serviert. In dieser Manier werden alle Gerichte im Vecchio Mulino präsentiert: schön und mit einem kleinen Augenzwinkern. Tomate-Mozzarella (der selbstverständlich vom Büffel stammt) werden in die italienischen Quattro-Stagioni-Einmachgläser gefüllt, auf dem Sorbet kann schon mal ein Ruderer im Miniboot sitzen. Doch hier wird nicht nur mit jugendlicher Frische serviert, sondern mit besten Zutaten der Gegend und anderswo her einfach gut gekocht. Köstlich zum Beispiel das Doradenfilet „al profumo del Garda", in bestem hiesigem Olivenöl gedünstet. Dem Team um Fabio Gambini kann man nur weiterhin Erfolg wünschen.

ANTICA OSTERIA BUSOCALDO

Ein gemütlicher Landgasthof, von Reben umgeben

Adresse: Strada Massoni 10, 37010 San Benedetto di Lugana (VR)
Im Hinterland von San Benedetto, gut beschildert

+39 045 640 06 14
www.busocaldo.it

Ruhetag: Montag, Winter Montag und Dienstag
Betriebsferien: variabel
Preise: €–€€

Die Osteria liegt mitten in den Weinbergen im Hinterland von Peschiera und San Benedetto di Lugana. Auf der großzügigen Terrasse können Kinder gefahrlos herumtollen, während die Eltern noch am Tisch sitzen. Drinnen empfängt der raumgreifende Grill, an dem viele der Speisen zubereitet werden, sommers wie winters. Im Erdgeschoss und im ersten Stock befinden sich mehrere gemütliche Gasträume mit schweren, schön eingedeckten Holztischen. Sehr freundlicher Service, fast alle können Deutsch, denn die Seniorchefin ist Deutsche.

Der große Grillkamin am Eingang weist auf die Spezialitäten des Hauses hin – Fleisch, Fisch und Gemüse vom Grill. Das Grillfleisch, von Thomas perfekt zubereitet, ist ausgezeichnet, doch es gibt noch viel mehr! Fische aus dem Gardasee (Schleie, Sardinen) oder Lachsforelle in Folie unter der Asche gegart. Aus der Küche kommt hausgemachte Pasta, etwa Bigoli (dicke Eierspaghetti) mit Hühnerleber oder Tagliatelle mit Pfifferlingen. Es gibt hier das beste gefüllte Perlhuhn weit und breit, zart und würzig, mit klaren Kräuteraromen. Das Gemüse stammt entweder ebenfalls vom Grill oder aus dem Ofen. Ausgesprochen interessant ist die Käseauswahl. Für Süßmäuler gibt es hausgebackenen Kuchen, Sorbet oder Mandelmousse. Die feinen Weine stammen vorzugsweise aus der Gegend.

TRATTORIA LODA

Eine einzigartige Hinterlandtrattoria

Adresse: Viale Indipendenza 23, Località San Benedetto di Lugana, 37019 Peschiera del Garda (VR)
Nicht von der Postadresse verwirren lassen: die Trattoria liegt am Ortsrand von Rovizza

+39 045 755 11 02

Ruhetag: Dienstag
Betriebsferien: 2 Wochen im Februar
Preise: €

Der Metzger vom Nachbardorf, der Inhaber einer Enoteca in Moniga und noch einige mehr antworteten auf die Frage nach einem wirklichen Geheimtipp: Trattoria Loda. Das Haus meinten sie, ist nicht schön, drinnen ist es gemütlich, aber kein bisschen gestylt, doch am Wochenende stehen Porsches auf dem Gästeparkplatz, deren Insassen sich dann entweder um das schlichte Holzmobiliar oder die Entsprechung in Plastik draußen scharen. Warum?

Das Kaninchen, sagen sie, sei so zart wie sonst selten. Die Gemüse, meint ein anderer, nichts Besonderes, halt was die Jahreszeit hergibt, aber der Geschmack....Die Salami, den Schinken, die Salsicce kauft Familie Loda bei den besten Metzgern der Gegend, wenn sie sie nicht selbst herstellen. Dass man in der Küche die Pasta und die Soßen dazu selbstverständlich nach alten Rezepten selber macht, danach braucht man gar nicht mehr zu fragen. Der Duft der Teller, die an die Nachbartische gebracht werden, spricht für sich. Besonderes Lob unsererseits für die eingelegten Gemüse, die zum Vorspeisenteller gereicht werden, die Herzlichkeit der Nichte im Service. Und alles, was wir probiert haben, war einfach: köstlich. Der Hauswein, der von der Cantina Marangona aus der Nachbarschaft stammt, ist so gut, dass man auf die ebenfalls existierende Weinkarte kaum zurückgreifen will.

LA LOCANDA DI NORIS

Der Lago liegt am Meer

Adresse: Località Bassana 5, 37019 San Bendetto di Lugana (VR)
Von Peschiera ca. 3 km am See entlang Richtung Sirmione

+39 045 640 2016

Ruhetag: Montag und Dienstag
Betriebsferien: variabel
Preise: €€€€

Wer einst im Piccolo Mondo in Peschiera war, wird, betritt er die recht neue Locanda, immer wieder denken: „Kenn ich doch. Etwas kommt mir bekannt vor". Leise lächelnd meint die charmante Servicechefin: Noris wollte eigentlich in Rente gehen, das Piccolo Mondo betreibt jetzt eine andere Familie, aber dann hat sie sich anders entschieden und wir sind alle mit. Es reizte sie wohl, noch etwas Neues zu beginnen, vielleicht die Herausforderung, die ehemalige nicht gerade ansehnliche Pizzeria in ein elegantes Restaurant umzuwandeln. Oder einfach: nochmal kreativ sein, die Karte modernisieren und ein zwar edles, aber keineswegs überkandideltes Restaurant zu gestalten. Das ist ihr gelungen. Wer Fisch nicht mag, der sollte besser ein anderes Ziel wählen, obwohl es zwei Fleischgerichte auf der Karte gibt und die Leute vom Service versicherten: „Der Küche fällt immer etwas ein, auch Kinderteller." Etwas hochpreisiger ist die Locanda deshalb, weil eine beeindruckende Vielfalt unglaublich frischen Meeresgetiers angeboten wird. In der Kühlung mitten im Restaurant kann man Fische bewundern, die man in Fischgeschäften nur selten zu Gesicht bekommt. Und alle in einer Frische, als lächelten sie noch. Sie werden, zusammen mit Krustentieren, Muscheln, Austern, als Antipasti angeboten. Vom Hummer zum Beispiel ein Carpaccio mit Limette, die Austern als Salat oder aus dem Ofen (und natürlich auch frisch), als Vorspeisen-Mix, den man sich nicht entgehen lassen sollte. Dann gibt es natürlich Primi – feine Bandnüdelchen mit Meeres-Sugo, Riso Venere mit Krustentieren und vieles mehr. Die Secondi sind klassisch, denn was sollte man einem tagesfrischen Fisch auch groß antun. Er wird, wie es sich gehört, entweder gesotten, gegrillt oder in Salzkruste gebacken und mit delikatem Olivenöl serviert.

TIPP

Den Weg zur Locanda fanden wir über Ambra Tiraboschi vom Weingut Ca'Lojera ganz in der Nähe. Dort könnte man vor dem Essen die besonderen Lugana-Weine im schönen Weingut und Agriturismo verkosten und sich beraten lassen, denn „Ambra und Franco Tiraboschi werden zu den wichtigsten Hauptakteuren des Lugana-Wunders gezählt (...) sie erzeugen Weine, die seit Jahren eine Garantie für reinen Geschmack, Echtheit, Delikatesse sind", so zumindest der Slow Wine Führer 2017.

AGRITURISMO CA' DEL GAL

Feine Bauernküche im Grünen

Adresse: Località Fornello, Via Gazzi 34, 37067 Valeggio sul Mincio (VR)
Am Ortsausgang Richtung Peschiera ist Fornello beschildert

+39 045 795 04 27
www.agriturismocadelgal.com

Ruhetag: Samstagabend und Sonntagmittag geöffnet
Betriebsferien: variabel
Preise: €

Ein schöner Platz mitten im Grünen, zwischen Weinfeldern und Bauernhöfen. Das Gebäude des Agriturismo ist zwar neu gebaut, aber innen sorgen schöne alte Möbel und fröhlich-bunte Wände für südliche Stimmung. Möchte man zu Mehreren kommen, kann man auch außerhalb der begrenzten Öffnungszeiten am Wochenende vorbestellen. Die Schwestern Silvia und Elena sind flexibel und richten sich gerne auf Gäste ein. Für Gruppen bietet man ein Probierbuffet mit passenden Weinen an.

Hier wird so viel selbst gemacht wie nur möglich. Das Gemüse für die variantenreichen Gemüse-Antipasti stammt aus dem eigenen Garten. Dazu kann man die hausgemachte Salami probieren. Die Primi reichen von den klassischen Tortellini di Valeggio über Bigoli mit Entensugo hin zu feinen gefüllten Nudeltäschchen mit Kräutern und Risotti. Das Fleisch für die Hauptspeisen (z.B. Roastbeef mit Olivenöl und Zitrone, Grillteller oder im Winter geschmorte Rinderbäckchen) stammt überwiegend aus eigener Haltung. Dazu gibt's Gemüse der Saison und Salate in reichlicher Auswahl. Die Desserts wie etwa Obstkuchen sind ebenfalls hausgemacht, genauso wie die Marmeladen für das eine oder andere Gebäck oder die Mostarde zum Käse. Neben einem guten Hauswein gibt es - lobenswert - auch Flaschenweine befreundeter Betriebe.

TIPP

Die Marmeladen und eingelegten Gemüse kann man genauso wie die hausgemachte Salami kaufen – auch unter der Woche, wenn zwar das Restaurant nicht betrieben wird, aber der Agriturismo geöffnet ist. Es gibt sehr schöne Zimmer, jedes anders gestaltet, sowie kleine Ferienwohnungen und – man ist ja schon weit weg vom See – einen Pool für die Hausgäste. Wer unter der Woche essen gehen will, kann zu Fuß wenige hundert Meter zur schönen Trattoria Fornello spazieren.

TRATTORIA FORNELLO

Bilderbuch-Trattoria mit viel Charme

Adresse: Località Fornello, 37067 Valeggio sul Mincio (VR),
Am Ortsausgang Richtung Peschiera ist Fornello beschildert

+39 045 795 03 23
www.trattoria-fornello.it

Ruhetag: Mittwoch und Donnerstag
Betriebsferien: 3 Wochen im Januar, 3 Wochen Juli/August
Preise: €€

Wenn es früher Kritik am Fornello gab, dann, weil die einzige Zufahrt zum Parkplatz direkt an der schönen überdachten Pergola, unter der man im Sommer speist, vorbei führte. Hier wurde Abhilfe geschaffen und die Gäste genießen das gute Essen ohne Motorlärm. In der kalten Jahreszeit speist man in den zwei gemütlichen Stuben, mit schönen alten Fundstücken geschmückt, die der Hausherr auf Trödelmärkten aufstöbert. Wer bleiben möchte, übernachtet im neu eröffneten Agriturismo „I filari" der Familie oder in einem der drei Zimmer des „Giardino delle Emozioni".

Die Antipasti sind das Markenzeichen des Fornello. Der Tisch füllt sich nach und nach mit Gemüsetörtchen, Frittatastückchen, mit von knusprigem Speck umhüllten Pflaumen, Fonduta mit Trüffeln, hausgemachter Salami und beinahe auf der Zunge schmelzendem Lardo; bestimmt zehn verschiedene warme und kalte Köstlichkeiten, die man sich nicht entgehen lassen sollte. Darauf können Kürbistortelli oder Tagliatelle mit Waldpilzen folgen, schließlich allerlei Fleisch vom Grill, etwa die großartige Tagliata mit Rucola und bestem Olivenöl. Cremige Dolci runden den Besuch ab. Dazu trinkt man am besten Lucianos eigenen Wein, den spritzigen Weißen oder den dichten Roten, den er schmunzelnd „Sassicaia alla Spina" nennt. Sensationell die Liköre nach Familienrezepten wie der Mirtillo oder der Limoncello, auch sie hausgemacht, wie fast alles in der Bilderbuch-Trattoria.

ALLA BORSA

Die besten Tortellini der Welt

Adresse: Via Goito 2, 37067 Valeggio sul Mincio (VR)
Im Zentrum von Valeggio sul Mincio

+39 045 795 00 93
www.ristoranteborsa.it

Ruhetag: Montag und Mittwoch
Betriebsferien: im Juli
Preise: €–€€

Für ein romantisches Dinner zu zweit ist die Borsa vielleicht nicht das richtige, aber gerade wegen der vielen Plätze und der großen Räume taucht man in lebendige Italianità im hübschen Zentrum von Valeggio sul Mincio ein. Im Sommer sollte man sich einen Platz im Garten reservieren.

Tja, die Tortellini.... Auf Nachfrage erhielten wir sofort das Rezept, doch die Versuche zuhause waren weit weg von der Zartheit der Hülle und den perfekt vermählten Aromen der Füllung der „Liebesknoten“, wie die Tortellini die Valeggio auch bezeichnet werden. Da heißt es weiter üben und sich auf viele lehrreiche Besuche in der Borsa freuen. Delikat die Antipasti, bestens auch alle anderen Primi, als Tris serviert besonders verführerisch. Gekonnt zubereitet sind auch die Risotti. Zart und duftend das gefüllte Perlhuhn und perfekt das Zicklein aus dem Ofen.

Ganz sicher wären die Dolci auch jede Sünde wert gewesen. Aber das ginge nur unter Verzicht auf einen der vorangegangenen Genüsse. Versuchen Sie es doch und geben uns Bescheid!

Wir genießen derweil den letzten Schluck Wein, den wir aus der ausnehmend gut sortierten Weinkarte ausgesucht haben.

LO STAPPO

Wine & Food am Fluss

Adresse: Via Raffaello Sanzio 18 b, Località Borghetto, 37067 Valeggio sul Mincio (VR)
Mitten in Borghetto auf der Landzunge gegenüber der Brücke

+39 045 637 01 46
www.lostappo.com

Ruhetag: keiner; wenn es regnet geschlossen
Betriebsferien: November bis Februar
Preise: €€

Borghetto ist ein beliebtes Ausflugsziel, im Sommer wird jeder Platz genutzt. Lo Stappo befindet sich mitten drin, man sitzt auf der Landzunge direkt am Fluss, wunderschön kühl im Sommer. Gut, dass in Italien die Wetterlage im Sommer etwas stabiler ist, denn es gibt nur Plätze draußen. Wir fragten, was man denn mache, wenn es doch plötzlich regnet.... Nun ja, meinte der freundliche Ober, wir beobachten die Wettervorhersage, bisher ist es einmal passiert, dass wir schlossen, obwohl es nur ein paar Tropfen geregnet hat und einmal, als wir meinten, es bleibe schön. Wahrscheinlich haben sich die Gäste dann ins ebenso schöne und dazu gehörende (sehr kleine) Café gegenüber begeben... Die Küche im Lo Stappo ist eher kreativ als traditionell, man blickt auch über den kulinarischen Tellerrand hinaus. Köstlich war ein Olivenflan mit schmelzend zarter Käsecreme, üppig und mit feinen Soßen serviert das tadellose Rindertartar, das mit dem Messer geschnitten und nicht durch den Fleischwolf gedreht wurde. Es wird dadurch wesentlich kerniger. Die Bigoli mit Sardinen waren etwas leichter als oft in der traditionellen Küche. Sehr fein der Thunfisch im Sesam-Mantel, perfekt gegart: innen rosa, außen knusprig. Dazu gab es sehr feine Sommergemüse. Ein Paar am Nebentisch bestellte sich den Dolci-Teller für Verliebte. Eine wahre Pracht mit mindestens vier, fünf köstlichen Desserts.

Die Weinkarte ist sehr an bekannten Namen aus ganz Italien und darüber hinaus ausgerichtet. Etwas mehr regionale gute Tropfen wären lobenswert. Wie fast überall in Borghetto zahlt man den Platz etwas mit, aber jeder Euro lohnt sich.

GATTO MORO

Gute Küche zu moderatem Preis

Adresse: Via Tiepolo 8, Località Borghetto, 37067 Valeggio sul Mincio (VR)
Mitten in Borghetto

+39 045 637 06 05
www.hotelfaccioli.it

Ruhetag: Dienstag und Mittwoch
Betriebsferien: variabel
Preise: €–€€

Drinnen atmet Geschichte, denn über hundert Jahre schon werden im Gatto Moro traditionelle Speisen zubereitet. Viel dunkles Holz und alte Küchengeräte an den Wänden schaffen eine urige Atmosphäre. Auf der schattigen Terrasse kann man sich für den zweiten Teil der Radtour am Mincio entlang stärken und hat die Räder im Blick, denn der Parkplatz ist gleich davor.

Die Fische aus dem Mincio werden zu feinen Antipasti verwandelt, mariniert, geräuchert oder auf knusprig gegrillte Polenta gebettet. Für die Primi werden Tinca, Sarde und Co. in duftenden Sugo verwandelt. Tortellini di Valeggio serviert man selbstverständlich auch. Vom Grill gibt es zarte Lammkoteletts, einen leider etwas trockenen Lavarello, doch auch würzige Schmorbraten verlassen die Küche. Fein das Fritto misto aus winzigen Fischen vom Gardasee oder aus dem Meer. Traditionelle Dolci und regionale Weinkarte mit angenehmen Preisen.

ANTICA LOCANDA MINCIO

Tradition mit Ambiente

Adresse: Via Buonarotti 12, Località Borghetto, 37067 Valeggio sul Mincio (VR)
Mitten in Borghetto nicht zu übersehen

+39 045 795 00 59
www.anticalocandamincio.it

Ruhetag: Mittwoch und Donnerstag
Betriebsferien: variabel
Preise: €€– €€€

Die Antica Locanda Mincio ist der Klassiker unter den Restaurants im malerischen Borghetto. Der Platz am Fluss ist wunderschön, im Winter kann man drinnen die Fresken betrachten, während man auf die Speisen wartet oder die umfangreiche Weinkarte durchblättert. Bisweilen schwankt die Qualität im Service; die Lage des Restaurants wird dadurch aber nicht beeinträchtigt.

Die regionale und traditionelle Küche gibt sich gehoben, durch Zusatz von Trüffeln für den Entensugo etwa oder durch seltene Kombinationen wie etwa gepökelter Zunge mit Thunfischsoße. Die Basis sind jedoch immer die klassischen mantovaner und Veroneser Gerichte: Kürbistortelli, Blaufelchen aus dem Gardasee, Aal, Zicklein aus dem Ofen... Die Salami zum Antipasto ist hausgemacht, ebenso wie die Sbrisolona, der Mandelstreuselkuchen zum Nachtisch. Hier wird solide gearbeitet, wenn auch manchmal nicht immer auf gleichbleibender Höhe. Die Weinauswahl ist beachtlich, neben den guten regionalen Tropfen finden sich auch Flaschen aus ganz Italien. Allerdings muss man sich in der Antica Locanda Mincio darüber klar sein, dass ein Gutteil des zu zahlenden, gehobenen Preises dem Ambiente und der Lage geschuldet ist – diese sind jedoch unbezahlbar.

TRATTORIA COLLI STORICI

Bäuerliche Küche an historischem Ort

Adresse: Via Ossario 2, 37066 Custoza (VR)
Im Zentrum von Custoza

+39 045 51 60 14

Ruhetag: Montag und Dienstagabend
Betriebsferien: variabel
Preise: €

Vom Tourismus kaum berührt, in ihrer Schlichtheit und Ursprünglichkeit ergreifend, so als habe man sich in eine Bauernwirtschaft verirrt, in der alles noch wie vor Jahrzehnten scheint. Unterhalb des Monuments, dessen Lage die strategische Bedeutung Custozas für die Schlacht im Jahre 1848 erfahrbar macht, findet sich diese einfache Trattoria, schlichte Tische, an den Wänden Fotos, die die Geschichte des Ortes erzählen.

Zugegeben, hier wird keine Sterneküche präsentiert, aber hier ist alles hausgemacht, von den Antipasti bis zu den Dolci. Der herzliche Service bietet klassische Bigoli und phantastische Maccheroncini als Primi an, mit Wildsoße oder mit Pilzen. Wenn es fangfrischen Gardaseefisch gibt, findet er sich auf der Karte, ansonsten werden die Fans von Grillfleisch hier glücklich werden. Im Winter lockt ein üppiges Bollito misto, Siedefleisch. Alles wird jahreszeitlich passend angeboten, vor allem Gemüse. Unter den wenigen Dolci fällt eine ausgezeichnete Salame Cioccolato auf. Hier trinkt man natürlich einen Bianco di Custoza, aber es gibt auch Rote aus der näheren Umgebung. Nach all der Herzlichkeit und Qualität der Hausmacherküche freut man sich auch über eine moderate Rechnung.

TIPP

In der Gegend von Custoza wächst ein sehr delikates Kohlgewächs, der Broccolo di Custoza. Slow Food hat das Gemüse unter die schützenswerten Arten aufgenommen. Man kocht ihn wie Mangold, kann die langen Blätter zu Rollen formen und füllen. Sehr fein schmeckt ein Pesto daraus, das man bei einigen Erzeugern auch fertig zu kaufen bekommt, z.B. im Winter auf dem Bauernmarkt in Calmasino. Ein Rezept finden Sie beim Custoza-Winzer Albino Piona unter www.albinopiona.it

AL PONTE

Ein Klassiker seit vielen Jahren

Adresse: Via Corrobiolo 38, 37066 Sommacampagna (VR)
An der Hauptstraße Richtung Villafranca

+39 045 896 00 24

Ruhetag: Montagabend und Dienstag
Betriebsferien: Weihnachten, Ostern und im August
Preise: €

Das Ambiente ist schlicht, aber gemütlich, Holzwände, Holztische, Stofftischdecken. Die Beleuchtung könnte ein wenig dezenter sein. Aber der überaus freundliche Service und das gute Essen zu wirklich günstigen Preisen macht das wieder wett. Im Sommer kann man draußen Platz nehmen.

Am Wochenende und abends empfiehlt es sich, zu reservieren, denn das Lokal ist auch bei Einheimischen sehr beliebt.

Im Al Ponte wird vor allem Veroneser Küche zelebriert. Als Antipasto gibt es mit Kräutern, Kapern und Olivenöl marinierten Hecht, hausgemachte Salami, eingelegtes Gemüse oder lockeren Stockfisch, manchmal aber auch Sepiasalat oder marinierte Meeresfische. Als Primi warten Ravioli mit unterschiedlichen, jahreszeitlichen Füllungen und der Klassiker „Pasta e Fagioli", Bohnensuppe mit Nudeln, auf die Hungrigen, im Herbst gibt es eine aromatische Steinpilzsuppe. Zur Hauptspeise sei die Kalbsleber empfohlen, ferner Grillfleisch, aber es gibt bisweilen auch Tintenfisch und Lachssteak, dazu Marktgemüse, frische Salate. Alles hervorragend zubereitet und für eine sehr ländliche Küche lobenswert.

Sehr schöne Weinauswahl der Gegend zu freundlich kalkulierten Preisen.

TIPP

Viele Informationen, auch in deutscher Sprache, finden Sie auf der Internetseite von Sommacampagna unter www.terredelcustoza.com/de. Zum Gemeindegebiet gehört auch der historische Ort Custoza, nach dem der gleichnamige Weißwein benannt ist. Custoza ist ein Trebbiano und Garganega.

DA GUIDO

Junge Küche trifft auf Tradition

Adresse: Località Colombara di San Vito 60, 37012 Bussolengo (VR)
Südlich und außerhalb von Bussolengo

+39 045 676 60 31

Ruhetag: Montagmittag und Dienstag
Betriebsferien: variabel
Preise: €€

Ein bisschen suchen muss man schon, aber wenn man gefunden hat, ist man glücklich. Im kleinen Ortsteil Colombara, der zu San Vito gehört, dies wiederum zu Bussolengo, sitzt der Gast auf einer herrlichen überdachten Terrasse und schaut ins Grüne, wo man sich vielleicht vorher noch durch Ausfallstraßen gekämpft hat. Drinnen ist es elegant, allerlei Kunst schmückt die Wände.

Bedient wird man von der herzlichen Amelia, der jugendlichen Mutter von Guido. „Ich musste ihm schon helfen", lacht sie, als er mit gerade einmal 19 Jahren 2007 das stattliche Restaurant eröffnet hat. Mit 12 wusste er schon, dass er Koch werden will, erzählt Guido, der als erster der Familie diesen Beruf ergriffen hat. Doch, meint er, seine Mutter hat immer bestens gekocht, dann hat er erfahrenen Köchen über die Schulter geschaut. Seine Küche ist unglaublich präzise und elegant, er nimmt traditionelle Rezepte und verfeinert sie mit jugendlichen Ideen. Frische ist oberstes Gebot, genauso wie die Berücksichtigung der Jahreszeiten. Egal ob Antipasti (ein lockerer Ricottaflan mit Radieschensprossen), Primi (Tortelli mit Kaninchen oder Tagliatelle mit geräuchertem Ricotta und Trüffel) oder Secondi (ein perfekter Wolfsbarsch): Alles schmeckt ausgezeichnet und man sollte unbedingt zum Schluss die hausgemachten Parfaits probieren. Auch für die Weinkarte gilt: alles bestens!

TIPP

Wer mit dem Auto zu Guido Zocca fährt, muss durch das nicht ganz so schöne Bussolengo durch. Eine Anreise mit dem Fahrrad hingegen führt am Etschradweg entlang, der wiederum ein Teil des Via-Claudia-Radwegs vom bayrischen Donauwörth über Tirol, Südtirol und Verona bis Ostiglia am Po ist. Informationen hierzu gibt es unter www.viaclaudia.org. Auch wenn das Restaurant innen elegant ist: Radfahrer sind auch im Fahrraddress herzlich willkommen.

GROTO DE CORGNAN

Klein und ausgesprochen fein

Adresse: Via Corgnan 41, 37010 Sant' Ambrogio di Valpolicella (VR)
Im Zentrum von Sant' Ambrogio, gut beschildert

+39 045 773 13 72
www.grotodecorgnan.it

Ruhetag: Sonntag und Montag
Betriebsferien: variabel
Preise: €€–€€€

Unglaublich schön sei es dort, sagten Freunde, die das Lokal empfohlen haben. Recht haben sie. Die vier kleinen Gastzimmer im alten Gemäuer sind liebevoll eingerichtet. Dass Weinkultur groß geschrieben wird, sieht man schon an den vielen Flaschen, die die Speiseräume schmücken. Im Winter prasselt im Kamin das Feuer, im Sommer kann man einen der Plätze in der Laube vor dem Haus ergattern. Wenn man reserviert, das ist hier unbedingt erforderlich.

Es gibt jeden Abend ein wechselndes Menü und immer werden die Produkte der Saison und der Region berücksichtigt, das Olivenöl ist sogar aus eigenem Anbau. Giorgio Soave pflegt beste Kontakte zu handwerklich und mit großer Sorgfalt arbeitenden Produzenten, zu Biobauern und natürlich Winzern. Erbsen, Spargel, Spinat, Pilze, allerhand Wildkräuter sind die Basis dieser Küche. Das Gemüse zieht er zum Teil sogar selbst. Auch beim Rinderschmorbraten in Amarone schmeckt man eine köstliche Frische – das Rezept dazu steht auf der Internetseite des Restaurants. Alles ist hier hausgemacht, täglich etwas neues, immer gut und immer überraschend, konzentriert in den Aromen und perfekt in der Zubereitung, so dass es in den Guide Michelin als empfehlenswertes Restaurant aufgenommen wurde.

Die Weinkarte ist opulent, die besten Produzenten des Valpolicella sind vertreten, Liebhaber des Amarone finden hier alte Jahrgänge, doch auch beste und namhafte Weine des Piemont, der Toskana oder dem Friaul werden angeboten, zu Käse oder Dessert Süßweine aus Sizilien. Die ausgezeichneten Käse stammen von Bauern oder Schafhirten aus den Lessinischen Alpen.

ANTICA TRATTORIA DA BEPI

Traditionsküche mit Amarone

Adresse: Via Valpolicella 14, 37020 Marano di Valpolicella (VR)
Mitten in Marano di Valpolicella

+39 045 775 50 01
www.anticatrattoriadabepi.it

Ruhetag: Montag
Betriebsferien: variabel
Preise: €

Mitten im Ort liegt die traditionsreiche, urige Trattoria mit Steinmauern und schönen alten Möbeln. Vittorio und Camilla kochen bestens zubereitete Traditionsspeisen mit eigener Handschrift. Herz des Hauses ist der offene Kamin, an dem die meisten Fleischspeisen und die Polenta zubereitet werden. Im Sommer speist man unter einer schattigen, gemütlichen Laube.

Wenn man alles probieren will, sollte man auch hier zweimal hingehen. Denn schade wäre, probierte man nicht wenigstens eines der Antipasti wie zum Beispiel die gemischten Salumi mit eingelegtem Gemüse. Die Primi sind klassisch: Risotto mit Amarone oder hausgemachte Tagliatelle oder Bigoli mit dichten, feinen Soßen aus Fleisch oder auch mit Pilzen. Als Hauptspeise ist das in Amarone geschmorte Lammragout legendär, aber es gibt auch gute Tagliata vom Chianina-Rind und im Winter Baccalà. Wer Süßes mag, kann die hausgemachten Kuchen probieren, Käsefreunde bestellen sich besser die ausgewählten Käse der lessinischen Berge mit dazu passenden Honigsorten oder Mostarda.

Lassen Sie sich einen passenden Wein empfehlen, es gibt jede Menge bezahlbarer Tropfen der Gegend. Entspannt genießen kann man, mietet man sich in einem der hübschen Zimmer ein.

ENOTECA DELLA VALPOLICELLA

Frauenpower im Valpolicella

Adresse: Via Osan 45, 37022 Fumane (VR)
Mitten in Fumane, gut ausgeschildert

+39 045 683 91 46
www.enotecadellavalpolicella.it

Ruhetag: Sonntagabend und Montag
Betriebsferien: variabel
Preise: €€

Ada, Carlotta, Angiolina und Serena sind die guten Geister der Enoteca. Inmitten von Weinbergen und Olivenhainen wird dieses alte Landgut seit 1996 als elegant-ländliches Restaurant geführt. Schönes Geschirr und elegante Gläser erhöhen die Vorfreude auf die folgenden Genüsse. Seit neuestem schreiben Ada und Carlotta einen inspirierenden Blog auf ihrer Homepage, der sofort Lust auf einen Ausflug in das Restaurant macht.

Regionale Zutaten, möglichst dem Prinzip des Kilometro Zero folgend, und den Jahreszeiten entsprechend kommen hier auf den Tisch. Vor allem frische Gemüse und Wildkräuter zeichnen die Küche aus, wunderbare Risotti entstehen daraus oder sind das Rückgrat der Fonds und Saucen. Je nach Saison gibt es mal gefüllte Zucchiniblüten mit Käse der Lessinia, phantastische Tagliatelle mit Hühnerleber und Salbei sind ebenso ein guter Einstieg. Feines Milchlamm oder zarter Schweinebraten in Amarone krönen die Hauptgerichte. Interessant ist, dass oft ein bestimmter Wein die Basis der Rezepte ist – nach seinem spezifischen Geschmack werden die anderen Zutaten ausgewählt, so dass sich eine besondere Harmonie zwischen Wein und Essen ergibt. Über 800 Etiketten stehen auf der Weinkarte, sicher mit klarem Schwerpunkt auf Valpolicella und Amarone, aber es lassen sich auch andere feine Tropfen finden.

L'ENOTECA IN PIAZZA

Gelungene Traditionsküche

Adresse: Piazza Vittorio Emanuele 57, 37024 Negrar (VR)
Die Enoteca liegt mitten in Negrar, gleich bei der Kirche.

+39 45 600 02 35
www.enotecainpiazza.it

Ruhetag: Sonntag
Betriebsferien: variabel
Preise: €

Gleich bei der Kirche, mitten in Negrar liegt das nette Lokal, ungezwungene Bistro-Atmosphäre mit Bartresen in Erdgeschoß, unten ein schöner, rustikaler Raum, einige wenige Tische draußen im Garten. Den Namen „Enoteca" hat das Lokal ob des Weinangebotes auf jeden Fall verdient!

Eine feine, bodenständige, den Jahreszeiten folgende Küche erwartet hier die Hungrigen. Gekocht wird, was der eigene Garten und der Markt hergeben – delikate gefüllte Zucchini-Blüten etwa oder Radicchio Trevisano mit knusprigem Speck und „Grana-Wölkchen". Hervorragend sind die hausgemachten Nudeln – immer wieder gibt es neue Variationen bei den Ravioli, etwa eine feine Bleichselleriefüllung, empfehlenswert auch die Tagliatelle mit Artischockensoße. Ein Gedicht ist das Spanferkel aus dem Ofen, das im Kräutermantel serviert wird, bemerkenswert und lobenswert die Käseplatte mit einer überzeugenden Auswahl lokaler Produkte. Auf der Weinkarte scheinen so gut wie alle Winzer des Valpolicella vertreten zu sein – umfassend ist sie allemal, es finden sich ausgezeichnete Tropfen, die mehr als moderat kalkuliert sind.

LOCANDA '800

Herrliches Gemäuer und edle Küche mitten in der Natur

Adresse: Località Moron 46, 37024 Negrar (VR)
Südlich von Negrar, gut ausgeschildert

+39 045 600 01 33
www.locanda800.it

Ruhetag: Montag
Betriebsferien: variabel
Preise: €€–€€€

Dicke Bruchsteinmauern, edles Mobiliar, schön eingedeckte Tische und ein Traum von Weinkeller lassen die Gäste den Alltag vergessen, ganz gleich, ob man in der Locanda übernachtet, den Wein probiert oder im Restaurant die feine Küche genießt. Das alte Gemäuer aus dem 18. Jahrhundert ist von einem wunderschönen, parkartigen Garten umgeben.

In der Küche werden zwei Stile gepflegt. Einerseits bereitet man sehr feine traditionelle Gerichte zu, andererseits finden Liebhaber von Meeresfisch ihre Wünsche erfüllt. So kann man zwischen Hummer mit Fenchel-Zitronensalat, Jakobsmuscheln mit Gartengemüse oder Käsesoufflé mit Trüffel wählen. Als Primi gab es phantastische hausgemachte Bigoli mit „Ragù di cortile", einer Soße aus Hähnchen, Ente und Perlhuhn. Hauptspeise könnten Lammkoteletts mit Kräutern und rohem Sommergemüse sein, oder ein jeweils tagesfrischer Meeresfisch. Eine schöne Käseplatte mit verschiedenen Mostarde und Honig kann das Mahl abrunden oder man entschließt sich zu einem der hausgemachten Dolci wie Schokoladentörtchen oder Tiramisù. Verkosten Sie zum Menü die hauseigenen Weine – sie lohnen sich. Der weiße Garganega „Misia" hat frische Säure, der Valpolicella Ripasso „El Campanar" passt bestens zu Fleisch.

TIPP

Für Gäste, die ein wenig bleiben möchten, gibt es in der Locanda vier sehr schön eingerichtete Zimmer. Ergattert man eines davon, könnte man auch den ausgesprochen edlen Amarone des Hauses probieren. Wie aus Trauben der Rebsorte Corvina Amarone wird, können Sie in einem Film auf der Website des Weinguts sehen. Sie erkennen dort auch die unglaubliche Sorgfalt, mit der Gianfranco Elampini zusammen mit seinem Vater Gino arbeitet.

ALLA RUOTA

Ein Ausflug für Gaumen und Auge

Adresse: Via Proale 6, 37024 Mazzano di Negrar (VR)
Von Negrar hinauf nach Mazzano, dann beschildert

+39 045 752 56 05
www.trattoriaallaruota.it

Ruhetag: Montag und Dienstag
Betriebsferien: variabel
Preise: €€

Kurvig geht's nach oben, nach Negrar hinauf Richtung Mazzano. Ist man angekommen, wird man mit einem herrlichen Blick über das Valpolicella belohnt und mit phantastischer Küche. Im Sommer sitzt man auf der wunderschönen Veranda, die teilweise verglast ist. Aber auch innen ist es gemütlich und die vielen Plätze sind gut unterteilt.

La Mamma begann vor rund 30 Jahren hier Gäste zu verwöhnen, wo vorher Räder hergestellt wurden. Ganz klein war die Trattoria damals noch. Die Gäste waren höchst zufrieden, also erweiterte man die Gaststube, baute an, erweiterte wiederum, vor noch nicht allzu langer Zeit um eine verglaste Veranda. Man wird mit frisch gebackenem köstlichem Brot begrüßt, dann könnte man kreative Antipasti wie etwa eine feine Kaninchenterrine wählen. Legendär die Tortelli all'Amarone – mit dem edlen Wein wird der Pastateig gefärbt und die Füllung besteht aus in Amarone geschmortem Braten. Sehr große Aufmerksamkeit wird Salaten und Gemüse geschenkt. Von einem reich bestückten Wagen kann man sich die vitaminreiche Kost aussuchen und gleich nach Rezepten fragen. Zum Würzen steht Valpolicella-Essig und hiesiges Bio-Olivenöl auf dem Tisch.

TIPP

Für die Pasta nehmen Sie einen kräftigen Rotwein (es muss nicht unbedingt Amarone sein), auf 400 g Mehl 2 Eier und ein Eigelb. Dann verrühren Sie zunächst den Wein mit den Eiern und geben das Eier-Weingemisch nach und nach zum Mehl. Daraus einen sehr festen Teig herstellen und eine halbe Stunde ruhen lassen. Statt Tortellini können Sie auch einfache Bandnudeln herstellen und einen dichten Sugo aus geschmortem Braten (Reste von Ossobuco zum Beispiel) dazu servieren.

CAPRINI

Familientradition im Valpolicella

Adresse: Via Zanotti 9, Località Torbe, 37020 Negrar (VR)
Gegenüber der Kirche

+39 045 750 05 11
www.trattoriacaprini.it

Ruhetag: Mittwoch
Betriebsferien: variabel
Preise: €–€€

Wenn es den Veronesern im Sommer zu heiß wird, zu stickig und zu voll, dann fahren sie ins Valpolicella. Dort oben ist die Luft besser, es wächst hervorragender Wein und eine schöne Trattoria gesellt sich zur anderen. Eine der ältesten ist die Trattoria Caprini, die Familie betreibt das urige Lokal schon seit vier Generationen. Giuliana Tezza vom Weingut Le Tende hat sie empfohlen: Hier haben sie schon oft schöne Tage mit bestem Essen verbracht, doch auch die Fahrt hier hinauf lohnt sich, die Aussicht ist sagenhaft, egal, ob ihm Frühling die Kirschbäume blühen oder im Herbst sich das Weinlaub verfärbt.

Ein traditionelles Sonntagsessen beginnt hier mit hausgemachter Salami, Lardo und Giardiniera, dem eingelegten Gemüse. Weiter geht es mit Pasta oder Risotto, oft werden auch Kutteln in Tomatensoße angeboten. Die Pasta wird hier selbstverständlich hausgemacht. Delikat die breiten Bandnudeln mit saftigem Ragù, die Tagliatelle mit Kaninchen- oder würziger Wildhasensoße, die gefüllten Tortelli mit Frühlingskräutern, Schmorbraten oder im Herbst mit Pilzen. Fein der Risotto mit Radicchio. Als Hauptspeise sind die Rinderschmorbäckchen in Rotwein zu empfehlen. Ausgezeichnet auch ein sanft gegartes Kaninchen oder das traditionelle Fischgericht der Berge, der Baccalà. Im Winter gibt es Siedefleisch (Fleisch vom Rind, Kalb oder Huhn, Zunge, Kalbskopf) mit der Brotsoße Pearà, die mit Knochenmark verfeinert wird.

Danach werden traditionelle hausgemachte Dolci angeboten. Der Weinkeller ist, wie es sich für eine Trattoria im Valpolicella gehört, mit den besten Tropfen der Region, zum Teil auch alten Jahrgängen, ausgestattet.

MACAFAME

Eine neue Lieblingskneipe im Herzen Veronas

Adresse: Via delle Fogge 6, 37121 Verona (VR)
Ganz in der Nähe der Piazza dei Signori

+39 347 873 01 50

Ruhetag: Montag, sonst 10–24 durchgehend geöffnet. Jeden Freitag Live-Musik
Betriebsferien: eine Woche im November
Preise: €

Sie ist gemütlich und mit viel Liebe eingerichtet und gestaltet - die Osteria Macafame im Herzen von Verona. Macafame ist ein Apfeldessert - das Rezept dazu finden Sie als Fresko an der Wand.

Die Küche von Fabio ist kreativ und traditionell zugleich. Mit besten Zutaten wird einfachen Gerichten genauso viel Aufmerksamkeit geschenkt wie etwas anspruchsvolleren. Zu günstigen Preisen wird hier jeder glücklich. Für Eilige gibt es hausgemachte Hamburger mit Chianina-Rindfleisch, aber auch vegetarische Varianten mit gegrillten Auberginen und Kichererbsenbratling. Oder man bestellt einen Brotzeitteller mit Wurst und Käse der Region, dazu ein Glas Wein, und die Mittagspause ist perfekt. Genießer bestellen einen Fenchel-Orangensalat als Vorspeise, hausgemachte Gnocchi mit Pferderagout oder Risotto all' Amarone, dann Lammkoteletts mit gebratenem Radicchio oder Rindersteak mit Olivenöl. Es gibt außerdem tolle Fischsalate und allerlei Meeresgetier.

Zum Nachtisch kann man die namensgebende Macafame wählen, die traditionelle Veroneser Süßspeise aus Brot, Milch, Äpfeln und Zucker. Das ist eigentlich ein Hauptgericht, denn man wird davon satt, doch es gibt auch Panna Cotta, Schokoladensalami oder - im Herbst - Kastanien-Tiramisù.

TIPP

Macafame: 4 altbackene Semmeln in dünnen Scheiben, 1,5 l Milch, 1 Ei, 4 Äpfel (in Stücken), 1 TL Backpulver, 5 EL Zucker, 200 g Rosinen, Abrieb von einer Zitrone, Saft einer Orange, 1 Prise Salz, 2 cl Grappa. Semmelscheiben und Rosinen eine Stunde in Milch einweichen. Nun alle Zutaten miteinander verrühren. Ist der Teig zu flüssig, etwas Semmelbrösel unterheben. In einer geschlossenen Form bei 180 Grad backen (Stäbchenprobe!). Erkalten lassen und mit Zucker bestreuen.

AL BERSAGLIERE

Nur wenige Schritte von der Arena ein stimmiges Traditionslokal

Adresse: Via Dietro Pallone 1, 37121 Verona (VR)
Von der Arena am Rathaus vorbei nicht weit

+39 045 800 48 24
www.trattoriaalbersagliere.it

Ruhetag: Sonntag und Feiertage
Betriebsferien: variabel
Preise: €–€€

Mehrere kleine Räume atmen ganz schön viel Geschichte....Viele bekannte und unbekannte Künstler und Musiker waren da und ihre Autogrammbilder zieren die Wände. Beinahe möchte man meinen: viele dürfen nicht mehr kommen, so voll sind die Wände in einem Raum – aber es gibt ja noch zwei andere, die etwas schlichter sind. Man betritt das Lokal durch die Bar, wo man auch einen der vielen guten Weine glasweise genießen kann.

Das Lokal hat im Slow Food-Führer seit vielen Jahren schon eine „Schnecke" – für traditionelle, regionale Küche, eine „Flasche" für eine besonders üppige Weinkarte und den „Käse" für eine sorgsame Auswahl heimischer Käsesorten.

Die Gerichte sind ebenso traditionell wie das Haus. Salamiauswahl der Gegend, Sfilacci vom Pferd als Vorspeise, selbstverständlich hausgemachte Primi, klassische Tagliatelle oder Bigoli aus Dinkel zu einer delikaten Spinat-/Käsesoße oder mit Eselsragout, kernig-würzig der Amarone-Risotto. Ebenso klassisch sind die Fleischgerichte: Schnitzel (so ein richtiges, tellergroßes Schnitzel, das jeden Wiener blass werden lässt), Schweinefilet in Pfeffersoße, Eselsragout. Ebenso zufrieden waren wir mit der vegetarischen Hauptspeise: Tomino mit gegrilltem Gemüse, schmelzend der Käse, und wirklich fein und saftig das Gemüse. Als Nachspeise gibt es Kuchen, Eis oder Tiramisù, alles selbstredend hausgemacht. Die Weinkarte umfasst viele Weine der Region und Ausgewähltes aus ganz Italien.

TIPP

Während der Gardasee auf der einen Seite „vor der Haustür" Veronas liegt, befindet sich auf der anderen das große, bekannte Weinbaugebiet um Soave. Und wenn „Soave" aufgrund von Massenproduktion in Verruf gekommen ist – es gibt dort hervorragende Produzenten, die den feinen, zarten Bitterton der heimischen Garganega-Traube meisterlich hervorholen. Einer davon ist sicher La Cappuccina, Pioniere des Bioweinbaus der Gegend.

ALCOVA DEL FRATE

Eine urige Osteria mitten in Verona

Adresse: Via Ponte Pietra 19a, 37121 Verona (VR)
In der Altstadt, bei der Ponte Pietra

+39 045 800 06 53
www.alcovadelfrate.it

Ruhetag: keiner
Betriebsferien: keiner
Preise: €–€€

In einem der ursprünglichen Teile der Altstadt von Verona befindet sich diese stimmige Weinbar. Schön geschmückte historische Räume, in denen man sich sofort wohl fühlt. Vom Gastraum geht ein Treppenabgang zum Weinkeller: unbedingt kurz hinunter schauen – er ist wahrlich überwältigend. Auf der Tafel über der schönen alten Bar stehen die offenen Weine, die man glasweise genießen darf.

In der gemütlichen Osteria kann man von vormittags zehn bis nachts um ein Uhr essen. Am Tresen steht schon ein Tablett mit verführerischen kleinen Häppchen zu 1 Euro das Stück – eine wunderbare Begleitung zu einem Glas offenen Weins. Die Auswahl ist auch hier groß. Vom einfachen Custoza zu 2 Euro bis zum edlen Amarone für 12 Euro das Glas, Prosecco für 3 oder Champagner für 20 Euro – hier kann man sich von Kultur oder Stadtbummel ausruhen und genießen. Zu jeder Tageszeit gib es Salami-, Schinken- oder Käseteller. Wurst und Käse, wie auch die anderen in der warmen Küche verwendeten Produkte, stammen von besten Produzenten der Gegend um Verona.

Neben diesen kleinen Gerichten gibt es selbstverständlich frische Pasta, Gnocchi und Risotto mit Sughi je nach Jahreszeit. Für die Fleischgerichte werden Pata-negra Schweine oder Piemonteser Rind verwendet, besondere Spezialität sind Gerichte aus Pferdefleisch – typisch für Verona.

RISTORANTE PONTE PIETRA

Ein eleganter Platz direkt an der Etsch

Adresse: Via Ponte Pietra 34, 37121 Verona (VR)
Direkt an der Ponte Pietra

+39 045 804 19 29
www.ristorantepontepietra.com

Ruhetag: keiner. Täglich geöffnet von 12–15 und 19:30–24
Betriebsferien: variabel
Preise: €€€

Das Ambiente ist edel und etwas ganz besonderes. Eingerichtet hat das Restaurant der Veroneser Designer Mario Santini, im März 2012 wurde neu eröffnet. Gianni Pascucci und seine Frau Diana Tropinina haben hier einen außergewöhnlichen Ort zum Verweilen geschaffen. Träumen kann man, wenn man einen Platz auf einer der beiden kleinen Terrassen direkt am Wasser ergattert. Gemütlich und verführerisch gleichermaßen ist der Weinkeller im historischen Gewölbe.

Die Küche ist genauso elegant wie das Ambiente. Als Vorspeise kommt hier nicht Salami auf den Tisch, sondern lauwarmes Hirschfilet mit Pilzen und Macadamia-Pesto oder Wirsingröllchen mit Kastanien und Taleggio. Die Ravioli sind mit Kaninchen gefüllt, es gibt als Primi aber auch hausgemachte Nudeln mit Meeresfisch oder eine hervorragende Fischsuppe mit Meeresfrüchten und Kräutern. Hauptspeise könnte eine gefüllte Perlhuhnkeule sein oder ein perfekt gebratenes Lammkarree. Vom edlen Angusrind stammen Tagliata, Filet und Steak. Fisch kommt als Thunfischkotelett auf den Tisch, fein der Seeteufel im Hummerfond mit gebratenen Artischocken.

Die 32-seitige Weinkarte lässt kaum Wünsche offen. Weine aus ganz Italien (jedoch mit großem Augenmerk auf die Weinregionen der Gegend) sind genauso zu finden wie Weine aus anderen Ländern.

OSTERIA CAFFÈ MONTE BALDO

Urig, gut, preiswert

Adresse: Via Rosa 12, 37121 Verona (VR)
Mitten in der Altstadt, Richtung Piazza S. Anastasia

+39 045 80 30 579
www.osteriamontebaldo.com

Ruhetag: keiner
Betriebsferien: variabel
Preise: €–€€

Zu den liebenswerten Traditionen Veronas gehört „Andar per Goto" - auf einen Schluck Wein gehen. Die Bars und Osterie bieten dazu kleine Köstlichkeiten an: sehr einfallsreich belegte Brötchen, Hackfleischbällchen, Salamiteller. Alles in kleinen Portionen, einzeln zu bestellen oder auch zum Mitnehmen. Auch in der Osteria Monte Baldo sieht man die hübschen Häppchen gleich am Eingang. Will man sich länger hinsetzen, ist das hier auch kein Problem. Es gibt eine kleine Karte mit ausgezeichneten lokalen Spezialitäten. Die Brötchen bekommt man auch als Antipasto, dann Käse, Schinken, Salami. Die ausschließlich hausgemachten Primi waren allesamt ausgezeichnet: Tortelli mit Roter Bete, Mohn und Käse aus dem Valpolicella, Bandnudeln mit Steinpilzen, lockere Gnocchi mit einem dichten, duftenden Pferdesugo oder ganz klassisch Pasta e Fasoi: Bohnensuppe mit Nudeln, über die man einen guten Schuss Olivenöl gibt. Wiederum erwähnens- und lobenswert: das köstliche Öl, das man hier verwendet und den Gästen auf den Tisch stellt, stammt von Giovanni Salvagno aus Nesente, etwas nordöstlich der Provinzhauptstadt gelegen und einen Besuch wert. Die Adresse steht auf hübsch gestalteten Tischsets aus Papier, die man sich zur Erinnerung mitnehmen sollte. Dort findet man auch die wichtigsten Bezugsquellen des Weins - die Regale biegen sich vor guten Tropfen der Gegend und anderer Spezialitäten. Unter den Hauptspeisen ist das Pferdeschmorfleisch besonders hervorzuheben. Die Preise sind ausgesprochen zivil.

VESCOVO MORO

Tradition und Moderne

Adresse: Via Pontida 3, 37123 Verona (VR)
In der Nähe von San Zeno

+39 045 803 50 84
www.vescovomoro.it

Ruhetag: Montag nur abends geöffnet, sonst keiner
Betriebsferien: variabel
Preise: €€–€€€

Im Volksmund heißt der Patron der Basilika San Zeno Maggiore „il vescovo moro“, der schwarze Bischof. Der nämlich kam aus Nordafrika und war bis 380 Bischof von Verona, als Marmorstatue zu sehen in der Basilika (für die man sich auch aus vielen anderen Gründen unbedingt Zeit nehmen sollte). Das Charmante an der romanischen Marmorstatue ist: der Bischof lächelt ganz eindeutig. Es ist anzunehmen, dass es denjenigen, die im nach dem Bischof benannten Restaurant essen waren, auch so geht. Schönes, edles und modernes Ambiente und eine Küche, der der Spagat zwischen traditioneller und modern-kreativer Küche mühelos gelingt. Hier kann man staunen (und zuhause nachmachen), wie ganz einfache Gericht mit kleinen Veränderungen zu Delikatessen werden. Zum Beispiel ein Sattmacher wie Pasta e Fagioli, Nudeln in Borlotti-Bohnensuppe, wird mit Miesmuscheln zur Delikatesse. Traditionsgerichte wie Kartoffelgnocchi mit Pferderagout werden akkurat zubereitet, die Ravioli „del Vescovo“ füllt man mit Radicchio und serviert sie mit Monte Veronese und kross gebratenem Speck. Die Liebe des Küchenchefs gehört aber auch dem Meeresgetier. Ausgezeichnet und wunderhübsch anzusehen das Carpaccio aus roten Garnelen mit Burrata und Zitrusöl, die perfekt frittierten kleinen Fische, der Thunfisch in Sesamkruste mit Kürbis und Zitronensoße. Ein Fisch-Degustationsmenü mit 4 Gängen wird für 50 Euro angeboten. Doch wer keinen Fisch mag, der kann für 40 Euro ein Menü „vom Land“ ordern, dort findet er Entenbrust mit hausgebackener Brioche und Schokoladensoße oder eine Tagliata vom Rind. Unbedingt noch Platz lassen für eines der ausgezeichneten Desserts.

Die Weinauswahl ist immens, nicht umsonst steht auf der Eingangstür „Enoteca“.

Terre del Custoza
Sommacampagna
www.terredelcustoza.com
Die Natur und die Vergangenheit unseres Landes haben gute Früchte getragen.
Wir laden Sie ein, diese Früchte zu geniessen!
Slow Food
BROCCOLETTO DI CUSTOZA
coltivato dai
PRODUTTORI DEL BROCCOLETTO DI CUSTOZA
omune di Sommacampagna, Piazza C. Alberto, 1 - 37066 - Sommacampagna Verona

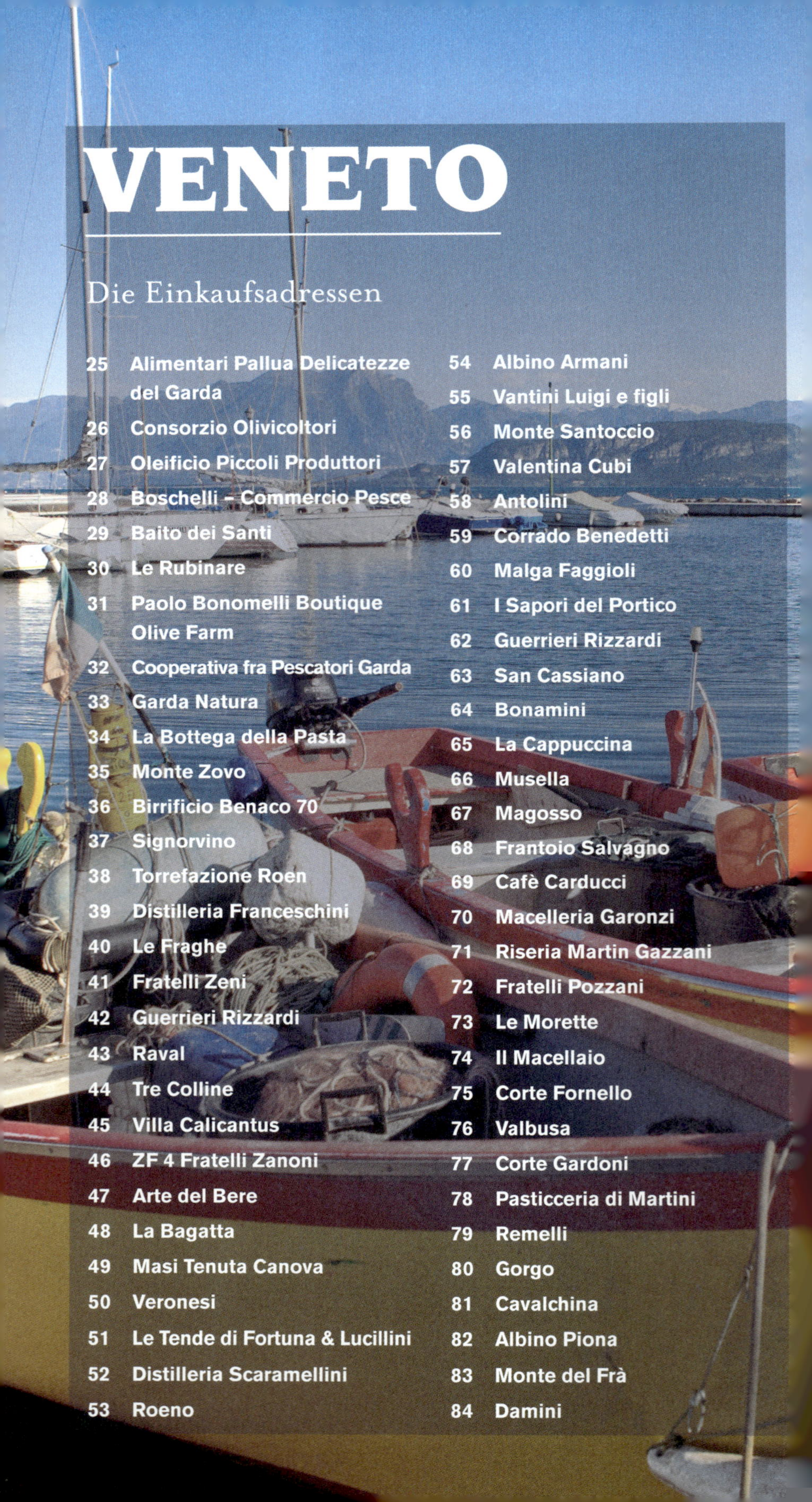

VENETO

Die Einkaufsadressen

25 Alimentari Pallua Delicatezze del Garda
26 Consorzio Olivicoltori
27 Oleificio Piccoli Produttori
28 Boschelli – Commercio Pesce
29 Baito dei Santi
30 Le Rubinare
31 Paolo Bonomelli Boutique Olive Farm
32 Cooperativa fra Pescatori Garda
33 Garda Natura
34 La Bottega della Pasta
35 Monte Zovo
36 Birrificio Benaco 70
37 Signorvino
38 Torrefazione Roen
39 Distilleria Franceschini
40 Le Fraghe
41 Fratelli Zeni
42 Guerrieri Rizzardi
43 Raval
44 Tre Colline
45 Villa Calicantus
46 ZF 4 Fratelli Zanoni
47 Arte del Bere
48 La Bagatta
49 Masi Tenuta Canova
50 Veronesi
51 Le Tende di Fortuna & Lucillini
52 Distilleria Scaramellini
53 Roeno
54 Albino Armani
55 Vantini Luigi e figli
56 Monte Santoccio
57 Valentina Cubi
58 Antolini
59 Corrado Benedetti
60 Malga Faggioli
61 I Sapori del Portico
62 Guerrieri Rizzardi
63 San Cassiano
64 Bonamini
65 La Cappuccina
66 Musella
67 Magosso
68 Frantoio Salvagno
69 Cafè Carducci
70 Macelleria Garonzi
71 Riseria Martin Gazzani
72 Fratelli Pozzani
73 Le Morette
74 Il Macellaio
75 Corte Fornello
76 Valbusa
77 Corte Gardoni
78 Pasticceria di Martini
79 Remelli
80 Gorgo
81 Cavalchina
82 Albino Piona
83 Monte del Frà
84 Damini

25

ALIMENTARI PALLUA

Corso Garibaldi 5
37018 Malcesine (VR)
+39 045 740 00 50
www.delicatezzedelgarda.com
9–12 / 15–20

Im Feinkostgeschäft Pallua im Herzen Malcesines findet man viel, was der gastronomische Gardasee bietet. „Delicatezze del Garda" lautet auch zu Recht der Untertitel des urigen Geschäfts. Man bekommt Wein, Grappe, Liköre, Pasta, Kräuter, Eingelegtes, Olivenöl, Essige und vieles mehr.

26

CONSORZIO OLIVICOLTORI

Via Navene 21
37018 Malcesine (VR)
+39 045 657 04 19
www.oliomalcesine.it
9–13 / 15.30–20

Hier bekommt man nicht nur Olivenöl, sondern auch Marmeladen, Eingelegtes, Accessoires aus Olivenholz. Die Oliven für das köstliche Öl stammen von den Hängen des Monte Baldo, finden dort optimale Bedingungen vor. Mit großer Sorgfalt erfolgen die Ernte und die Verarbeitung der Früchte zu bestem Olivenöl, das man im schönen Laden selbstverständlich auch verkosten kann.

27

OLEIFICIO PICCOLI PRODUTTORI

Via Vespucci 6
37010 Castelletto di Brenzone (VR)
+39 045 743 02 51
www.oleificiopiccoliproduttori.it
Mo–Sa 9–12 / 16–19, So 9–12

Hier gibt es ausgezeichnetes Olivenöl von „kleinen Produzenten", die die schwierig zu bearbeitenden Terrassen am Monte Baldo bewirtschaften. Sie leisten damit einen wichtigen Beitrag zum Erosionsschutz. Manche der Mitglieder haben nur wenige Bäume, sie alle arbeiten mit höchster Sorgfalt und erzeugen bestes Öl. Der kleine Laden hat so lange auf, wie das Öl reicht. Ist es verkauft, schließt er.

28

BOSCHELLI – COMMERCIO PESCE

Piazza Olivo 14
37010 Castelletto sul Garda (VR)
+39 045 743 00 23
Mo–So 9–12

Im blitzsauberen Laden am hübschen Platz gibt es jeden Vormittag frischen Fisch aus dem Gardasee, eben was der Tagesfang hergibt. Fast immer sind Renken (Lavarello) dabei, manchmal auch Tinca (Schleie) oder Sarde di Lago, die berühmten Gardasee-Sardinen, die man auch eingesalzen erhält. Eine kleine Auswahl an Konserven und zugekauftem Fisch ergänzt das Sortiment.

29

BAITO DEI SANTI

Loc. Baito dei Santi
37010 San Zeno di Montagna (VR)
+39 045 728 53 88

Im Sommer kann man an den Hängen des Monte Baldo wunderbar wandern und vielleicht sogar der Hitze unten am See entfliehen. Vom Wandern bekommt man Hunger. Die hübsche Alm bietet Brotzeitteller mit Käse, Salami, Wurst, eingelegtem Gemüse. Man sitzt an urigen Holztischen unter Bäumen und genießt die Natur. Hier wird auch Käse produziert, den man zum Mitnehmen kaufen kann.

30

LE RUBINARE

Corso Dante Alighieri 8
37010 Torri del Benaco (VR)
+39 045 629 06 50
www.lerubinare.com
Mo–Sa 8.30–13

Inhaber Andrea ist quasi inmitten von Spezialitäten aufgewachsen, im Laden seines Vaters in Lazise. Folglich ist sein Gespür für besonders feine Produkte von Kindesbeinen an geschult worden. Nach der Lehre hat er sich im Ausland umgesehen und spricht daher wunderbar Deutsch. Schon beim Anblick des Geschäfts mitten in Torri schlagen Genießerherzen höher. Im Schaufenster finden sich Produkte der besten Erzeuger der Region und anderswo her. Man muss einfach hineingehen und sich von Andrea beraten lassen.

31

PAOLO BONOMELLI BOUTIQUE OLIVE FARM

Via per Albisano 95
37010 Torri del Benaco (VR)
+39 045 629 67 11
www.carainene.it
Mo–Sa 9–13 / 14.30–18, So 10–13 / 14.30–18

Bekannt unter dem Namen Ca'Rainene nennt sich der Betrieb von Paolo Bonomelli heute „Boutique Olive Farm". Hier wird, so sagen manche, das beste Olivenöl an der Riviera degli Ulivi, der Olivenküste am Ostufer des Gardasees, erzeugt. Feinschmecker, Merum und andere loben das charaktervolle Öl, das nach allen Regeln der Kunst produziert wird. Beispielsweise das reinsortige „Drizzar", was die hiesige Bezeichnung der Olivensorte Casaliva ist.

32

COOPERATIVA FRA PESCATORI

Via San Bernardo 137
37016 Garda (VR)
+39 045 627 05 45
www.coopgarda.it
6.30–12.30

1942 schlossen sich 26 Fischer zu einer Kooperative zusammen. In den 1950er Jahren betrug die Zahl der Mitglieder gar 70, dann aber gaben viele diesen anstrengenden Beruf auf. Hier hat der Tourismus am Gardasee Gutes bewirkt, denn stand die Kooperative schon kurz vor der Auflösung, sind es heute immerhin wieder 25 Fischer, die ihren Fang und ihre Produkte im kleinen Laden unterhalb der Rocca di Garda vermarkten und die Gastronomie beliefern. Zum frischen Fisch gesellt sich eingelegter und geräucherter, besonders fein war die geräucherte Schleie.

33

GARDA NATURA

Via Montarion 29, Loc. Marciaga
37010 Costermano (VR)
+39 045 627 07 87
www.gardanatura.it

Der kleine Restaurantbetrieb schließt, wenn nichts mehr im Garten wächst, aber die Produkte, die die Familie Lorenzini herstellt, kann man auch im Winter erwerben. 347 680 78 81 ist die Handynummer von Graziano. Die Familie wohnt ganz in der Nähe und öffnet den kleinen Laden für Sie. Es gibt bestes Olivenöl, aromatisierte Kräuteröle, Balsamico, Weine und hausgemachte Marmeladen, zum Beispiel eine sehr köstliche aus Kirschen, Erdbeeren und (!) Karotten.

34

BOTTEGA DELLA PASTA

Via San Giuseppe Artigiano 2 b
37010 Costermano sul Garda (VR)
+39 045 620 11 18
www.bottegadellapasta.com
Mo–Sa 7.30–13 und 15.30–20

Wie der Name schon sagt: hier gibt es Pasta. Und zwar frische, hausgemachte. So mancher gute Gastronom kauft hier regelmäßig ein. Es gibt alle Formen von Eiernudeln und natürlich gefüllte Tortellini mit klassischen Füllungen und welchen der Saison. Darüber hinaus allerlei Knödel, Lasagne und außerdem Brot und weitere Spezialitäten.

35

MONTE ZOVO

Località Zovo 23
37013 Caprino Veronese (VR)
+39 045 728 13 01
www.montezovo.com

Das Weingut Monte Zovo hat eine lange Historie, bereits in vierter Generation wird Wein produziert. Ein Besuch lohnt sich: man kann einen Blick hinter die Kulissen werfen, im Holzfasskeller die Atmosphäre der reifenden Weine spüren und die Weine, wie z.B. Ripasso oder Amarone, verkosten. Besonders interessant sind zwei Kreationen von Diego Cottini, bei denen er heimische und internationale Rebsorten vereint. Der Ca'linverno Rosso mit Corvina, Rondinella und Cabernet und der Bianco mit Garganega und Sauvignon, charaktervoll und probierenswert.

36

BIRRIFICIO BENACO 70

Via Marconi 7
37010 Affi (VR)
+39 328 666 61 84
www.benaco70.it
Mi–Sa 15–19, Sa auch 10–12.30

Seit ein paar Jahren braut man Bier am Gardasee, wie bei uns, wo auch viele „Craftbrauereien" entstehen. So mancher Bierfreund mag das bayrische Reinheitsgebot hoch halten, in anderen Ländern gibt es so etwas nicht. Das bedeutet aber auch, dass man vielerlei Biersorten anbieten kann. Da kann dann ein dunkles Bier schon mal Kastanienhonig enthalten oder Gewürze wie das „Blanche" des Hauses. Aber es gibt auch klassisches „Helles", „stile bavarese".

37

SIGNORVINO

Via S. Pieretto 15
37010 Affi (VR)
+39 045 723 81 57
www.signorvino.com
Täglich 11–23.30

Vom Gardasee aus startet man am besten von Affi aus ins Valpolicella. Dort, am Rande des großen Einkaufszentrums, gibt es seit einiger Zeit Signorvino „Wine Store" und Restaurant. Hier erhält man nicht nur Weine aus ganz Italien in immens großer Zahl, sondern jede Menge Tipps über den jeweils besten Wein zum Essen. Lebendig geht's im Restaurant zu, in dem traditionelle Speisen aus ganz Italien ansprechend zubereitet werden.

38

TORREFAZIONE ROEN – SPEZIALIÄTEN

Via Marconi 20
37010 Affi (VR)
+39 045 620 11 31
www.cafferoen.it
Mo–Fr 8:30–12:30 / 14:30–18:30, Sa 8:30–12:30

1979 begann Sergio Bendinelli in Pacengo bei Lazise Kaffee zu rösten. Bald zog man in größere Räume und damit nach Affi um. Guter Kaffee entsteht dann, wenn man besten Rohkaffee auswählt und ihn dann langsam und bei relativ niedrigen Temperaturen röstet. Und genau das wird hier gemacht. Empfehlenswert der charaktervolle Espresso aus 100 Prozent Arabica-Bohnen.

39

DISTILLERIA FRANCESCHINI

Strada del Trenin 50
37010 Cavaion Veronese (VR)
+39 045 723 50 59
www.distilleriafranceschini.it
Mo–Sa 9.00–12.00 / 13.00–18.00

Mitten im Weinbaugebiet um Bardolino ist die Basis für Grappa im Überfluss vorhanden: Trester, also die Rückstände, die beim Keltern der Reben übrig bleiben. Voraussetzung für besten Grappa ist, dass dieser Trester so frisch wie möglich verarbeitet ist und noch nach Trauben duftet. Bruno Franceschini kann sich besten Trester von hier und aus dem Valpolicella aussuchen. Sein Amarone-Grappa ist eine Köstlichkeit; der wird klar angeboten, aber auch mit dunkel-samtigem Ton gereift im Holzfass. Liköre und Olivenöl ergänzen das Angebot.

40

LE FRAGHE

Loc. Colombare 3
37010 Cavaion Veronese (VR)
+39 045 723 68 32
www.fraghe.it

Ganz in der Nähe der Autobahnausfahrt Affi befindet sich das Bio-Weingut Le Fraghe von Matilde Poggi; seit 1984 keltert sie hervorragende Weine, der Betrieb war einer der ersten bio-zertifizierten der Regio. Ihr reinsortiger Garganega Camporegno besteht ausschließlich aus dieser heimischen Traube und ist von bemerkenswerter Frische, charaktervoll der Bardolino und der Bardolino Chiaretto. Matilde spricht übrigens hervorragend Deutsch.

41

ZENI

Via Costabella 9
37011 Bardolino (VR)
+39 045 721 00 22
www.zeni.it

Das Weingut Zeni ist ein Familienbetrieb, wenn auch ein großer. Die Geschäfte führen heute die Geschwister Elena, Federica und Fausto Zeni in fünfter Generation. Vater Gaetano legte den Grundstein für das bekannte Weinmuseum, das man beim Weinkauf kostenlos besichtigen kann. Der Hauptsitz des Gutes ist in Bardolino, doch auch aus den benachbarten Weinanbaugebieten Custoza, Soave, Lugana und natürlich Valpolicella werden Trauben gekeltert. Die Hälfte davon wird auf 45 Hektar selbst angebaut.

42

GUERRIERI RIZZARDI BARDOLINO

Strada Campazzi 2
37011 Bardolino (VR)
+39 045 721 00 28
www.guerrieririzzardi.it
Mo–Sa 10–18.30

Aus dem Besitz der Veroneser Grafen Guerrieri und Rizzardi entstand durch Heirat Anfang des 20. Jahrhunderts das Weingut Guerrieri Rizzardi, das heute von Giuseppe und Agostino Rizzardi geleitet wird. Schon im Mittelalter produzierten die Familien Wein. Im Valpolicella und in Bardolino kann man die Kellereien besichtigen und neben den ausgezeichneten Weinen auch hauseigenes DOP Olivenöl, Grappa und den jahrelang gereiften Amarone-Essig (ein milder Essig mit Aromen von Nüssen und Gewürzen) verkosten und kaufen.

43

RAVAL

Via Raval 1
37011 Bardolino (VR)
+39 045 723 65 69
www.agriturismoraval.it

Agriturismo im Hinterland mit ausgezeichneten Produkten. Genießer finden hier ausgezeichnetes Olivenöl, das den strengen Testern von Merum immerhin ein Herz wert war. Sodann wird hauseigener Wein gekeltert, Bardolino classico und Chiaretto, den es auch als Frizzante gibt. Bemerkenswert der Nogarot IGT aus heimischen Rebsorten und Cabernet. Sodann erhält man diverse pikante und süße Brotaufstriche, die man vor Ort verkosten und kaufen kann. Übernachtungsmöglichkeit.

44

TRE COLLINE

Loc. Palù 26
37011 Bardolino (VR)
+39 045 723 52 19
www.trecollinebardolino.it

Seit einiger Zeit verarbeitet der Agriturismo die Oliven der etwa 1500 Bäume selbst und erzeugt ein hervorragendes DOP Olivenöl mit modernster Technik. Denn nach Anbau und Ernte (von Hand und zum besten Zeitpunkt) ist die Weiterverarbeitung der Oliven und des Olivenbreis mit möglichst wenig Kontakt zu Sauerstoff wichtig. Dies gewährleisten moderne Maschinen und die direkte Verarbeitung am Hof. Darüber hinaus gibt es Wein, Grappa und Honig. Alle Produkte kann man selbstverständlich verkosten.

45

VILLA CALICANTUS

Via Concordia 13
37011 Calmasino (VR)
+39 340 366 67 40
www.villacalicantus.it

Daniele Delaini, Besitzer und Winzer macht Weine mit Leidenschaft, das merkt man, wenn man das Bio-Weingut besucht und am besten an einer der ausführlichen Degustationen teilnimmt (per E-Mail anmelden). Man keltert hier die klassischen Bardolino-Weine, aber auch Riserve, die zum Teil den Fässern des historischen Kellers entstammen. Naturweine ohne jegliche Chemie, weder im Weinberg noch im Keller. Agriturismo mit Übernachtungsmöglichkeit.

46

ZF4 – ZANONI

Via Porta San Zeno 7
37014 Lazise (VR)
+39 045 758 05 99
www.zf4.it

Gleich bei der Porta San Zeno, dem Torbogen aus dem 13. Jahrhundert, befindet sich der Weinkeller der Geschwister Zanoni. Laura Zanoni investierte in moderne Kellereitechnik und setzt rigoros auf Qualität. Im herrlichen Gewölbekeller werden die Fässer gelagert, in denen einige der Weine reifen. Der Star des Hauses ist eine Cuvée aus der heimischen Rebsorte Corvina und Syrah, augenzwinkernd „Cosi" genannt. Im begrünten Hof kann man sich im Sommer niederlassen und ein Glas Wein trinken. Es gibt auch köstliches Olivenöl.

47

ARTE DEL BERE

Via Cansignorio 10
37017 Lazise (VR)
+39 045 758 00 32
www.artedelbere.com
März–November täglich 9–13 / 15.30–21.30

Hier können Weingenießer stöbern, nach den besten Etiketten der Gegend fragen, so manche Entdeckung machen und Weine selbstverständlich auch probieren. Außer der großen Auswahl der Weine des Veneto und der anderen Weingebiete am Gardasee gibt es auch Tropfen aus ganz Italien. Darüber hinaus auch allerlei andere Spezialitäten, Olivenöl, eingelegte Gemüse, Essige und vieles andere mehr.

48

LA BAGATTA

Loc. Bagatta 5
37017 Lazise (VR)
+39 045 758 00 59
www.la-bagatta.it

La Bagatta war ehemals ein Grafensitz, der vom Vater der heutigen, aus Deutschland stammenden Besitzerin, erworben und sorgsam renoviert wurde. Wein wurde schon immer auf dem Anwesen angebaut. Das Ziel der heutigen Besitzer ist – auch mit dem Neupflanzen von französischen Rebsorten – mehr Qualität und weniger Menge zu erzeugen. Eine Besonderheit ist der CanTanolo (aus Corvina-Trauben, die am Stock getrocknet werden und dann in ein 500 l Holzfass kommen) – ähnlich wie ein Amarone. Die Oliven der Bäume des Parks werden zu einem erstklassigen Öl verarbeitet.

49

MASI TENUTA CANOVA

Via Delaini 1, Località Sacro Cuor
37017 Lazise (VR)
+39 045 758 02 39
www.masi.it
Dienstag geschlossen, Mo–Sa 10.30–22, So 10.30–16

Masi dürfte zu den international bekanntesten Weingütern der Gegend zählen. Das Traditionsgut ist eng mit dem Namen Amarone verknüpft, verbreitete den Ruhm des Ausnahmeweines. Doch selbstverständlich werden hier noch viele andere Weine aus heimischen oder internationalen Reben gekeltert. Das Gute ist: die Weine dürfen verkostet und in den schönen Shops gekauft werden, sowohl im Valpolicella als auch in der Tenuta Canova bei Lazise. Schön und recht neu das Restaurant Vino & Cucina, ausgezeichnete Küche zu Weinen des Hauses.

50

VERONESI

Via Giuseppe Verdi 1
37017 Lazise (VR)
+39 045 758 00 30
www.frantoioveronesi.com
Mo–Sa 9–12.30 / 14.30–19, Mi nachmittags geschlossen, So 9–12

Die Familie Veronesi produziert bereits in der sechsten Generation Olivenöl. Neben Extra Vergine in verschiedenen Cuvées (milder oder intensiver im Geschmack) gibt es Gardasee DOP und mit „Il Sgocciolato“ ein unfiltriertes Öl aus entsteinten Oliven. Darüber hinaus führt der schöne Spezialitätenladen Pesto und Pasten, Nudeln, Weinessig und Balsamico, allerlei eingelegtes Gemüse, Fischkonserven sowie allerlei Dekoratives aus Olivenholz.

51

LE TENDE

Via Tende 35
37017 Colà di Lazise (VR)
+39 045 759 07 48
www.letende.it

Das Bioweingut Le Tende bewirtschaftet 12 Hektar in der Nähe von Cavaion, am Hauptsitz bei Colà und bei Custoza. Bardolino Classico und Bardolino Superiore helfen sicher mit, den Ruf dieses Weines zu stärken. Mauro Fortuna, der für den Wein verantwortlich ist, war auch einer der ersten, der den Bardolino Chiaretto zu einem frischen, sehr edlen Wein ausgebaut hat und ihm mit dem Spumante Rosé Voluttà zu Nobilität verhalf. Seit 2014 füllt Le Tende einen reinsortigen Corvina ab. Damit gehören sie zu den Vorreitern der Region.

52

DISTILLERIA SCARAMELLINI

Via Garibaldi 48
37014 Sandrà di Castelnuovo (VR)
+39 045 759 50 06
www.distilleria-scaramellini.com
Mo–Fr 8–12 / 14–18.30, Sa 8–12

Seit 1921 werden hier Grappe destilliert. Mitten im Weinbaugebiet um Bardolino ist die Basis für Grappa im Überfluss vorhanden: Trester, also die Rückstände, die beim Keltern der Reben übrig bleiben. Voraussetzung für besten Grappa ist, dass dieser Trester so frisch wie möglich verarbeitet ist und noch nach Trauben duftet. Die Familie Saramellini kann sich besten Trester von hier, aus der Lugana und aus dem Valpolicella aussuchen. Die Reinsorten-Grappe aus Amarone, Lugana oder Bardolino sind eine Köstlichkeit; der Verdauung hilft Grappa alla Ruta, mit Kräutern versetzt.

53

ROENO

Via Mama 5
37020 Belluno Veronese (VR)
+39 045 723 01 10
www.cantinaroeno.com

Weine, die mit Auszeichnungen geradezu überhäuft wurden. Dennoch bleiben Cristina Fugatti und ihre Geschwister bescheiden, auch wenn ihr Süßwein „Cristina" vor noch nicht allzu langer Zeit als „bester Italiens" ausgezeichnet wurde. Großes Augenmerk legt die ausgebildete Önologin auf die heimischen Rebsorten. Doch die Stars im Keller sind der dichte, tiefrote Enantio aus der gleichnamigen uralten Rebe, die schon bei Plinius erwähnt wird, und der oben erwähnte Spätlese-Süßwein. Aus dem Trester des Enantio wird hervorragender Grappa gebrannt.

54

ALBINO ARMANI

Via Ceradello 401
37020 Dolcè (VR)
+39 045 72 90 33
www.albinoarmani.com
Mo–Fr. 8–12 / 13–17

Albino Armani ist einer der Flagschiffe des Weinbaugebiets Terra dei Forti im Etschtal. Aber auch im Valpolicella, in der Gegend um Treviso und im Friaul liegen die Weinberge. Großes Augenmerk wird auf heimische Rebsorten gelegt (ohne die internationalen zu vernachlässigen). Interessant sein dichter Roter Foja Tonda, einer Rebsorte des Valdadige Terradeiforti. Probierenswert die Bio-Linie, wo ein schöner Frizzante, ein Prosecco, aber auch Weiße und Rote angeboten werden.

55

VANTINI

Via Cà dell' Ebreo 7
37029 San Pietro in Cariano (VR)
+39 045 770 13 74
www.vinivantini.it

Seit 1908 baut die Familie Vantini hier im Valpolicella Wein an. Das Angebot des hübschen, gut beschilderten Weinguts zeichnet sich durch ein hervorragendes Preis-Leistungsverhältnis aus. Neben den Weingärten im Valpolicella hat die Familie auch Reben im Gebiet um Custoza und Bardolino. Bekannt ist der Betrieb sicher für seine perfekt vinifizierten Weine aus dem Valpolicella - Valpolicella Classico, Superiore und natürlich den edlen Amarone aus den getrockneten Trauben.

56

SANTOCCIO

Loc. Monte Santoccio 6
37022 Fumane (VR)
+39 348 360 88 57
www.montesantoccio.it

Nicola Ferrari hat Soziologie studiert, aber immer schon im Weinbau gearbeitet - unter anderem beim großen Giuseppe Quintarelli. Dennoch ist er bodenständig geblieben, ständig neugierig, probiert neue Techniken, verfeinert alte. Sein Amarone ist ein edler, dichter Tropfen, doch auch der „kleine Amarone", der Ripasso, ist bemerkenswert. Stolze 15 Vol. hat seine Cuvée aus Corvina (40%), Corvinone (30%), sowie Merlot, Sangiovese, Cabernet Franc und Sauvignon, die er schlicht „Santoccio Rosso" nennt.

57

VALENTINA CUBI

Località Casterna 60
37022 Fumane (VR)
+39 045 770 18 06
www.valentinacubi.it

Auf 13 Hektar baut Valentina Cubi Wein und Oliven an, biologisch seit vielen Jahren. Selbstredend ist das Flaggschiff auch hier der Amarone. Doch auch ihr Valpolicella Classico namens Iperico, oder der Superiore sind erwähnenswert und werden in einem hervorragenden Preis-Leistungsverhältnis angeboten. Der süße Recioto „Meliloto" ist sozusagen der „Urvater" des Amarone, der lange nicht trocken ausgebaut wurde. Bis in die 1950er Jahre hieß der Amarone noch „Recioto secco".

58

ANTOLINI

Via Prognol 22
37020 Marano di Valpolicella (VR)
+39 333 654 61 87
www.antolinivini.it

Seit 1992 betreiben die Brüder Pier Paolo und Stefano das Weingut in Marano. Hier im Valpolicella gibt es natürlich vor allem Rotweine wie Recioto und den eleganten Amarone Ca' Coato, aber auch einen weißen Süßwein Elisium. Daneben werden nur etwa 300 Flaschen Olivenöl produziert. Vor der Degustation kann man eine etwa einstündige Wanderung durch die Weinberge unternehmen, die auf der Website beschrieben wird und die Sie unbedingt einplanen sollten.

59

CORRADO BENEDETTI

Croce dello Schioppo 1
37020 Sant Anna D'Alfaedo (VR)
+39 045 754 51 86
www.corradobenedetti.it
Di–So 8–13 / 15–19.30, Juli, August, Dezember täglich

Käseliebhaber sollten hier unbedingt vorbei schauen. Es sei denn, sie hätten Corrado Benedettis Käseselektion schon in einem der guten Restaurants der Gegend verkostet - die beziehen ihre Käse nämlich sehr gerne dort. Doch in den herrlichen Reifekellern hängen auch Salami, in den Regalen findet man darüber hinaus so viel, dass der Platz hier nicht ausreicht. Wunderbare Idee der „Bosco Allegro", ein Picknickgebiet mit herrlichem Blick, überdachten Sitzplätzen, wo man die Spezialitäten, die man vorher gekauft hat, genießen darf.

60

MALGA FAGGIOLI

Contrada Faggioli
37020 Erbezzo (VR)
+39 045 707 51 98
www.malgafaggioli.it

450 Ziegen weiden auf den Berghängen der Lessinischen Alpen und bekommen hier Kräuter und würziges Gras zu fressen. Aus ihrer Milch wird in dem schönen Agriturismo, wo man auch Zimmer mieten kann, ausgezeichneter Käse gewonnen. Sie werden vor Ort, aber auch auf einigen Bauernmärkten, z.B. am Samstag in Calmasino, aber auch auf einigen anderen verkauft. Überblick auf der Internetseite des Agriturismo.

61

I SAPORI DEL PORTICO

Via S. Francesco 48
37020 Arbizzano di Negrar (VR)
+39 045 751 30 03
www.saporidelportico.com
Mo–Sa 8–13 und 16–19, Mittwochnachmittag geschlossen

Hier ist wieder so ein Fall: der Platz reicht nicht aus. Der Laden sieht von außen ganz unscheinbar aus, doch innen öffnet sich ein Feinschmeckerparadies. Es gibt eine große Vielfalt an Spezialitäten der Region, aber auch darüber hinaus. Das ganz große Augenmerk wird aber auf Käse gelegt, wofür man einen eigenen Reifekeller hat. Aus vielen verschiedenen Gegenden, von Ziege, Kuh oder Schaf werden Rohmilchkäse bester Qualität angeboten.

62

GUERRIERI RIZZARDI VALPOLICELLA

Loc. Pojega
37024 Negrar (VR)
+39 045 721 00 28
www.guerrieririzzardi.it
Di–Sa 10–18

Aus dem Besitz der Veroneser Grafen Guerrieri und Rizzardi entstand durch Heirat Anfang des 20. Jahrhunderts das Weingut Guerrieri Rizzardi, das heute von Giuseppe und Agostino Rizzardi geleitet wird. Schon im Mittelalter produzierten die Familien Wein. Im Valpolicella und in Bardolino kann man die Kellereien besichtigen und neben den ausgezeichneten Weinen auch hauseigenes DOP Olivenöl, Grappa und den jahrelang gereiften Amarone-Essig (ein milder Essig mit Aromen von Nüssen und Gewürzen) verkosten und kaufen.

63

SAN CASSIANO

Via San Cassiano 17
37030 Mezzane di Sotto (VR)
+39 045 888 06 65
www.cantinasancassiano.it

Das Olivenöl von Weingut und Ölmühle San Cassiano haben wir im Slow Food Restaurant Al Bersagliere in Verona verkostet. Agronom Mirko Sella lässt ihm große Aufmerksamkeit zukommen. Aus der Sorte Grignano gewinnt er ein ausgezeichnetes Öl aus entsteinten Oliven, aus Frantoio und Grignano ein exzellentes DOP. Doch auch die Weine sind verkostenswert: Valpolicella Superiore, Ripasso, Amarone oder der Süßwein Recioto. Alles entsteht mit so wenig Chemie wie nur irgend möglich.

64

BONAMINI

Loc. S. Giustina 9 a
37031 Illasi (VR)
+39 045 652 05 58
www.oliobonamini.com

Wo das Valpolicella in das Soavegebiet übergeht, liegt die Ölmühle der Bonaminis. In den steilen und schwer zugänglichen Hängen werden vor allem die regionalen Sorten Grignano und Favarol sorgsam von Hand geerntet, sofort in die eigene Ölmühle gebracht und zu einem feinduftigen Öl verarbeitet. Auch andere Produkte wie eingelegte Oliven, Essige, Pasta und Olivenöl-Kosmetik bietet der seit über fünfzig Jahren bestehende Familienbetrieb in einem hübschen Laden an.

65

LA CAPPUCINA

Loc. Costalunga Via San Brizio 125
37032 Monteforte d'Alpone (VR)
+39 045 617 50 36
www.lacappuccina.it

Die Familie Tessari gehört nicht nur zu den Pionieren des biologischen Weinbaus, sondern auch zu denen, die mit gehaltvollen Qualitätsweinen beweisen, dass der Soave seinen schlechten Ruf als dünnes Massenprodukt nicht behalten muss. Der San Brizio aus 100% Garganega überzeugt mit Pflaumen- und Honignoten, der Monte Stelle ist ein frischer, duftiger Weißer mit Blüten- und Zitrusaroma. Einige Rote und Süßweine runden das Programm ab, daneben gibt es Olivenöl, das die Familie im eigenen Hain auf Sizilien produziert.

66

MUSELLA

Via Ferazzette 2
37036 San Martino Buon Albergo (VR)
+39 045 97 33 85
www.musella.it

Biodynamischer, also Demeter-zertifizierter Wein, ist noch selten in der Gardaseeregion. Es ist eine Fahrt, die sich lohnt, um bemerkenswerte Rote zu verkosten wie Valpolicella Superiore oder Amarone. Sodann Süßweine, Chiaretto und ein frischer Weißer. Auf Vorbestellung kann man die Weine in einer geführten Degustation verkosten, dazu hiesigen Käse, Brot, Olivenpaste und das hauseigene Olivenöl.

67

MAGOSSO

Via Vertua 27
37062 Dossobuono (VR)
+39 045 51 34 29
Mo–Sa 8–12.30 und 15–19

Hinter der Kirche in Dossobuono gibt es eine Perle für Genießer, ein Geschäft, das sich ganz bescheiden „Frutta e Verdura Magosso“ nennt. Es wird von Gianni Magosso und seiner Familie seit über 40 Jahren mit großem Engagement geführt - egal, ob es sich um die besten Früchte handelt, die aufzutreiben sind, oder um ganz besondere Spezialitäten, die man sonst kaum findet, wie Gewürze aller Arten, Pralinen und Schokoladen, Kaviar und Trüffel und viele internationale Spezialitäten. Herzstück des Ladens sind die Weinregale - die Auswahl hier ist legendär.

68

SALVAGNO

Contrada Gazzego 1
37142 Nesente (VR)
+39 045 52 60 46
www.oliosalvagno.it
Mo–Fr 8.30–12.30 / 14.30–18.30, Sa 8.30–12.30

Liebhabern von kräftigem Olivenöl sei eine Reise ins Valpolicella empfohlen. Und hier wiederum der hübsche Laden der Ölmühle Salvagno. Hier kann man ausgezeichnetes Olivenöl verkosten, das auch in Bioqualität angeboten wird. Darüber hinaus Olivenpaste, Pesto, in Olivenöl eingelegtes Gemüse und vieles andere mehr. Es gibt auch eine eigene Serie mit Kosmetik auf der Basis von Olivenöl.

69

CAFFÈ CARDUCCI

Via Carducci 12
37129 Verona (VR)
+39 045 803 06 04
www.cafecarducci.it
Mo–Sa 7–15 / 17–23

Nicht weit vom Teatro Romano und dem Giardino Giusti findet man eine „Bottega“ der Sonderklasse, das Caffè Carducci. Caffè ist eine charmante Untertreibung, denn hier gibt es nicht nur erlesenes Frühstück, kleine Snacks und eine täglich wechselnde Karte mit ausgezeichneten Speisen, sondern Käse, Weine, Champagner aus Frankreich und der Franciacorta aus der Nähe. Seit 1928 betreibt die Familie Bianconi diesen schönen Genusstempel.

70

MACELLERIA GARONZI

Strada Porta Palio 7
37122 Verona (VR)
+39 045 800 60 88
Mo–Sa 8.30–12.30 / 16.30–19.30

In Verona isst man gerne Pferdefleisch. Eine der ganz alten Traditionsmetzgereien hierfür ist die Macelleria Garonzi im Herzen der Stadt. Hier kann man nicht nur Pferdesalami und -schinken erwerben, die feinen Sfilacci (dünne Streifen von getrocknetem Pferdefleisch, die man mit Olivenöl würzt), Fleisch und ausgezeichnete schon fertige Zubereitungen aller Arten.

71

RISERIA MARTIN GAZZANI

Via Bevilacqua 11
37063 Isola della Scala (VR)
+39 045 800 69 74
www.risomartingazzani.it

Mehr als 2000 Liter Wasser werden verbraucht, um ein Kilo Reis zu produzieren, die Felder werden geflutet, damit der Reis keimen kann. Im Mai, Juni durchzieht zartes Grün die Gegend. Martin Gazzani hat schon seit einiger Zeit auf biologische Produktion umgestellt. Man bekommt geschälten Vialone Nano und einen, der noch einen Teil der inneren Silberhäutchen des Reiskorns hat. Vialone Nano ist neben Carnaroli der ideale Risottoreis.

72

FRATELLI POZZANI

Via XXX Maggio
37019 Peschiera del Garda (VR)
+39 045 755 25 71

Wer in Peschiera frische Pasta will, geht in den kleinen Laden der Geschwister Pozzani. Vor den Augen der Kunden werden die Tagliatelle frisch durch die Maschine gegeben. Ob zarte Tagliolini oder breite Bandnudeln, man kann vor Ort auswählen, wie man seine Nudeln haben will. Dazu werden gefüllte Nudeln und Kuchen angeboten.

73

LE MORETTE

Viale Indipendenza 19d
37019 Peschiera del Garda(VR)
+39 045 755 27 24
www.lemorette.it
Mo–Fr 9–12.30 / 15–18.30, Sa 9–12.30

Valerio Zenato begann in den 1960er Jahren, Wein anzubauen. Heute keltert er zusammen mit seinen Söhnen Lugana-Weine verschiedener Stile. Dazu kommt Lugana Spumante Brut, ein Flaschengärsekt im traditionellen Verfahren, ein Süßwein, sowie Bardolino und Bardolino Chiaretto, allesamt probierenswert. Ergänzend dazu gibt es zwei Grappe aus Lugana-Trester sowie Olivenöl und Honig.

74

IL MACELLAIO

Via Mantova 16
37019 Peschiera del Garda (VR)
+39 329 215 27 91

„La fretta fa ansia", Stress führt zu Beklemmung, steht auf einem handgeschriebenen Schild über dem Verkaufstresen. Man sollte also Zeit mitbringen. Dafür bekommt man hier hausgemachte Polpettine, Hacksteaks, die mit Artischocken oder Oliven gewürzt sind. Egal, welches Fleisch man möchte, der freundliche Metzger fragt genau nach der Zubereitung, empfiehlt das beste Stück, bereitet es mit großer Sorgfalt vor und gibt Tipps zur Zubereitung.

75

CORTE FORNELLO

Loc. Fornello 6
37067 Valeggio sul Mincio (VR)
+39 045 795 04 29
www.cortefornello.com

Auf rund 15 Hektar baut Ivano Venturelli Wein an, für die Vinifizierung kauft er auch Trauben aus dem nahen Valpolicella von befreundeten Betrieben zu. Der Gewölbekeller des Weinguts ist sehenswert, das Gemäuer kann schon auf einige Jahrhunderte zurück blicken und wurde sorgsam restauriert. Der weiße Frizzante „Dorè" ist leicht und bekömmlich, Charakter weisen die handgerüttelten, nach traditioneller Methode hergestellten Spumante auf – ein „Brut", ein „Extra Dry" sowie ein schöner frischer Spumante Rosé.

76

VALBUSA

Loc. Fornello
37067 Valeggio sul Mincio (VR)
+39 335 720 05 65
www.cantinavalbusa.it

Das kleine Weingut liegt am Ortseingang, noch vor der bekannten Trattoria Fornello in einem in auffälligem Rot gestrichenen Haus. Am besten, man ruft vorher an, dann kann man die feinen Weine von Emiliano und seinem Onkel Gabriele verkosten. Neben Bardolino Classico ist ein Reinsortiger Corvina, ein sehr eleganter Chiaretto und der Custoza erwähnenswert, den es auch „leggermente frizzante“ gibt.

77

CORTE GARDONI

Loc. Gardoni 5
37067 Valeggio sul Mincio (VR)
+39 045 795 03 82
www.cortegardoni.it

Gianni Piccoli und seine drei Söhne betreiben das Weingut bei Valeggio. Egal ob ein federleichter und dabei charaktervoller Custoza, ein frischer Rosé oder der dichte, bemerkenswerte „Rosso del Corte“, der in Barriques ausgebaut wird, Weinliebhaber sollten sie probieren. Zum in vielen Weinführern gelobten Rebensaft kommt Olivenöl und es werden Äpfel angebaut - zum Mitnehmen ein köstlicher Apfelessig.

78

PASTICCERIA DI MARTINI

Via Antonio Murari 77
37067 Valeggio sul Mincio (VR)
+39 045 637 06 56
www.pasticceriamartiniflavio.it
Mo–So 6.30–13 und 15–19.30

Valeggio ist ohne die "Liebesknoten", die gefüllten Tortellini, nicht zu denken. Man sagt, hier seien sie erfunden worden und dem Bauchnabel der Venus nachgebildet. Wenn es nicht wahr ist, ist es trefflich erfunden, denn überall hier gibt es frische Tortellini mit der klassischen Füllung aus drei Fleischsorten und vielen anderen Füllungen zu kaufen. Bei di Martini bekommt man auch Gebäck.

79

REMELLI

Via A. Sala 24
37067 Valeggio sul Mincio (VR)
+39 045 795 16 30
www.pastificioremelli.it
Mo–So 8–13, Di–Sa 8–19.30

Seit 1988 verwöhnen Guido und Luciana Remelli Genießer. Die Basis waren die berühmten „Liebesknoten", die klassischen Tortellini di Valeggio, doch sie werden auch mit Entenbraten und Äpfeln, mit Käse vom Monte Baldo oder mit Rinderbraten in Amarone gefüllt. Im Frühling gibt es sie mit Wildkräutern, im Herbst mit Trüffeln oder Steinpilzen. Im sorgsam restaurierten Gemäuer werden darüber hinaus Slow Food Spezialitäten, Besonderes und Rares in überbordender Vielfalt angeboten. Dienstag bis Sonntag Mittagstisch.

80

GORGO

Via Gorgo 15/19
37060 Custoza (VR)
+39 045 51 60 63
www.cantinagorgo.com

Mitten in Custoza befindet sich das historische Weingut mit neuem, architekturpreisgekröntem Anbau. Die 50 Hektar, auf denen hier Wein angebaut wird, werden auf Bioanbau umgestellt. Bemerkenswert der charaktervolle weiße Custoza, den es auch in einer leicht perlenden Version gibt und als Superiore „Summa". Bei den Roten ist der Valpolicella Ripasso probierenswert, bemerkenswert der Rote „Il Rabitto", der trotz geschmacklicher Dichte mit leichten 12,5 Vol. daherkommt.

81

CAVALCHINA

Via Sommacampagna 7
37066 Custoza (VR)
+39 045 51 60 02
www.cavalchina.com

Luciano und Franco Piona betreiben das Weingut in dritter Generation. Nur die eigenen Trauben werden hier zu feinen Weinen ausgebaut - Weine für jeden Tag genauso wie edle Tropfen. Die Rebgärten befinden sich im Valpolicella, um Custoza und um Bardolino. Der Custoza ist wohl der bekannteste Wein des 50 Hektar großen Weinguts. Mit ausgewogenen Mineraltönen passt der Custoza Superiore besonders gut zu Fisch, egal ob aus dem See oder dem Meer. Bemerkenswert sind der Amarone und der Ripasso, die aus den Rebgärten im Valpolicella stammen.

82

ALBINO PIONA

Loc. Casa Palazzina di Prabiano 2
37069 Villa Franca (VR)
+39 045 51 60 55
www.albinopiona.it

Die Anbaugebiete von Custoza und Bardolino gehen ineinander über, so dass bei Albino Piona, wie bei den meisten der Gegend sowohl Bardolino, Bardolino Superiore und Bardolino Chiaretto, von dem es auch einen schönen Spumante gibt, wie auch Custoza angeboten werden. Probierenswert der Reinsorten-Corvina. Ergänzt werden die regionalen Sorten durch internationale Reben. Besuchenswert ist auch die Website, vorallem wegen der schönen Rezeptsammlung.

83

MONTE DEL FRA

Strada Custoza 35
37066 Sommacampagna (VR)
+39 045 51 04 90
www.montedelfra.it

Das Weingut Monte del Fra hat eine stattliche Größe: 140 Hektar Rebgärten erstrecken sich um den Hauptsitz in Custoza, ins Weinbaugebiet Lugana, um Bardolino und bei Fumane im Valpolicella. Folglich kann man hier von den Weißen Soave, Custoza, einen Garganega in Reinsorte verkosten, bei den Roten natürlich Amarone, dann Ripasso, Valpolicella und Bardolino classico. Spumante, Recioto, verschiedene Grappe und Olivenöl runden das Programm ab.

84

DAMINI E AFFINI

Via Generale Cadorna 31
36071 Arzignano
+39 0444 45 29 14
www.daminieaffini.com
Di–Sa 8.30–24.00 / So 8.30–15.00

Damini e Affini einfach nur eine Metzgerei zu nennen, wäre wirklich zu wenig. Es handelt sich hier erstens um einen der besten Fleischer Italiens, sodann um einen Feinkostladen der Sonderklasse und schließlich kann man dort ausgezeichnet speisen, so gut, dass der Guide Michelin einen Stern verliehen hat, was für eine „Metzgerei" wirklich selten ist. Hier lohnt sich auch die etwas weitere Anreise.

GUERRIERI RIZZARDI
Qualitätsweine,
vom landwirtschaftlichen
Betrieb Guerrieri Rizzardi
hergestellt und abgefüllt
In der Weinkellerei und
Verkaufsstelle werden im Sommer
Weine zur Verköstigung angeboten.
Öffnungszeiten in Bardolino:
von montags bis samstags
10.00 – 18.30
Öffnungszeiten in Valpolicella:
von dienstags bis samstags
10.00 – 18.00
GUERRIERI RIZZARDI
BARDOLINO
dop classico
GUERRIERI RIZZARDI
AMARONE
DELLA VALPOLICELLA
CLASSICO
RIZZARDI
LAGO di GARDA
ne Shop und Keller in Bardolino
Strada Campazzi, 2 - Bardolino (VR)
+39 045 7210028 - Fax +39 045 6212254
www.guerrieri-rizzardi.it
visite@guerrieri-rizzardi.it
Wine Shop in Valpolicella
Via Villa Rizzardi - Loc. Pojega - Negrar (VR)
Tel. +39 045 7210028 - Fax +39 045 6212254
www.pojega.it
info@pojega.com

LOMBARDIA

Die Restaurants

97 Lo Scalco Grasso
98 Osteria Piazza Sordello 26
99 Locanda al Commercio Rolli
100 Locanda delle Grazie
101 Fontana
102 Enoteca Gonzaga
103 Corte Civa
104 Hostaria Viola
105 Osteria Da Pietro
106 Cadelora
107 Solimago
108 Avanguardia
109 Alla Colomba
110 La Dispensa
111 Trattoria dei Colli
112 Le Spighe
113 Meneghei
114 Il filos
115 La Montina
116 Contrabbandiere
117 Feliciana
118 Fenil Conter
119 Cascina Capuzza
120 Il Fiore
121 Clementina
122 Il Ciclone
123 Tancredi
124 Antica Contrada
125 Trattoria Dall' Abate
126 Taverna del Lago
127 La Frasca
128 Linus Revolution
129 Bistrot des fous
130 Al Bianchi

131 Unicorno
132 Francesco
133 Pratello
134 Villa Aurora
135 San Rocco
136 Monastero
137 L'Osteria H_2O
138 Rustico da Bena
139 Taverna Picedo
140 Da Rino
141 Dalla Cugina
142 Dalie e fagioli
143 Alle Trote
144 Fior di Loto
145 Ristorante Sogno
146 Villa Arcadio
147 Il Bagnolo
148 Antica Cascina San Zago
149 Osteria di Mezzo
150 Osteria dell' Orologio
151 Tirabusù
152 Gabriellino
153 Antico Brolo
154 Due di Moro
155 Riolet
156 Agriturismo del Gusto
157 Sostaga
158 Genzianella
159 La Miniera
160 Al Lambic
161 Agriturismo Nai
162 Agriturismo Alpe del Garda
163 La cantina del Baffo

VON SIRMIONE BIS LIMONE:

Vielfalt im Süden und Westen

Streng genommen erreicht nur die Provinz Brescia das Ufer des Gardasees: Von Sirmione bis Limone erstreckt sich das Brescianer Ufer des Gardasees, mit der größten Stadt am See, Desenzano, dem schönen Salò und der herrlichen Riviera dei Limoni.

Doch was wäre die Küche am See ohne Torta Sbrisolona, dem mürben Mandelkuchen, ohne Salame Mantovano, Grana oder Mostarda. All diese Spezialitäten oder ihre Zutaten stammen aus der lombardischen Provinz Mantua, die es um etwa drei Kilometer Luftlinie nicht ganz bis an den Gardasee geschafft hat. Der Mincio fließt, sobald er den Gardasee und Peschiera verlassen hat, als „Grenzfluss" zwischen den Regionen Veneto und Lombardei und zwischen den Provinzen Verona und Mantua. Mag also die Entfernung vom See dem Bekanntheitsgrad der Colli Morenici Mantovani, wie die Moränenhügel heißen, abträglich sein, für Genussreisende ist das ein Vorteil: Dort ist es nicht überlaufen und die Preise so manchen edlen Weins sind erfreulich niedrig.

Der klassische Antipastiteller in dieser Region besteht aus oft hausgemachten Salamisorten, dazu eingelegtes Gemüse. Als Primo kommen Bigoli all'Anatra, die typischen dicken Eierspaghetti mit Entensugo, auf die Karte. Auch bei den Secondi dominieren häufig Fleischgerichte, wie der mit verschiedenen Fleischsorten bestückte Grillspieß Spiedo Bresciano oder Manzo all'Olio, Rinderbraten, im heimischen Olivenöl der Hügel des Valtènesi geschmort. Fisch aus dem Gardasee wird in Ufernähe selbstverständlich häufig angeboten. In den vielen Bewässerungsgräben Richtung Mantua tummeln sich Süßwassergarnelen, Saltarei genannt, die knusprig frittiert werden.

In den Bergen und in der Ebene gibt es auch viel Milchwirtschaft. Die Milch der Kühe um den kleinen Ort Bagolino in den Brescianer Alpen wird zum seltenen Rohmilchkäse Bagoss verarbeitet, hoch über dem Gardasee entsteht die feine Formagella di Tremosine, ausschließlich aus Weidemilch hergestellt. Die Ebene ist Heimat des Grana Padano, der meist in großen Genossenschaftskäsereien produziert wird.

Auf den Spuren des Weins kommen wir in das Produktionsgebiet eines regelrechten Modeweins, des Lugana aus der gleichnamigen Region, die sich von Peschiera über das Hinterland von Sirmione bis zum südwestlichen Ende des Gardasees erstreckt. Ein zartfruchtiger Weißwein, vornehmlich aus Trebbiano di Lugana, der vorzüglich zur Gardasee-Küche passt. An das Lugana-Gebiet schließt sich das Valtènesi an, ein entdeckenswertes Hügelgebiet, das die Heimat der Rebsorte Groppello ist. Aus ihr entstehen dichte, charaktervolle tiefrote Weine oder der Chiaretto, der Roséwein, der hier, so sagt man, „erfunden" wurde. Wie am Monte Baldo findet man im Valtènesi auch Trüffel, die man mit etwas Glück sogar auf einem der Bauernmärkte erstehen kann.

LO SCALCO GRASSO

Junge Küche im historischen Zentrum

Adresse: Via Trieste 55, 46100 Mantova (MN)
Am Rand der Altstadt

+39 349 374 7958
info@scalcograsso.it

Ruhetag: Sonntagabend und Montagmittag
Betriebsferien: Juli
Preise: €€–€€€

Sucht man nach neuen, guten Restaurants, fragt man am besten einheimische Genießer. Chiara vom Verband der Agriturismi der Region schrieb mir: „Geh ins Scalco grasso – ein tolles Restaurant". Recht hat sie. Ein lichtdurchfluteter Raum, fast japanisch anmutend in rot und schwarz gehalten, moderne Kunst an den Wänden, freundlicher, junger und sehr professioneller Service. Die Küche spielt mit mantuaner Tradition, modernen Kochtechniken, regionalen Produkten. Vanni Righi und Annalisa Cobelli kaufen ihre Produkte bei den Erzeugern der Gegend, wählen den besten Culatello di Zibello, würzigen Lardo und perfekt gereiften Parmesan, der mit hausgemachten Mostarde als Vorspeise gereicht wird. Ausgezeichnet der Baccalà, der roh, als Creme und frittiert auf den Tisch kommt oder die Kichererbsensuppe mit Tintenfischvariation. Die traditionellen Bigoli werden hier mit Garnelen, Roquefort und Walnüssen serviert, Tagliolini mit marinierten Sardinen und Zitrusfrüchten. Der mantuaner Kürbis kommt gebraten als Beilage zu geschmorten Kalbsbäckchen auf den Tisch, als würzige Creme zu niedertemperaturgegartem Schweinefleisch oder als Gnocchi mit Entenschinken. Weinliebhaber können aus einer umfangreichen Karte mit über 100 Etiketten auswählen.

TIPP

Regionale Erzeuger und Informationen über Agriturismi und Bauernmärkte findet man unter www.agriturismomantova.it.

OSTERIA PIAZZA SORDELLO 26

Eine gemütliche Osteria im Herzen der Stadt

Adresse: Piazza Sordello 26, 46100 Mantova (MN)
An der Piazza Sordello befindet sich auch der Eingang zum berühmten Palazzo Ducale, mitten in der Altstadt

+39 0376 22 11 07
www.piazzasordello26.it

Ruhetag: Donnerstag
Betriebsferien: keine
Preise: €–€€

An der Piazza Sordello befindet sich auch der Eingang zu Mantuas berühmtem Palazzo Ducale der Gonzaga mit der „Camera degli Sposi", für den man sich unbedingt einige Stunden Zeit nehmen sollte. Am hinteren Ende des Platzes liegt etwas versteckt eine wunderbare Osteria. Drei Räume im alten Gemäuer, hübsch, gemütlich, originell. Bistro-Atmosphäre. Auf dem Weg zum hinteren Gastraum kommt man an der Küche vorbei und kann dem fröhlichen, jungen Team um Matteo Alfonsi bei der Arbeit zusehen. Mit frischem Wind werden so auch traditionelle Gerichte kreativ modernisiert und hübsch angerichtet. Als Antipasti kamen frittierte Stücke „bartagnin" (frittierter Baccalà) knusprig-leicht daher, wofür auch eine zart-säuerliche Tomatensoße verantwortlich war. Malerisch und ungemein gut: mit roten Zwiebeln gefüllte Wirsing-Törtchen, dazu ein Klecks Fonduta. Klassische Primi der mantuaner Landküche wie Kürbistortelli oder Riso alla Pilota, Secondi, die die Lage am See, den der Mincio um Mantuas Altstadt bildet, verraten. Auch wenn man kein Dessert bestellt, verpasst man die Dolci nicht ganz: zum Caffè bekommt man hausgebackene Sbrisolona.

Die Weine sind erfreulich niedrig kalkuliert, man bekommt vieles auch glasweise; interessant die Lambrusco-Auswahl und eine kleine Selektion von Bieren von den Mini-Brauereien der Gegend.

TIPP

Jeden Samstagvormittag ist ein großer Bauernmarkt im Zentrum Mantovas, am Lungorio IV. Novembre, in der Nähe des Teatro sociale. Dort findet man Biogemüse, Obst, Kräuter, beste Salami und Käse von bäuerlichen Betrieben, Straußenfleisch und Lavendelöl und Wein. Ein wunderschöner Markt, den man sich nicht entgehen lassen sollte.

99

LOCANDA AL COMMERCIO – ROLLI

Tradition in der Ebene

Adresse: Piazza Garibaldi 40, 46033 Castel d'Ario (MN)
Gegenüber des Rathauses von Castel d'Ario

+39 0376 66 01 38
www.locandacommerciorolli.it

Ruhetag: Montag, Sonntag nur mittags geöffnet
Betriebsferien: variabel
Preise: €

Castel d'Ario befindet sich ziemlich genau zwischen Mantua und Verona. Hier wird, ebenso wie im benachbarten Isola della Scala, Reis angebaut.

Die Locanda ist ein Bilderbuch-Familienbetrieb, beliebt und bekannt seit 1940 und wird heute in dritter Generation mit Leidenschaft betrieben. Monica Rolli kocht nach mantuaner Küchentradition, die sie mit kluger Hand etwas modernisiert hat. Selten bekommt man die „Saltarei", die kleinen Fischchen aus den Reisbewässerungsgräben so federleicht frittiert wie hier – wenn man sie überhaupt noch bekommt. Auch der legendäre Riso alla Pilota, Risottoreis mit Wurstbrät, kann schwer sein – hier ist er leicht und besonders aromatisch. Dies liegt natürlich an der Auswahl der Wurst, die wie Salami und Schinken entweder hausgemacht ist, oder von handwerklich arbeitenden Betrieben der Gegend stammt. Selbstverständlich gibt es auch hausgemachte Pastagerichte wie die klassischen Kürbis-Tortelli, im Winter hervorragende Tortelli mit Artischocken und geräuchertem Ricotta. Hauptspeisen sind Pferdegulasch, Hecht, Tagliata von Rind oder Fleisch vom Grill, dazu frisches Gemüse, Salat und natürlich Polenta. Wer noch Platz für ein Dessert hat: sie sind mit Liebe zubereitet, klassisch wie die hiesige Mandeltorte „Sbrisolona" oder mit eigener Handschrift wie das Semifreddo. Schöne Weinauswahl lokaler Tropfen vom Gardasee oder der Poebene.

TIPP

Der Name „Riso alla Pilota" hat nichts mit dem hier geborenen, legendären Rennfahrer Tazio Nuvolari zu tun, sondern es ist der Reis des Reismüllers oder der Müllerin. La Pila ist nämlich die Reismühle, wo der rohe, noch ungeschälte Reis sanft von den äußeren harten Häuten befreit wird. Im Gegensatz zum „Risotto", wo der Reis ständig gerührt und mit Brühe aufgegossen wird, füllt man beim Riso alla Pilota alle Zutaten gleich in den Topf und lässt ihn vor sich hinköcheln.

LOCANDA DELLE GRAZIE

Pilgern mit Genuss

Adresse: Via San Pio X 2, 46010 Grazie di Curtatone (MN)
Grazie mit seinem Santuario liegt an der Straße von Volta nach Goito, beschildert.

+39 0376 34 80 38

Ruhetag: Dienstag und Mittwoch
Betriebsferien: variabel
Preise: €–€€

Der Fluss Mincio fließt vom Gardasee Richtung Mantua, zunächst durch die Hügel im Süden des Gardasees und von Volta Mantovana an durch die Poebene. Am Fluss entlang gibt es einen herrlichen Radweg ohne Steigungen, so dass man die rund 40 Kilometer von Peschiera nach Mantua auch ganz gut bewältigen kann, wenn man nicht dauernd trainiert. Entlang des Flusses sieht man viel Natur, bedeutende Zeugnisse früherer Zeiten, wie das Mühlendorf Borghetto und später die Wallfahrtskirche Madonna delle Grazie. Gegenüber der Kirche, am anderen Ende des großen Platzes befindet sich ein Slow Food Gasthaus mit langer Tradition, die Locanda delle Grazie.

Für meditative Ruhe ist die Kirche zuständig, oder der malerische See dahinter, in der Locanda hingegen herrscht stets buntes Treiben, sie ist beliebt. Dies liegt an der Gastfreundschaft der Wirtin und an Koch Fernandos Geschick, an den moderaten Preisen und dem fröhlichen und dabei professionellen Service. Nur Hunger sollte man unbedingt mitbringen (und zum Beispiel mit dem Fahrrad anreisen), denn die Portionen sind üppig.

Vom Antipasto bis zum Dolce ist hier alles hausgemacht oder, wie der hervorragende Culatello di Zibello, der delikate Kernschinken der Poebene, von handwerklich arbeitenden Betrieben ausgesucht. Als Primo könnte man Tortelli mit Artischockenfüllung probieren oder die traditionellen Bigoli mit ihrem kräftigen Sugo aus „Sarde di Lago“, den Süßwassersardinen. Als Hauptspeise kommt Eselsgulasch mit Polenta infrage oder auch marinierter Hecht. Auch wenn es zum Meer noch ein Stück des Weges ist: auf der Karte gibt es viel frischen Meeresfisch, gekonnt zubereitet und am Tisch filetiert. Gemüse und Salate der Saison sind die Beilagen. Zu den kräftigen Gerichten der Mantuaner Küchentradition passt hervorragend ein spritziger, dabei sehr trockener Lambrusco von Mimma Vignoli aus dem nahen Commessaggio, den die Winzerin in Bioqualität anbaut.

Weil wir keinen Nachtisch mehr schafften, gab man uns eine ausgesprochen köstliche hausgebackene Torta Sbrisolona mit.

FONTANA

Beste mantuaner Küchentradition

Adresse: Località Ferri, 46049 Volta Mantovana (MN)
Im Süden von Volta Mantovana Richtung Pozzolo, beschildert

+39 0376 83 80 96

Ruhetag: Montag
Betriebsferien: variabel
Preise: €€

Unweit des Radweges Peschiera-Mantova zwischen Volta und Pozzolo liegt die kleine Località Ferri. Hier serviert Guido Fiorini „Mantovanità a tavola“ - mantuaner Traditionsküche also. Drinnen im schlichten Gastraum oder auf der großen Terrasse hinter dem Haus mit Blick in die Auen des Flusses Mincio und großer Wiese, wo Kinder spielen können, werden die Gäste von der Tochter Adriana herzlich betreut.

Hier werden traditionelle Großmutter-Rezepte frisch und der Jahreszeit entsprechend zubereitet. Verführerisch der Wagen mit vielen verschiedenen Antipasti, gefüllten Gemüsen, hausgemachter Salami oder Schinkenröllchen. Man muss aufpassen, nicht zu viel zu nehmen, sonst ist man schon satt. Es lohnen sich nämlich auch die Pastagerichte, hausgemacht wie alles andere und mit köstlichen, konzentrierten Soßen gereicht. Als Hauptspeise gibt es - ganz mantuaner Tradition - viel Fleisch, vom Grill oder aus dem Ofen, aber auch Fisch wie Schleie oder Hecht. Dann könnte man einen Käseteller bestellen, mit hausgemachten Mostarde, zum Beispiel aus der seltenen weißen Wassermelone. Als Dolci gibt es Apfel- oder Zitronenkuchen, die klassische Sbrisolona, aber auch Semifreddi oder Panna Cotta mit Früchten. Die Produkte stammen wenn möglich aus der Nachbarschaft, wie etwa der Hauswein und einige wenige Flaschenweine.

TIPP

Volta Mantovana liegt auf der letzten Erhebung der Colli Morenici, der Moränenhügel. Zur Burg hinauf und an der alten Stadtmauer entlang hat die Gemeinde einen schönen Spazierweg eingerichtet. Von dort hat man bei guter Sicht einen atemberaubenden Blick Richtung Norden zum Gardasee und in die Berge. Es gibt sogar Tage, an denen man Richtung Süden den Apennin erkennen kann. Auf dem verkehrsberuhigten Hauptplatz des Städtchens kann man einen Aperitivo nehmen.

ENOTECA GONZAGA

Junge Ideen in altem Gemäuer

Adresse: Via Beata Paola Montaldi 15 a, 46049 Volta Mantovana (MN)
In der Altstadt von Volta beim Castello

+39 0376 80 11 10
www.enotecagonzaga.com

Ruhetag: Montag, sonst 7–24 geöffnet
Betriebsferien: keine
Preise: €

Die Enoteca Gonzaga eröffnete erst im Juni 2015, vorher standen – man kann es sich kaum vorstellen – die herrlichen Gewölbe leer. Jetzt verbindet sich altes Gemäuer mit modernen Möbeln, an den Wänden Regale, opulent bestückt mit Weinen der Gegend – man kann sie hier auch zum Mitnehmen kaufen. Außergewöhnlich ist das gastronomische Konzept, denn es ist von 7 Uhr morgens bis Mitternacht geöffnet. Man kann frühstücken, mittags und abends essen und am frühen Abend erhält man kleine und größere Snacks zum Aperitiv „VoltAperVino" genannt – ein Glas Wein oder Bier der immer mehr werdenden kleinen „Craft-Brauereien" der Gegend, dazu Wurst, Käse und Oliven. So kann der Abend doch beginnen. Doch auch nachmittags bekommt man etwas zu essen – Wurst- und Käseplatten oder mit Schinken, Käse gefüllte hausgemachte Dinkel-Focaccia und sogar Kuchen. Wurst und Käse stammen, wie auch Mostarda oder eingelegte Gemüse, von kleinen, handwerklich arbeitenden Produzenten der Gegend, die Salami zum Beispiel von Cobelli aus dem nahen Campagnolo.

Mittags und abends gibt es Bigoli, Capunsei oder Kürbistortelli, die hier mit Salami angereichert werden. Die Hauptgerichte – in Süßwein gegarte Schweinshaxe, Tagliata vom Rind oder Kalbfleisch mit Kräutersoße waren anständig zubereitet, schade aber, dass als Beilage nur Ofenkartoffeln angeboten wurden, wo die Felder rundherum doch voll sind von Salaten, Gemüsen und Früchten, die man zusätzlich zu Tiramisu oder Panna Cotta als frisches, leichtes Dessert hätte anbieten können. Aber vielleicht kommt das ja noch. Das junge Team ist ausgesprochen freundlich, flexibel und engagiert.

TIPP

In der Enoteca gibt es einen Infopoint mit kostenlosen Broschüren sowie Landkarten zu Volta und den Colli Morenici. Samstag und Sonntag öffnet das Museum, interessant für Genießer ist die Küche und die erst vor wenigen Jahren entdeckten Lagerkeller des Palazzo. Am Sonntag um 16 Uhr gibt es eine kostenlose Führung durch den Palazzo mit seinen herrlichen Barockgärten und den Fresken vom 16.–18. Jahrhundert.

103

CORTE CIVA

Ein kleiner Ausflug nach Südtirol

Adresse: Via Bezzetti 9, 46049 Volta Mantovana (MN)
Von Norden kommend vor Volta am großen Kreisverkehr rechts, dann beschildert

+39 0376 83 87 17
www.corteciva.it

Ruhetag: Montag und Dienstag
Betriebsferien: variabel
Preise: €–€€

Wir befinden uns mitten in den Colli Morenici, im Süden des Gardasees, etwas nördlich von Volta Mantovana. Gut beschildert findet man auf kleinen Sträßchen zum hübschen Lokal im sorgsam renovierten Bauernhaus, gemütlich innen und draußen auf der überdachten Terrasse. Wenn man es vorher nicht weiß, wundert man sich vielleicht schon, wenn die opulenten Wurstvorspeisen an den Nachbartischen serviert werden. Urige Holzbretter erstaunlichen Ausmaßes mit Südtiroler Speck, Kaminwurzen und Kren, wie der Meerrettich dort bezeichnet wird. Als Primi bekommt man hausgemachte Speckknödel mit Bergkäse, Knödel mit Radicchio und Gorgonzola, oder, wiederum ganz südtirolerisch Schlutzkrapfen, also Ravioli, wie man sie hier bezeichnen würde, mit Spinatfüllung. Exzellent die mit Hirschragout gefüllten Nudeltaschen. Bei den Hauptspeisen geht es recht deftig zu: viel Fleisch, aber auch Gemüse vom Grill, Spareribs in einer Riesenportion oder deftiges Bauerngröstl, dazu Krautsalat mit Speck. Zum Nachtisch (sofern man das noch schafft) gibt es von Eva hausgebackene Torten oder typisch südtirolerische Desserts mit Äpfeln wie „Äpfelkiachln“, Südtiroler Apfelstrudel, oder „Strudel im Glas“ – sozusagen nur die Füllung, mit Vanilleschaum, aromatisch und fein.

Des Rätsels Lösung: erst 2008 sind Stephan und Eva Masoner mit ihren drei Kindern aus der bozener Gegend hier her gezogen und haben den alten Hof nach und nach in ein Gasthaus verwandelt. So ist es selbstverständlich, dass Stephan als Hauswein Südtiroler Lagrein serviert. Besucht wird das Lokal vor allem von Leuten aus der Gegend – man will ja auch mal was anderes essen, als die heimischen Gerichte, meinte Valeria vom nahen Agriturismo Trebisonda, die uns den Tipp gab.

HOSTARIA VIOLA

Slow food Tradition seit Generationen

Adresse: Località Fontane, Via Verdi 32, 46043 Castiglione delle Stiviere (MN)
Der Ortsteil Fontane befindet sich am östlichen Rand von Castiglione, dort ist das Lokal gut ausgeschildert.

+39 0376 67 00 00
www.hostariaviola.com

Ruhetag: Sonntagabend und Montag
Betriebsferien: variabel
Preise: €€

Die Viola gehört zu den Gasthöfen, wo man eigentlich mindestens zweimal hingehen muss – zu verführerisch und zu delikat zubereitet die Speisen, hausgemacht von den Antipasti bis zum Dessert, die Zutaten mit sorgsamer Hand ausgewählt und gekonnt zubereitet.

Alessandra in der Küche und Enrica im Service führen die Viola nun in der vierten Generation. Behutsam wurde renoviert, der gemütliche, ländliche-einfache Charme des Lokals jedoch beibehalten: Terracottaböden, Holzgestühl, ansprechendes Geschirr, schöne Gläser. Ein freundlicher Empfang und aufmerksamer Service sorgt für Wohlbefinden.

Vor allem die Moränenhügel südlich des Gardasees liefern die Zutaten für die klassische, etwas modernisierte mantuaner Küche der alt eingesessenen Osteria. Auf regionale (Bio-)Produkte legen die Jungen wert. Die typischen, feinen Wurstwaren zum Einstieg werden gefolgt von den hausgemachten Pastagerichten wie Kürbistortelli oder Agnoli in Brodo. Herausragend der Riso alla Pilota, mit kräftigen Schweinehack und einer Prise Zimt gewürzt. Etwas Besonderes sind die „Tortelli amari", gefüllt mit Wildkräutern, die man unbedingt probieren sollte. Für kältere Tage bietet sich eine delikate Zwiebelsuppe an. Das Perlhuhn „alla Stefani", mit Trauben, Pinienkernen in Marsala ist köstlich, ebenso wie der traditionelle Luccio, der Hecht, man kann ihn nur anders zubereiten, besser nicht. Wie streng italienische Küchentraditionen sind, beweist die augenzwinkernde Bemerkung „von den Brescianer Nachbarn gestohlen" beim vorzüglichen Manzo all'Olio, in erstklassigem Olivenöl geschmorten Rind.

Ausgezeichnet der Käsewagen mit vielen Rohmilchkäsen. Als Dolci Klassiker, wie die typische Sbrisolona oder auch Kuchen, Tiramisù und leichtere Obstdesserts.

Die kenntnisreich ausgewählten Weine stammen von den Winzern der Umgebung und anderswo her. Ausgesprochen lobenswert: alle Weine der gut bestückten Karte gibt es auch glasweise!

OSTERIA DA PIETRO

Edle Küche in historischem Gewölbe

Adresse: Via Chiassi 19, 46043 Castiglione delle Stiviere (MN)
In der Altstadt von Castiglione delle Stiviere

+39 0376 67 37 18
www.osteriadapietro.it

Ruhetag: Mittwoch und Sonntagabend
Betriebsferien: 2 Wochen im Januar und im August
Preise: €€€

In einem alten Palazzo aus dem 16. Jahrhundert inmitten von Castiglione delle Stiviere ist die feine Osteria untergebracht; drinnen sitzt man in einem der zwei elegant eingerichteten historischen Gewölbe, wärmt sich im Winter am schönen offenen Kamin, im Sommer kann man auch draußen auf der Terrasse speisen.

Die Küche von Fabiana, die von ihrer Schwiegermutter das Kochen gelernt hat, vereint mantuaner Tradition mit der leichten Gardasee-Küche, durch ihre eigene gekonnte Handschrift ist die Osteria sogar in den Guide Michelin aufgenommen worden. Zwar hat man den Stern inzwischen nicht mehr, doch das liegt kaum an der Qualität der Küche.

Fröhlich meint Andrea Castrini, der Metzger aus Pozzolengo, von dem die Osteria ihr Fleisch bezieht: „Man bekommt allerbeste Qualität, aber die Preise sind gar nicht so hoch, wie man vielleicht befürchten mag." Und so sieht die Interpretation der traditionellen Küche aus: Die klassischen Teigtäschchen werden schon mal mit zartem Täubchen gefüllt und mit ihrer Leber serviert oder die Weinbergschnecken mit Artischocken. Das Carpaccio vom Piemonteser Rind gibt es mit Burrata, Tagliatelle mit Hummer oder Seeteufel mit Vanille auf Bohnencreme. Das 7-gängige Degustationsmenü ist seine 50 Euro mehr als wert.

Stolz präsentiert Pietro seine ausgesprochen schöne Weinkarte mit Tropfen aus der Gegend, aus ganz Italien und auch aus anderen Ländern.

LA CADELORA

Angelvergnügen und bodenständige Küche im Grünen

Adresse: Via Pozzolengo 21, 46040 Cavriana (MN)
Zwischen Pozzolengo und Cavriana

+39 0376 81 50 52

Ruhetag: ganzjährig Freitag, Samstag und Sonntag geöffnet
Betriebsferien: 1 Woche im Januar
Preise: €

Das schöne Hügelland südlich des Gardasees ist erstaunlich „untouristisch", obwohl es wegen der sanften Hügel, der Zypressenalleen und der Weinberge als „Toskana des Gardasees" bezeichnet wird. Hier findet man abseits der Hauptstraßen kleine Käsereien, Weinbaubetriebe und den Agriturismo Cadelora mit einem Forellenteich zum Angeln. Drinnen ist es südlich-gemütlich, auf der Terrasse sitzt man mitten im Grünen.

In der Küche von Fabio, Emmanuela und Giulielmo merkt man schon die mantuaner Tradition. Trotz Forellenteich gibt es hauptsächlich Fleischgerichte, wobei die zart-saftige Forelle in süß-saurem Gemüse ausgezeichnet war. Vorspeise sind die Wurstsorten des Hauses, dazu Bruschette und eingelegte Gemüse. Als Primi bekommt man hausgemachte Pasta, zum Beispiel mit einem würzig-dichten Hasensugo oder Kartoffelgnocchi mit Gorgonzolafüllung. Anschließend gibt es Pferderagout oder Rinderfilet, Bresaola oder einen reich bestückten Käseteller mit Mostarda. Wie in jedem guten italienischen Gasthaus beschließen hausgemachte Kuchen und Desserts das Mahl. Freundlich der familiäre Service, einzig die Qualität des Hausweines kann mit dem Niveau der Küche nicht mithalten. Gelegentlich gibt es Themenabende (z.B. mit Wild oder dem Brescianer Fleischspieß).

TIPP

Vor dem Haus gibt es einen großen Angelteich, der mit Forellen, Schleien, Aalen und Stören bestückt ist. Dort kann man für einen günstigen Preis stundenlang angeln. Man muss zwar seine eigene Angel mitbringen, aber ansonsten braucht man in Italien keinerlei Papiere, also keinen Angelschein.

SOLIMAGO

Uralte Gemäuer beherbergen moderne, vegetarische Küche

Adresse: Via Napoleone III 37, 46040 Solferino (MN)
Am Rande des Ortskerns von Solferino

+39 0376 85 51 09
www.solimago.it

Ruhetag: Montag bis Donnerstag
Betriebsferien: November bis März
Preise: €€

Simonetta und ihr Mann sind Architekten. Behutsam haben sie das historische Anwesen ihrer Großeltern renoviert. Ein wunderschöner Agriturismo und ein vegetarisches Restaurant sind in den herrlichen Gewölben entstanden. Simonettas Schwester Antonella hat sich mit Hingabe der Küche gewidmet.

Satt und zufrieden lehnt sich Cesare, der befreundete Winzer aus dem nahen Olfino, zurück und Antonella, die Köchin, strahlt ihn an: Du hattest Angst, dass Du nicht satt wirst, lacht sie. Und Cesare gibt's zu und lobt fast ein wenig verwundert das vegane wie das vegetarische Menü. Nein, meint er, Fleisch habe er nicht vermisst. Und glaubt fast nicht, dass in der würzig-duftenden Lasagne wirklich kein Hackfleisch gewesen sein soll. Auch beim Secondo - Polentataler mit Steinpilzen und Ziegenkäse oder dem veganen Paprika-Tofu mit einer überraschenden Creme aus Kraut, Kräutern und Gemüsesprossen - waren alle am Tisch glücklich. Eingelegte Oliven und hausgebackenes Bio-Brot begleiten den Aperitif. Die drei Hausweine, der weiße „Sole“ und der „Ombra“ aus Merlot und „Bark“, nach dem Hügel benannt, auf dem der Cabernet wächst, schmecken hervorragend. Das hauseigene Bio-Olivenöl ebenso.

Wer hier bleiben will, hat keine Probleme - in dem wunderschönen Anwesen werden Zimmer und Appartements vermietet. Zum Mitnehmen bietet der Agriturismo nicht nur die eigenen Weine - wie oben beschrieben - an, sondern auch das eigene Olivenöl sowie allerlei eingelegte Gemüse aus dem großen Garten und selbst gekochte Aufstriche und Marmeladen, zum Beispiel ein sagenhaftes Granatapfel-Gelee.

TIPP

Die Produkte wie zum Beispiel Granatapfelgelee, Wein, das wunderbare Olivenöl kann man vor Ort auch kaufen.

AVANGUARDIA

Frisch, fröhlich, jung und einfach gut

Adresse: Piazza G. Marconi 17, 46040 Solferino (MN)
Im Zentrum von Solferino unterhalb des Burgbergs

+39 0376 854055
www.avanguardia-solferino.it

Ruhetag: Dienstag und Sonntagabend
Betriebsferien: 2 Wochen im Januar
Preise: €

Wohl denen, die in Solferino oder in der Nähe des hübschen, lebendigen und dabei völlig untouristischen Örtchens wohnen. Denn sie können die quirlige, lebendige und dabei so gute Trattoria Avanguardia öfter aufsuchen. Und das tun viele. Den Grund dafür findet man schnell heraus, geht man einmal selbst dorthin. Nicht nur, dass die Freundlichkeit und Fröhlichkeit des Teams dort sofort ansteckt, die hellen Gasträume einladen, sondern natürlich wegen der wunderbaren Küche. Tradition, sagt man, sei nicht die Konservierung der Asche, sondern die Weitergabe des Feuers. Und genau das findet hier statt. Denn traditionelle Rezepte sieht man als Basis und Inspiration, dann wird manchen die Deftigkeit genommen, Soßen verfeinert oder Neues hinzugefügt. Ein schönes Beispiel ist der traditionelle „Carello", der mit Fleisch bestückte Servierwagen. Es gibt zarteste Braten vom Kalb, Schwein oder Rind, sodann klassisches Siedefleisch wie Rinderschulter oder Zunge. Ausgezeichnet der Kalbskopf und würzig der Cotechino, die Schlackwurst, dazu viel Gemüse, aber nicht im Sud mitgesotten, sondern sommerlich leichte Peperonata oder Balsamicozwiebelchen. Die klassische Soße Pearà (aus Brühe, Semmelbröseln und Knochenmark) ist würzig und beinahe leicht, dazu kommen aber noch mehrere andere wie eine leicht scharfe mit Peperoni, eine mit Oliven oder mit Kräutern. Doch beinahe hätten wir die köstlichen Primi vergessen: eine Gemüsesuppe in zartem Grün, hausgemachte Pasta wie Bigoli (mit einem „verschlankten" Sardinensugo) oder frischen Gartentomaten, Agnoli mit zarter Fleischfüllung. Es gibt Gartensalate sowie vegetarische, sogar vegane Speisen.

Wer dann meint, den Dolci widerstehen zu können, der gibt dieses Vorhaben auf, sobald der ebenfalls reich bestückte Servierwagen vorgefahren wird: Tiramisù und Panna cotta, Käsekuchen mit Birnen, Apfeltorte mit Nüssen und Schokolade, Obstsalat....

Der Hauswein ist ohne Tadel, aber es gibt auch Flaschen bester Weingüter der Gegend, dann das köstliche Bier von Luppolajo, Bio-Kaffee.

Mittags werden günstige Menüs angeboten und hier, wie auf der Karte, findet man genug Gründe, das fröhliche Lokal wieder aufzusuchen.

maggiora

ALLA COLOMBA

Traditionsküche und ein schöner Garten

Adresse: Via Castello 4, 46040 Castellaro Lagusello (MN)
Auf dem Weg zum mittelalterlichen Tor auf der rechten Seite

+39 0376 889 77

Ruhetag: Dienstag und Mittwoch
Betriebsferien: Ende Juni/Anfang Juli
Preise: €

Die Colomba ist eines der ältesten und traditionsreichsten Gasthäuser in Castellaro. Der malerische Borgo, umrahmt von einer mittelalterlichen Mauer, wurde zu einem der schönsten Dörfer Italiens gekürt. Leider sind Busladungen voller Touristen aber nicht gerade gut für die Gastronomie. Doch bei der Colomba ist alles beim Alten geblieben. Drinnen gibt es eine Bar, ein paar Tische drum herum und einen gemütlichen Speisesaal. Im Sommer sitzt man draußen im geschützen, schönen Garten unter Glyzinien.

Familie Salandini betreut die Gäste wie früher, die Mamma Rosa steht in der Küche und bereitet den Sugo aus Täubchen und Fasan dicht und duftend zu wie ehedem. Die Tagliatelle dazu sind herrlich gelb und selbstverständlich ebenso hausgemacht. Auch die kräuterwürzigen Capunsei, die dicken Eierspaghetti namens Bigoli und die Kürbistortelli sind, wie sie gehören, von Hand geformt.

Am offenen Feuer im Hof wird Fleisch von Rind und Pferd, Gardaseefisch und Polenta gegrillt. Ausgezeichnet die Tagliata. Es gibt zartes, weil langsam am offenen Herd gegartes Eselsgulasch und, wenn man Glück hat, auch geschmorte Täubchen. Das Gemüse stammt wenn möglich vom Nachbarn und in guter Nachbarschaft lebt man auch mit den drei alteingesessenen Familienweingütern der Gemeinde Monzambano, wozu Castellaro gehört. Einträchtig nebeneinander finden ihre Weine Platz auf der kleinen Weinkarte. Ob Davide, der Wirt, wohl beim Aperitivo, den jeder Gast erhält, auch durchwechselt?

110

LA DISPENSA RISTORANTE

Mehr als eine Vorratskammer

Adresse: Via Castello 15, Località Castellaro Lagusello, 46040 Monzambano (MN)
Am Ortseingang des mittelalterlichen Borgo Castellaro Lagusello

+39 037 68 88 50
www.ristoranteladispensa.com

Ruhetag: Montag
Betriebsferien: variabel
Preise: €€–€€€

Wenn man fragt, wo man in der Gegend wirklich gut essen kann, fällt oft der Name „Dispensa". Simone Zarattini hat aus der Osteria ein schönes Restaurant mit einer etwas gehobenen Küche gemacht. Man sitzt im Sommer im malerischen Garten, in der kühlen Jahreszeit speist man in einem schönen, schlichten Gastraum im ersten Stock.

Simone interpretiert traditionelle Gerichte auf seine Weise, so bekommt man als Antipasto „Luccio in salsa", den traditionellen marinierten Hecht mit Mimosen-Eiern serviert. Die Kürbissuppe wird mit gerösteten Haselnüssen zu einem Geschmackserlebnis. Oder man bekommt - wie schon früher bei Simones Mutter - exquisite Sardinen, serviert in der Dose, aus der sie stammen. Dabei lernt man, dass Sardinen, werden sie sorgsam und in gutes Öl eingelegt, in der Dose reifen und immer besser werden, je länger man sie lagert. Beim Entensugo zu den hausgemachten Tagliatelle merkt man, dass Simone gerne mit Aromen experimentiert. Fein und klassisch auch die Tortelli mit Kürbis und Mostarda. Als Hauptspeise sticht die zart und knusprig gebratene Taube hervor, serviert mit in Wein gedünstetem Rotkraut. Die Dolci fanden wir gut, aber im Vergleich zum Preis etwas sparsam: das Becherchen mit Früchten und Creme hätte man auch etwas liebevoller anrichten können. Erwähnenswert allerdings die ausgezeichnete Käseauswahl, die sich Liebhaber von gereiftem Käse keineswegs entgehen lassen sollten.

Die Weinkarte ist ausgesprochen gut bestückt - Weine der Gardaseeregion, aber auch von woanders her. Fragen Sie Simone auch nach Tropfen weniger bekannter Winzer, er kennt sich bestens aus.

TRATTORIA DEI COLLI

Einfach ein gutes Landgasthaus

Adresse: Via Ortaglia 1, Località Olfino, 46040 Monzambano (MN)
Olfino liegt knapp 3 km südlich von Monzambano, dort findet man die Trattoria gleich an der Straße

+39 0376 80 01 00

Ruhetag: Montag und Donnerstag
Betriebsferien: variabel
Preise: €

Die Trattoria gleich am Ortseingang von Olfino, südlich von Monzambano ist in zwei Räume geteilt: ein gemütlicher Gastraum hinten und eine verglaste Veranda vorne, ein Platz für alle Tage zum Wohlfühlen und gut Essen. Im Sommer sitzt man im ruhigen Garten gegenüber der Trattoria. Gino Stefanoni, der Wirt, schlägt die Hände über dem Kopf zusammen: Sein Sohn Andrea besucht ausgerechnet die Hotelfachschule. Er sollte doch was Gescheites lernen, meint der Vater. Für uns hört sich das nicht schlecht an, denn so ist wohl gesichert, dass die über 200jährige Tradition des Familienbetriebs weitergeführt und nach alten Familienrezepten gekocht wird. Denn Andrea ist bereits jetzt Gastronom mit großer Leidenschaft. Im Muster-Familienbetrieb werden die Primi nach wie vor von der Nonna gemacht. Die traditionellen Capunsei, die Brotgnocchi mit Kräutern zum Beispiel, oder Tagliatelle, die mit aromatischem Entensugo serviert werden. Fleisch und Gemüse vom Grill werden von Gino gekonnt zubereitet, wie zum Beispiel die Tagliata vom Pferd – herausragende Fleischqualität wie auch beim Kotelett vom Jungrind. Aus dem Schmortopf kommt ein würziges Eselsragout, die Beilagen zu den Secondi kann man vom üppigen Servierwagen selbst wählen: feine Salate und allerlei frisch zubereitete Gemüse der Saison wie Bohnen in Tomatensugo oder marinierte Zucchini. Gino mag Meeresfisch, deshalb gibt es auch eine kleine Fischkarte. Den günstigen offenen Hauswein kann man getrost bestellen, er stammt von der ausgezeichneten Cantina Gozzi ein paar hundert Meter weiter. Aber es gibt auch eine kleine Auswahl an Flaschenweinen der besten Weinbaubetriebe der Gegend.

Die Dolci stammen aus Alessandras Hand und sind selbstverständlich hausgemacht, sogar die Löffelbisquits, die zum Tiramisù gehören, werden hier selbst gebacken. Die Preise hier sind moderat, so dass man schnell zum Stammkunden wird.

112

LE SPIGHE

Traditionelle Bauernküche im Hügelland

Adresse: Strada Tononi 55, 46040 Monzambano (MN)
Im Süden von Monzambano führt die Strada Tononi direkt zum Agriturismo

+39 0376 80 94 01
www.lespigheagriturismo.it

Ruhetag: geöffnet Do bis So abends, So auch mittags. Unbedingt vorbestellen!
Betriebsferien: ganzjährig geöffnet
Preise: €

Im hübschen Hügelland südlich des Gardasees sind noch so manche kulinarische Perlen zu entdecken. Hier speist man in einem malerischen Bauernhaus aus Naturstein, das in einem herrlichen Garten liegt, in dem auch viele Früchte und Gemüse wachsen und Tiere gehalten werden. Ein kleines Bauernparadies.

Seit rund zehn Jahren kocht man im Agriturismo Le Spighe eine sehr traditionelle Küche. Nichts für Leute, die Diät halten, meint Giuseppe aus Monzambano, der mir den Tipp gab. Aber wer macht schon Diät im Urlaub. Als Vorspeise reicht man „Salumi", das ist das italienische Wort für „Wurstwaren". Die werden hier hausgemacht und kommen mit eingelegtem Gemüse auf den Tisch. Als Primo ebenso hausgemachte Tagliatelle oder die Brotnocken „Capunsei" mit frischem Sugo aus Gartentomaten oder mit Butter und Salbei. Es gibt geschmortes Kaninchen mit Kräutern, dazu Polenta vom Grill, knackiges Gemüse, Gartensalate oder gebackene Kartoffeln.

Als Nachtisch kommt die hausgebackene Torta Sbrisolona auf den Tisch oder Panna cotta mit frischen Früchten. Wer mag, bekommt auch Obst der Saison einfach so – also doch was, wenn jemand mit Schlankheitsabsichten kommen sollte.

TRATTORIA MENEGHEI

Landtrattoria mit bester Traditionsküche

Adresse: Strada Moscatello 85, 46040 Monzambano (MN)
An einer der kleinen Straßen von Monzambano nach Castellaro; gut beschildert

+39 0376 80 00 00

Ruhetag: Dienstagabend und Mittwoch
Betriebsferien: 10 Tage im Januar und Ende August
Preise: €–€€

Die schön gepflasterte und von Pflanzen und altem Gemäuer umrahmte Terrasse ist ein Juwel; im Sommer werden im großen Kamin draußen auch Speisen zubereitet – Huhn im Tonmantel zum Beispiel. Drinnen betritt man erst eine kleine Bar mit flackerndem Kaminfeuer und eine kleine sowie eine größere urige Stube, die Angiolina gerne mit Blumen schmückt.

Auf die Frage, was das Besondere an Francos Küche sei, meint seine Frau Angiolina, die die Gäste bedient: wir versuchen, traditionelle Küche mit einer Spur Kreativität zu würzen. Wir verwenden allerlei Wildkräuter oder wilden Spargel im Frühling. Im Sommer haben wir viel frisches Gemüse im Garten und im Herbst gibt es Pilzgerichte. Der Salat aus dem Wildkraut Raperonzoli ist ein Gedicht, auf dem Antipastiteller findet sich ein Kräuterküchlein, die hausgemachte Salami, der klassische marinierte Hecht mit Kapern und Olivenöl sowie eingelegte Gemüse. Sehr fein die Brennnessel-Tagliatelle und alle anderen hausgemachten Primi, fast schmelzend das geschmorte Kalbsbäckchen mit Pilzen. Zum Dessert gibt es Salame cioccolato oder Crostate mit Marmelade aus den eigenen Gartenfrüchten.

Der Hauswein stammt vom benachbarten Weingut Prendina, auf der Weinkarte versammeln sich Tropfen der Gegend, erweitert durch besondere Flaschen von anderswo her.

TIPP

Die Salami, die Franco Stefanoni selbst herstellt, kann man ebenso kaufen wie die hausgemachten Marmeladen und Mostarde. Neu und wunderschön die drei Zimmer, die sich in einem renovierten Rustico nebenan befinden.

114

IL FILOS

Bilderbuch-Agriturismo

Adresse: Località Perini, 46040 Monzambano (MN)

+39 0376 80 01 97
www.ilfilos.it

Ruhetag: Donnerstag bis Sonntag geöffnet
nur abends, Sonntag auch mittags
Betriebsferien: im Sommer auch Dienstag und Mittwoch
Preise: €

Vor zwanzig Jahren eröffnete die Familie Zenegaglia einen der allerersten Agriturismi der Gegend. Ein Agriturismo ist ein Bauernhof, der Übernachtungsmöglichkeit oder/und Essen anbietet, wobei ein Teil des Angebots vom Bauernhof stammen muss. Im Filos befinden wir uns auf einem Bilderbuch-Agriturismo. Das merkt man schon bei der von Zypressen und Rosen umsäumten Zufahrt, wo entlang des Weges Ponys weiden und in einem großen Gehege mit viel Platz, einem Teich und einer Brücke allerlei Geflügel flattert: Perlhühner, Puten, Enten, Gänse und viele verschiedene Hühnerrassen - nicht nur für Kinder nett anzusehen.

Die Küche ist auf eine sehr persönliche Art bodenständig. Die gemischten Antipasti sollte man keinesfalls auslassen: auf knusprigen Polentastückchen oder Crostini findet man Aufstriche mit Kräutern, es gibt eine mehr als lobenswerte hausgemachte Salami und mariniertes Gemüse aus dem Garten. Bei den Primi, die alle gut sind, kann man die köstlichen Brot-Kräuter-Nocken Capunsei wählen, zarte Kürbisgnocchi oder Tagliatelle mit Entenragout. Bei den Fleischgerichten ist jeweils erwähnt, ob die Tiere vom eigenen Hof stammen - wir genossen ein würzig-saftiges Perlhuhn und einen mit vielen Kräutern gefüllten Kalbsrollbraten. Dazu serviert man knusprige Ofenkartoffeln, Gemüse oder Salat. Alles frisch und von bester Qualität. Wer jetzt bei den Dolci kneifen wollte, sollte die Diät verschieben: es gibt Semifreddi von großer Klasse, mit Amaretti oder - ausgezeichnet - mit Minze, Kuchen, Tiramisù - alles hausgemacht, Fertigprodukte kommen nicht vor. Zwar wird in der Regel nur der Hauswein ausgeschenkt, aber der stammt vom benachbarten, mehrfach ausgezeichneten Weingut Ricchi und ist ohne jeden Tadel.

Man sollte noch erwähnen, dass man im Sommer in einem malerischen, blumengeschmückten Innenhof speisen kann und in der kühleren Jahreszeit in wirklich liebevoll dekorierten Innenräumen mit viel sonnigem Gelb.

TIPP

Drum herum gibt es Obstbäume, das Obst kann man frisch kaufen oder es wird zu Fruchtaufstrichen oder Würzessigen verarbeitet. Außerdem kann man die Eier der freilaufenden Hühner und noch so manches andere jahreszeitliche Produkt erwerben.

LA MONTINA

Eine Bio-Oase am Fluss

Adresse: Via Monzambano 51, 46040 Monzambano (MN)
Zwischen Ponti und Monzambano geht links eine kleine Straße ab, gut beschildert

+39 0376 882 02
www.agriturismolamontina.it

Ruhetag: Montag bis Donnerstag
Betriebsferien: im Winter
Preise: €

Der Agriturismo La Montina, bei Monzambano am Mincio gelegen, war einer der ersten Bio-Betriebe der Region. Er liegt mitten im Parco del Mincio, schon seit langem Naturschutzgebiet. Man sitzt gemütlich im netten Gastraum mit viel Blick nach draußen oder im lauschigen, geschützten Hof und schaut den Tieren des Bauerhofs zu.

Bodenständig ist das richtige Wort für die Küche von Paola Mariotto. Denn viele der Zutaten, die in die Küche wandern, stammen vom eigenen Hof, den Ehemann Augusto betreibt. Geflügel, Kaninchen, Eier und das Gemüse werden selbst produziert, sogar der Mais für die Polenta. Die wiederum wird zu zarter Kaninchenleber oder zu ausgezeichneten gefüllten Wachteln serviert oder geröstet zu Huhn und Entenbrust vom Grill. Sogar Käse wird hier gekonnt gegrillt und mit Honig und hausgemachter Mostarda serviert. Das Gemüse frisch vom Feld schmeckt hervorragend. Vom Grill kommen Zucchini oder – ganz exzellent – Karotten und Paprika, die mit einer zarten Sardellensoße serviert werden, Auberginen werden gebraten, Löwenzahn gedünstet und mit bestem Olivenöl und Zitrone gewürzt. Die Pasta für die Primi ist selbstverständlich hausgemacht, ebenso wie der würzige Entensugo. Auch die Dolci sind hervorragend – zum Beispiel eine köstliche Sbrisolona, die aus viel Mandeln und wenig Mehl besteht.

Zum Essen trinkt man den eigenen Biowein mit dem charmanten Namen „Rosso dei Semplici". Es gibt aber auch Spumante, Chiaretto und Chiaretto-Spumante, den inzwischen Sohn Nicolò produziert. Neben dem Wein kann man auch ausgezeichnetes eingelegtes Gemüse oder Fruchtaufstriche zum Mitnehmen erwerben.

ANTICA LOCANDA DEL CONTRABBANDIERE

Edel slow-food in historischem Gemäuer

Adresse: Località Martelosio di Sopra 1, 25010 Pozzolengo (BS)
Zwischen Pozzolengo und Ponti auf der linken Seite

+39 030 91 81 51
www.locandadelcontrabbandiere.com

Ruhetag: Montag, nur abends geöffnet, So auch mittags
Betriebsferien: im Januar
Preise: €€–€€€

Der schöne Rustico steht genau an der Grenze zwischen den Provinzen Mantua und Brescia und den Gemeinden Pozzolengo und Ponti. Wer den italienischen „Campanilismo" kennt, weiß was das bedeutet. Man muss schmuggeln - daher der Name Contrabbandiere, Schmuggler.

Altes Gemäuer, liebevoll restaurierte Gewölbe (drei kleine Räume), schönes Geschirr, edle Gläser und ein malerischer Garten mit mediterranen Pflanzen - ganz sicher einer der schönsten Plätze im Hinterland, um gutes Essen zu genießen.

Die Liebe zur Präsentation feiner Speisen merkt man schon am Gruß aus der Küche (einer Tomaten-Auberginen-Mousse). Gekonnt geht Lorenzo mit heimischen Zutaten um, beispielsweise dünstet er den Lavarello sanft und bettet ihn in köstliches Olivenöl, anstatt die Fische traditionell zu grillen, wobei sie meist recht trocken werden. Oder er macht daraus einen Risotto, mit Lavarello und Melone! Die Lachsforelle füllt mit Schleie zusammen zarte Crespelle, fein auch die grünen Bandnudeln (natürlich hausgemacht) mit Flußkrebsen. Kalbsbäckchen in Amarone könnten folgen oder zartes Spanferkelcarré. Fein und edel auch die Dolci: Schokotörtchen mit Vanille oder ein hausgemachtes Semifreddo mit marinierten Früchten. Der Gardasee ist auf der Weinkarte eher etwas unterrepräsentiert, aber dafür gibt es viele Weine aus anderen Regionen Italiens.

FELICIANA

Oase von Ruhe und Genuss

Adresse: Località Feliciana, 25010 Pozzolengo (BS)
Etwa 1 km von Pozzolengo Richtung Desenzano, dann links, beschildert

+39 030 91 82 28
www.feliciana.it

Ruhetag: im Sommer kein Ruhetag
Betriebsferien: Januar und Februar
Preise: €€

Feliciana ist ein Kleinod im Hinterland, zwischen Weinfeldern und umrahmt von Rosenbeeten. Man sitzt im Sommer auf der überdachten Terrasse und freut sich (neben dem Blick auf die Landschaft) über schöne Möbel, hübsches Geschirr und gute Gläser. Drinnen herrscht geschmackvolle Schlichtheit, etwas Design, dabei gemütliches Ambiente, einfach eine schöne Mischung. Seit rund 25 Jahren wird eigener Wein produziert, der Lugana „Felugan" wäre hier zu nennen, auch Getreide für das hausgebackene Brot wird selber angebaut, weshalb man sich „Agriturismo" nennen darf, allerdings einer der gehobenen Sorte.

In der Küche gelingt eine Neuinterpretation der klassischen Regionalküche. Die Zutaten werden, wenn es irgend geht, in der direkten Umgebung oder auch von handwerklich produzierenden Betrieben weiter weg besorgt, wie etwa Salami vom Hirsch oder Schinken vom Reh, die sich auf der Vorspeisenplatte befinden. Eines der Markenzeichen des Hauses sind die eigentlich aus der Emilia Romagna stammenden „Gnocchi fritti", frittierte Teigflecken, die mit Salami, Käse und eingelegtem Gemüse als „Antipasti" an den Tisch kommen. Sehr gut, aber auch sehr üppig, was man vielleicht bedenken sollte. Denn auch die Primi, selbstverständlich hausgemacht, sollten probiert werden. Tagliatelle mit Safran-Schleien-Sugo oder mit Kaninchen und Zucchiniblüten. Der Bio-Safran, der hier verwendet wird, stammt aus Pozzolengo. Sehr fein und locker auch die Karottengnocchi auf Thymiancreme. Als Secondo könnte man Spanferkelfilet mit karamellisierten Zwiebeln oder Entenbrust mit Balsamicoreduktion oder Gardaseefisch genießen.

Hausgemachte Dolci runden das Mahl ab. Dazu trinkt man den Wein des Hauses, wobei besonders die Weißen und die verschiedenen „Bollicine", die Sekte, erwähnenswert sind.

118

FENIL CONTER

Ein schönes Landrestaurant

Adresse: Località Fenil Conter 1, 25010 Pozzolengo (BS)
Von Pozzolento Richtung San Martino

+39 030 991 60 52
www.fenilconter.it

Ruhetag: Sonntagabend und Montag, Außer Sonntag nur abends geöffnet
Betriebsferien: variabel
Preise: €€– €€€

Fenil Conter könnte man als edlen Landgasthof betrachten. Dicke Steinmauern, schönes, altes Mobiliar, edel gedeckte Tische begrüßen den Gast. Von der großen, überdachten Terrasse blickt man in das Bauernland zwischen Pozzolengo und San Martino, das den Zusatz „della Battaglia" trägt. Die Hügel südlich des Gardasees waren Schauplatz der italienischen Befreiungskämpfe um die Mitte des 19. Jahrhunderts. Heute ist hier alles friedlich, die Gäste des Agriturismo können sich von einer gehobenen Landküche verwöhnen lassen. Dass man hier von der Regionalküche ausgeht, sie aber verschlankt und verfeinert, merkt man beispielsweise an dem klassischen Wurstaufschnitt mit Salami aus Pozzolengo, Pancetta und Coppa. Hier serviert man überbackenes oder gefülltes Gemüse dazu. Federleicht und mit bestem hiesigem Öl verfeinert kommen die Fischsalate daher, der traditionelle Hecht mit grüner Soße und Kapern, Forellensalat oder mal der eine oder andere Meeresfisch. Auch die gekonnt zubereitete Lachsforelle im Ganzen wird mit reichlich Gemüse serviert, das von Bauern der Gegend und aus dem eigenen Garten stammt. Klassische Dolci wie Schokoladentörtchen oder Panna Cotta mit frischen Früchten. Weine aus der Nachbarschaft von Cascina Le Preseglie.

CASCINA CAPUZZA

Feiner Familienbetrieb in herrlicher Natur

Adresse: Località Selva Capuzza, 25010 San Martino della Battaglia (BS)
Zwischen Pozzolengo und San Martino della Battaglia, gut beschildert

+39 030 991 02 79
www.selvacapuzza.it

Ruhetag: Montag–Mittwoch
Betriebsferien: variabel
Preise: €€

Das alte Gemäuer, die Gewölbe innen, der gepflegte Garten - alles Orte, die unbedingt besucht werden sollten. Vor den schönen Gebäuden des Agriturismo und Weinguts erzählen alte Bauerngeräte von der Vergangenheit. Im Restaurant sitzt man innen in mehreren schönen Gewölben, draußen im weitläufigen Garten, der in sicherer Distanz zu den Tischen einen schönen Kinderspielplatz und Kräuterbeete enthält. Familienausflug mit Erfolgsgarantie!

Bei den Formentinis gibt es Traditionsküche, die mit großer Kreativität verfeinert wird. Schon die Antipasti sind etwas ganz Besonderes: Eine beeindruckende Vielfalt kleiner Häppchen wird serviert, eigene Salami genauso wie marinierte Gartengemüse. Die Soßen zu den hausgemachten Pastasorten entstammen der Tradition, aber man verwendet auch mal Estragon oder Thymian statt Salbei oder Rosmarin. Fleisch kommt im Sommer vor allem vom Grill, im Herbst oder Winter gibt es auch „Bollito", in würziger Brühe gesottenes Fleisch mit Gemüse. Es gibt aber auch exzellent zubereiteten Gardaseefisch, als Vorspeise, als Sugo oder auch als Hauptgericht. Auch der eine oder andere Ausflug ans Meer schlägt sich auf der Speisekarte nieder. Erfreulich viel Aufmerksamkeit wird dem Gemüse geschenkt, das hier auch mal in der Hauptrolle auf den Teller kommt - es wird sogar ein vollständiges vegetarisches Menü angeboten.

Fein die Dolci-Variationen, zu denen der Süßwein „Lume" des Weinguts Selva Capuzza hervorragend passt. Auch die anderen Weine kann man passend zur Speisenfolge verkosten und wenn man mag gleich mitnehmen. Und wer bleiben möchte, mietet sich in eines der Zimmer oder Appartements des Agriturismo ein und genießt die herrliche Ruhe.

120

IL FIORE

Kluge Frauenküche mit Preis-Leistungs-Oscar

Adresse: Località Vaccarolo, 25015 Desenzano (BS)
Im Hinterland von Desenzano. In San Martino oder Pozzolengo auf die gute Beschilderung achten!

+39 030 910 33 02
www.trattoriailfiore.it

Ruhetag: Montag und Dienstagabend
Betriebsferien: im Januar
Preise: €–€€

Il Fiore ist wohlverdientes Ziel einer Radtour durch die sanften Hügel im Hinterland. Entdecker finden neben der schönen Landschaft Paolas liebevolle Hausfrauenküche, professionell verfeinert und dazu eine schöne Weinauswahl, die von Ehemann Giuliano präsentiert wird.

Schon die Vorspeisen sind mit Liebe zusammengestellt; es gibt beispielsweise eine ausgezeichnete geräucherte Gänsebrust mit Apfelragout oder Crostini mit geschmolzenem Käse oder Pilzen und Lardo.

Dass die Pasta frisch und hausgemacht ist, kann man im Restaurant selbst überprüfen, wenn Paola schnell noch ein paar Teigplatten durch die Nudelmaschine dreht. Die Soßen dazu duften inzwischen aus der Küche. „Si comincia col anatra" – mit der Ente fängt's an, die mit Kräutern und Gemüse gegart wird, bis aus ihr ein dichter Sugo entsteht. Viele Stunden schmurgelt er auf dem Herd. Paolas Küche ist traditionell mit einer modernen, eigenen Handschrift. Bemerkenswert sind die konzentrierten Aromen und das gekonnte Spiel damit. Die klassischen Kürbistortelli verfeinert sie zum Beispiel mit gerösteten Schalotten und Rosmarin. Bio-Safran aus dem benachbarten Pozzolengo wird in Soßen und sogar Desserts eingesetzt. Exzellent sind ihre Fleischgerichte vom Grill: saftige Stücke von Esel, Pferd, Rind und Geflügel. Das Fleisch bezieht sie von verschiedenen Metzgereien der Gegend, Rind vom Centro Carni in Pozzolengo, Pferd von Gallina aus Desenzano. Aber auch der Gardaseefisch findet in ihrer Küche liebevolle Beachtung. Meisterhaft ihre Dolci wie etwa das schmelzende Schokoladentörtchen mit marinierten Zitrusfrüchten. Ein Preis-Leistungsverhältnis, das man selten findet.

TIPP

Wer im Winter zu Paola kommt, wird überrascht sein, wie aromatisch-sommerlich die Caponsei nach frischem Salbei duften. Ihr Geheimnis: sie friert die Kräuter bereits küchenfertig geschnitten ein. Denn die Kräuter wachsen hier auch im Winter, können aber nicht mit dem Geschmack im Sommer konkurrieren. Das bedeutet auch für uns: Kräuter mitnehmen und einfrieren. Geschmacksurlaub in Winter sozusagen.

TRATTORIA CLEMENTINA

Omas Rezepte vom Enkel verfeinert

Adresse: Piazza Rovizzi 13, 25019 Rovizza di Sirmione (BS)
Mitten im kleinen Rovizza

+39 030 919 66 63

Ruhetag: Dienstag
Betriebsferien: je 2 Wochen im November und Januar
Preise: €€

Es war einmal ein Enkel, der in Omas Kochtopf geschaut hat. Vieles hat ihm geschmeckt, vor allem die Liebe bei der Zubereitung hat er gespürt und gelernt, dass man frische, der Jahreszeit entsprechende Zutaten benutzen soll. So kam er auf die Idee, in diesem Geist eine Trattoria zu eröffnen. Von außen ganz unscheinbar, öffnet sich ein urgemütliches Lokal. Im kleinen Vorraum mit der Bar steht Nonna Clementinas Fahrrad im alten Gewölbe, warmes Gelb ziert neben Bildern von Künstlern aus der Gegend die Wände. In der Cantina umrahmen üppig bestückte Wein regale ein paar weitere Tische. Hinter dem Haus befindet sich eine geschützte Terrasse, wo man im Sommer Francescos verfeinerte Omaküche genießen darf.

Behutsam ging er an Großmutters Rezepte, fügte den Caponsei mehr Kräuter und feinen Käse hinzu, reicht statt deftiger Salami leichte Bresaola mit Artischocken als Vorspeise, füllt Tortelli mit Rotwein-Schmorbraten und dünstet Gardaseefische auf Gemüsebett. Auch kommt mal das eine oder andere nicht ganz so traditionelle, sondern modern-leichte Gericht auf die Karte. Als „Antipasti“ wird eine sagenhafte Käseauswahl mit heimischem Honig und Mostarde angeboten. Schleckermäuler sollten die „Dolci della Nonna“ nicht auslassen, einen duftigen, lauwarmen Tortino di Rose mit Eis etwa.

Francescos Keller ist bestens bestückt mit Weinen, die er selbst aussucht. Uns hat er eine Flasche Lugana der benachbarten Cantina Marangona empfohlen. Der ist, sagt Francesco, so wie Lugana sein soll, trocken, frisch, leicht. Nicht diese schweren, in Barrique-Fässern „veredelten“ und sich damit dem internationalen Weingeschmack beugenden „modernen“ Bouteillen. Rotweinliebhabern empfiehlt er eine Cuvée aus Groppello, Sangiovese und Barbera vom Weingut Le Chiusure in San Felice.

IL CICLONE

Biopizza und Candlelight am See

Adresse: Via Verona 29, 25019 Lugana di Sirmione (VR)
Von Peschiera kommend noch vor Sirmione auf der rechten Seite

+39 030 919 61 77
www.ristorantepizzeriaciclone.it

Ruhetag: Dienstag und Mittwochmittag
Betriebsferien: Mitte Januar bis Mitte Februar
Preise: €€€

Weil das Restaurant direkt am See liegt, mit herrlichem Blick darauf von der Terrasse oder durch die Panoramascheiben und weil hier aufgrund des Angebots jeder glücklich werden sollte, ist es zu empfehlen, zu reservieren, vor allem abends. Beginnen wir bei der Pizza. Der Teig wird mit hiesigem Biomehl im Hause gemacht und entstammt nicht wie so oft der Packung. Sodann wird sie mit frischen Zutaten guter Qualität belegt, zum Teil findet man auf der Karte sogar den Erzeuger, z.B. bei der Salami.

Ein weiterer Grund der Freude ist, dass die anderen Speisen neben der Pizza mit großer Sorgfalt und Kreativität entstehen. Das beginnt bei den Antipasti, wo die Variationen vom Gardaseefisch empfehlenswert sind, geht weiter zu den Primi mit hausgemachten Tagliolini con le Sarde di Lago für Pastafans, aber auch einmal eine schöne Fischsuppe oder ein Risotto mit Kastanien, Rosmarin und in Rotwein mariniertem Fleisch.

Die Secondi sind Köstlichkeiten wie Gardasee-Renke mit Oliven und Rote Bete-Püree oder Tempura von Meeresfischen. Fleischliebhaber finden eine perfekte Tagliata vom Piemonteser Rind, einer ausgezeichneten italienischen Rinderrasse, die bestes Fleisch liefert oder Filet im Schinkenmantel mit Feigencreme und Gemüsesticks. Empfehlenswert die Menüs, mit Garadaseefischen, „Terra“ mit Fleisch und Gemüse oder auch das vegetarische Menü, das sehr kreativ mit Saisongemüsen spielt. Auch die Dolci sind selbstredend hausgemacht, zum Beispiel dreierlei Fruchtsorbets.

Auf der opulenten Weinkarte dürfte jeder etwas finden, Tropfen aus der Lugana, anderen Anbaugebieten des Gardasees und darüber hinaus.

TANCREDI - RESTAURANT N' DRINKS

Edles Meeresgetier in coolem Ambiente direkt am See.

Adresse: Via XXV Aprile 75, 25019 Sirmione (BS)
An der Landzunge Richtung Burg

+39 030 990 43 91
www.tancredi-sirmione.com

Ruhetag: Montag
Betriebsferien: Mitte Januar–Mitte Februar
Preise: €€€–€€€€

Im Tancredi ist alles gestylt, schick, angesagt - vom Jazz aus den Lautsprechern, der Architektur, dem Designergeschirr, bis zur Auswahl der Speisen und deren Präsentation. Man fühlt sich wie auf einer Schiffsbrücke, sitzt direkt am Wasser und hat einen herrlichen Blick über den See. Bei Regenwetter peitschen die Wellen beinahe an die Fensterscheiben; mal ein ganz anderes aber umso angenehmeres, wenn auch nicht gerade billiges Schlechtwetterprogramm. Bei schönem Wetter unter Sternenhimmel ist allein die Sicht über den See ein Spektakel.

Das Tancredi haben wir etwas gespalten verlassen. Wir haben sehr, sehr gut gegessen, der Platz ist traumhaft. Aber die Preise sind zum Teil etwas überdehnt. Schon bei 5 Euro für das Gedeck haben wir etwas geschluckt, auch wenn das hausgebackene Brot ausgezeichnet ist. Bei 23 Euro für ein perfekt-nussiges Garnelentartar hätte man die auf der Karte versprochenen krossen Apfelscheiben gerne gehabt. Gar nichts zu meckern hatten wir bei den „Zupette dello Chef", dreierlei meisterhafte in Mini-Terrinen servierte Süppchen (Steinpilz-Jakobsmuschel; Kichererbsen-Oktopus; Bohnen-Garnele) für dann wieder nachvollziehbare 18 Euro. Bei den Dolci - etwa Mangosüppchen mit Rosmarin und Olivenöl vom Gardasee - beweist der Koch Kreativität im Umgang mit ungewöhnlichen Kombinationen.

Wenn die Piccola Pasticceria zum Caffè dann nicht nur schön ausgesehen, sondern auch geschmeckt hätte, wären wir vielleicht glücklich von dannen gezogen.

ANTICA CONTRADA

Beste Produkte von Land, See und Meer mit Seeblick serviert

Adresse: Via Colombare 23, 25019 Sirmione (BS)
Auf dem Weg zur Burg von Sirmione auf der rechten Seite, Parkplatz gleich gegenüber

+39 030 990 43 69
www.anticacontrada.it

Ruhetag: Montag und Dienstagmittag
Betriebsferien: variabel
Preise: €€–€€€

Das hübsche Lokal ist ein Verwandlungskünstler. Von der Straße aus meint man, es sei eine kleine Trattoria, drinnen öffnet sich ein eleganter Raum, schön gedeckte Tische, edle Gläser, dunkle Holzbalken und Wände in sanftem Gelb sorgen für Gemütlichkeit. Weiter geht's auf die Terrasse, die sich auf mehreren Ebenen wie weite Stufen zum See hin erstreckt.

Massimo Bocchio pflegt die Philosophie des Km Zero auf ganz eigene Art: Wichtig ist, dass man direkt beim Produzenten einkauft, ob dies ein Fischer aus Chioggia oder vom Gardasee ist, ein Salamiproduzent der Colli Morenici oder der Gemüsegärtner. Und: Meeresfisch muss nicht nur „frisch" sein, sondern aus dem Meer kommen, am besten geangelt und nicht aus Turbomast-Zuchtbecken. Wenn ein Lokal so nah am Wasser liegt, ist es klar, dass den Fischgerichten besondere Aufmerksamkeit geschenkt wird. Die Vorspeisen sollte man auf gar keinen Fall auslassen – Fische aus dem Meer oder dem See werden zu kleinen Köstlichkeiten verwandelt und mit Soßen serviert, die den Gaumen überraschen, wie ein fruchtiges, dichtes Konzentrat, das zu Oktopus serviert wurde. Auf die neugierige Nachfrage meint Wirt Massimo Bocchio, es sei ganz einfach. Guter Balsamicoessig wird stundenlang mit ganz frischen, aromatischen Erdbeeren eingekocht. Er lacht: „Die Küche kann man in dieser Zeit kaum betreten. Aber wir stellen dieses Konzentrat einmal im Jahr her und füllen es ab. Das können Sie auch zuhause nachmachen." Wir haben es ausprobiert: Es funktioniert und es lohnt sich.

Dann zaubert Koch Antonio Silva zum Teil nach uralten Rezepten der Familie delikate Fischvorspeisen, wunderschön angerichtet, Pasta mit einem umwerfenden Sugo aus Gardaseefischen oder Tortellini mit wildem Radicchio, dann Fischgerichte mit dichten, kreativen Soßen.

Aber auch Gemüsegerichte, wie zum Beispiel hausgemachte Tortellini mit einer Füllung aus wildem Radicchio, werden mit der gleichen Sorgfalt zubereitet. Ebenso gekonnt widmet man sich den Fleischspeisen und erst recht den zauberhaften Dolci. Wer sich nicht entscheiden kann, wählt eines der hervorragenden Degustationsmenüs.

TRATTORIA DALL' ABATE

Fischliebhabers Paradies

Adresse: Via Agello 24, 25015 Rivoltella (BS),
An der verkehrsberuhigten Hauptstraße mitten in Rivoltella

+39 030 990 24 66
www.trattoriadallabate.com

Ruhetag: Montag
Betriebsferien: variabel
Preise: €€–€€€, mittags €

Die Familie Abate betreibt schon seit Jahrzehnten den schönen Fischladen, der unweit der Trattoria liegt. Paolo Abate eröffnete schließlich 2012 eine Trattoria dazu. Direkt am kleinen Platz von Rivoltella, wenige Meter vom See entfernt, wurde ein kleiner Raum hübsch-elegant renoviert. Im Sommer sitzt man davor und schaut den Leuten beim Flanieren zu.

Paolo fand mit Edoardo Nizzola einen begabten Koch, der mit großer Kreativität, Liebe und Sorgfalt Fisch zubereitet. Es gibt allerdings immer auch etwas Vegetarisches und ein Fleischgericht, doch Fisch dominiert. Auch beim Mittagsmenü, wo Primo, Secondo und Dolce inklusive Wasser, Wein und Caffè zum günstigen Preis angeboten werden. Doch ein Blick auf die Speisekarte sagt: Wiederkommen und die erlesenen Speisen der großen Karte genießen. Es gibt vorwiegend Meeresgetier, das hier in einer Frische angeboten wird, wie sonst selten. Die Vorspeise mit vielerlei rohem Fisch wird mit zartem Gemüse und feinen Soßen angerichtet. Es gibt luftiges Fischtempura, konzentrierte Fischsuppen, Edelfisch und Gartengemüse vom Grill, hausgemachte Pasta mit Hummer oder Gnocchi mit Tintenfischtinte und frischen Muscheln.

Dazu kann man schöne Weine der Gardasee-Region und der Franciacorta genießen.

TIPP

Das Fischgeschäft der Abates befindet sich nur einige hundert Meter weiter im kleinen Einkaufszentrum „Gli Smeraldi". Freilich erhält man hier auch fangfrischen Gardaseefisch, doch man hat sich vor allem auf Meeresgetier allererster Qualität spezialisiert. Für alle, die keine Lust zum Kochen haben: Hier gibt es frische, hausgemachte Fischsalate, Fischsoßen für Primi, fertige Fischgerichte erlesener Qualität und jede Menge ausgezeichnete Fischkonserven.

LA TAVERNA DEL LAGO

Tradition ganz nah am See

Adresse: Via Parrocchiale 58, 25015 Rivoltella (BS)
In Rivoltella fast am See

+39 030 911 09 26
www.latavernadellago.it

Ruhetag: Dienstag
Betriebsferien: variabel
Preise: €€

Draußen gibt es eine große überdachte Veranda. Man sitzt quasi am Geschehen, schaut den Leuten auf der kleinen Piazza zu und genießt bestes Essen und guten Wein. Wenige Meter weiter stauen sich bisweilen die Autos auf der Hauptstraße und kaum Einer hält zur Einkehr an. Rivoltella ist halt einfach nur ein kleiner Ort zwischen den touristischen Zentren, der sich aber inzwischen mausert. Die beiden kleinen Räume drinnen sind einfach, aber gemütlich.

Sagenhaft günstig und sagenhaft gut: das wäre die Beschreibung der köstlichen „Antipasti di Lago": milder Räucheraal, zarteste Sarde di Lago mit ihrer Leber in Saor, sanft geräucherte Lachsforelle, eine duftige Mousse aus Barsch. Ebenso fein die Antipasti aus Meeresfischen wie Oktopussalat mit Kartoffeln und Oliven oder überbackene Jakobsmuscheln. Es gibt aber auch den traditionellen Salami- und Wurstteller oder – sehr fein – Artischocken mit Grana und Walnüssen. Auch bei den Primi gibt es welche mit Gardaseefisch, Meeresfisch und „dalla terra", also mit Fleischsugo oder Gemüse, so dass jeder zufrieden ist. Die Pasta ist selbstverständlich hausgemacht. Bei den Secondi sind die Grillteller mit Gardasee- oder Meeresfisch zu empfehlen, aber auch das Fleisch ist gut. Abends gibt es auf Vorbestellung Paella mit Sangria. Feiner Wein, zum Teil von ganz unbekannten Winzern, auch glasweise, wie alles zu sehr charmanten Preisen.

Ganz besonders lobenswert auch, dass das Olivenöl von der hervorragenden Ölmühle Montecroce aus Desenzano auf dem Tisch steht!

LA FRASCA

Tapas-Bar, gemütliche Kneipe, Restaurant

Adresse: Piazza Garibaldi 9, 25015 Desenzano del Garda (BS)
Die Piazza ist in der Nähe der Burg

+39 346 360 08 60
www.osterialafrasca.eu

Ruhetag: Sonntag, sonst 11–23 geöffnet
Betriebsferien: variabel
Preise: **€–€€**

Zwei kleine Stuben, ein hübscher Tresen. La Frasca ist eher eine Tapas-Bar, aber auch Kneipe, wo man kleine Gerichte auf die Schnelle nehmen kann, aber auch gemütlich speisen. Wer keine Lust zum Essen gehen hat oder wem es besonders gut geschmeckt hat: fast alle Gerichte und erst recht Salami, Schinken & Co. sowie die feinen Käse kann man auch zum Mitnehmen erwerben. Es gibt Schinken- und Käseteller, verschiedene, üppig belegte Bruschette, die ein schnelles, gutes Mittagessen oder eine kleine Mahlzeit nach einem ausgiebigen Stadtbummel darstellen. Ausgezeichnet die vielen verschiedenen Tapas – Olive Ascolane, hübsche und feine Häppchen, Garnelenspießchen mit Gemüse, Kirschtomaten mit Mozzarella, Fleischbällchen mit Soße und vieles andere mehr.

Aber man findet auch hausgemachte Primi wie Caponsei, Tagliatelle mit allerlei Soßen oder Riso alla pilota. Das Eselsragout, Manzo all'olio (in recht viel Olivenöl und Gemüse geschmorte Rinderschulter), die saftige Tagliata vom Rind waren fein, es gibt aber auch Fischgerichte wie Sarde di lago oder Baccalà. Lobenswert auch kleine vegetarische Gerichte wie Auberginen-Törtchen mit Kürbisfüllung, gefülllte Artischocken oder Wirsingflan mit Fonduta. Feine Dolci, etwa lauwarmes Schokoladentörtchen oder Schokosalami. Gute Auswahl an Weinen.

LINUS REVOLUTION

Vom Frühstück bis zum late night dinner

Adresse: Via Curiel 6, 25015 Desenzano del Garda (BS)
An der Ortsdurchfahrt Richtung Verona etwas nach hinten versetzt

+39 030 912 37 53
www.revolutionristorantepizzeria.it

Ruhetag: keiner, von 7–24 durchgehend geöffnet
Betriebsferien: keine
Preise: €–€€€

Wo heute der Gastronomiebetrieb mit seinem „revolutionären" Konzept untergebracht ist, befand sich früher die Schiffswerft Moretti. Die großen Räumlichkeiten atmen schickes Industriedesign, sind aber trotzdem gemütlich und punkten mit schönen Accessoires.

Das revolutionäre und gut angenommene Konzept besteht darin, dass man den ganzen Tag etwas zu essen oder zu trinken bekommt. Bis mittags gibt es Frühstück „italienisch", aber auch mit Wurst und Käse, Croissants und Saft. Bereits ab dem späten Vormittag erhält man kleine Gerichte wie Lasagne, Pasta mit frischen Soßen oder schöne Salate. Empfehlenswert auch das ausgezeichnete kleine günstige Mittagsangebot (Pasta, Salat, Wasser und Caffè). Sodann gibt es hier ganztägig Pizza – zum Teil als Pizza „Gourmet" mit frischen Meeresfrüchten oder rosa gebratenem Thunfisch belegt. Auch nachmittags kann man jederzeit essen (Pasta, Pizza, Salate). Am Abend verwandeln sich die stylishen Räume in ein Restaurant mit modern-edler Karte, auf der man Carpaccio vom Schwertfisch oder lauwarme Meeresfrüchte, Ravioli mit Barben oder Risotto mit Zitrusfrüchten, Meeresfrüchtespieß und Lammcarré findet. Dazu erlesene, nicht ganz billige Weine aus den bekannten Weingegenden Italiens sowie Champagner.

Auf jeden Fall lohnt sich ein Besuch der originellen Gastwirtschaft zum Aperitivo. Die kleinen Köstlichkeiten, die zu Hugo, Sprizz und Co. serviert werden, suchen ihresgleichen.

TIPP

Jeweils Dienstagvormittag findet in Desenzano der Wochenmarkt statt. Er ist der größte am Gardasee – so wie auch Desenzano die größte Stadt am Lago ist! Hier gibt es wie überall auf italienischen Märkten Haushaltsgeräte, Schuhe, Kleider und vieles mehr. Aber auch der schöne Bereich mit zahlreichen Lebensmittelständen ist lohnenswert. Man findet Gemüsehändler, Käse von Alpe del Garda, frischen und gebratenen Fisch, Wurst und Fleisch, Biospezialitäten, Blumen und Pflanzen.

BISTROT DES FOUS

Mal was anderes, aber nicht verrückt

Adresse: Via Anelli 60, 25015 Desenzano del Garda (BS)
Unweit vom See am östlichen Ende des Lungolago

+39 030 912 09 58

Ruhetag: keiner
Betriebsferien: ab 16, nur abends, Sonntag auch Mittag
Preise: €–€€

Bistrot des Fous bedeutet so viel wie Bistrot der Verrückten - aber so verrückt muss man gar nicht sein, um dort hinzugehen, sondern man sollte Lust auf etwas Musik, vielleicht einen guten Wein oder einen Cocktail, nette Leute und eine wunderbare Edelbrotzeit haben. Die kulinarische Stärke liegt hier nicht bei den Primi oder Secondi, die man auch auf der Karte findet, sondern bei den opulent bestückten „Tagliere". Das sind in diesem Fall ausladende (und wunderhübsche) Tabletts, die fast den ganzen Tisch einnehmen. Bestückt sind sie mit Köstlichkeiten wie Pata Negra-Schinken, luftgetrockneter Salami von handwerklich arbeitenden Produzenten aus Pozzolengo, Mantua oder der Toskana, Mortadella, Speck und Käse. Dazu kommen eingelegtes Gemüse, Oliven, Salat, Brotsorten und Kartoffelspiralen. Zum Käse wird hiesige Mostarda serviert. Diese Aufschnittplatten werden für zwei Personen angeboten, reichen als Snack aber locker für vier. Dazu eine Flasche Wein (kleine Auswahl von Weinen der Region und der Toskana) und der Abend kann beginnen - serviert werden sie nämlich von 16 Uhr bis Mitternacht.

TIPP

Im Zentrum von Desenzano gibt es einen der wenigen wirklich gut sortierten Buchläden, die „Libreria Castelli-Podavini" in der Nähe der Fußgängerzone Via Caporali 7. Mariella Podavini berät mit viel Hingabe, Infos unter www.libreriacastelli.it. Man findet dort auch Reiseliteratur in deutscher Sprache.

AL BIANCHI

Familienbetrieb im Herzen von Brescia

Adresse: Via Gasparo da Salò 32, 25121 Brescia (BS)
In der Altstadt in der Nähe von Loggia und Dom

+39 030 29 23 28
www.osteriaalbianchi.it

Ruhetag: Dienstag und Mittwoch
Betriebsferien: variabel; geöffnet von 9–14.30 und 16.30–24
Preise: €–€€

Im Al Bianchi herrscht Slow Food-Tradition seit Generationen. Seit 1880 beherbergen die gemütlichen Räume im Herzen der Provinzhauptstadt Gastronomie. An der klassischen Bar bekommt man einen Caffè oder auch ein Gläschen Wein, es sei denn, man setzt sich gleich in einen der beiden schönen, historischen Gasträume mit den dicken Balken, den hübsch eingedeckten Tischen oder man nimmt im Sommer draußen Platz. Legendär ist der „Aperitivo" am Wochenende vom frühen Abend an. Zum Glas Wein oder Franciacorta bekommt man herrliche Häppchen, etwa frittierten Baccalà, würzige Fleischbällchen, Francos hausgemachte Salami und vieles mehr.

Bei den traditionellen Primi, die täglich frisch aus der Küche kommen, hat man die Qual der Wahl: duftige Spinatgnocchi, Pappardelle mit Fleisch- oder Gemüsesugo, Pasta e Fagioli. Aber was wäre die typische Brescianer Küche ohne Fleisch: hier gibt es Tagliata von Rindern, die in den Brescianer Bergen weideten, aromatisches Eselsragout oder kräuterduftende gefüllte Coppa.

Besonders erwähnenswert ist die Weinkarte, die Franco und Michele mit Leidenschaft und Kenntnis zusammengestellt haben. Bekannte und unbekannte Tropfen der besten Weingüter rund um Brescia können zu erfreulich günstigen Preisen verkostet werden, voran natürlich Franciacorta, wo man sich hier jede Menge Tipps für einen gelungenen Ausflug in die Weinregion westlich von Brescia holen kann. Es gibt Weiße vom Gardasee und anderswo her, eine immense Auswahl an Rotweinen und Dessertweine, die man zur hausgemachten Torta Sbrisolona genießen kann.

AGRITURISMO UNICORNO

Frische Bioküche im altehrwürdigen Gemäuer

Adresse: Via Quarena 17, Località Macesina, 25081 Bedizzole (BS)
Unweit von Padenghe in Bedizzole im Valtènesi

+39 030 67 43 39
www.unicorno.eu

Ruhetag: im Sommer keiner, nur abends geöffnet, unbedingt reservieren!
Betriebsferien: November bis vor Ostern
Preise: €€–€€€

Die nachhaltig durchgeführte Renovierung lässt den Palazzo aus dem Jahre 1654 wieder in seiner vollen Schönheit erstrahlen. Im herrlichen Gewölbe befindet sich das Speisezimmer, doch meistens kann man draußen, unter dem romantischen Portico, die feine Küche des Hauses genießen. Bitte unbedingt vorbestellen, es gibt ein jeweils nach Tagesangebot wechselndes 4-Gang-Menü mit passenden Weinen.

Hier gibt der große Bio-Garten den Ton an, die vielen Bio-Früchte und Gemüse werden täglich frisch geerntet und verarbeitet. Auch die meisten weiteren Zutaten stammen vom eigenen Hof oder von anderen Bauern der näheren Umgebung. Die Salami, Coppa sowie Pancetta, die als Antipasto serviert werden, sind hausgemacht, ebenso wie etwa die Tagliatelle mit Gartenkräutern oder Ravioli mit Fleisch- oder Gemüsefüllung. Oft gibt es auch einen Risotto mit dem hauseigenen Groppello, in dem wiederum auch Rindfleisch zart geschmort wird. Die feinen Gemüsebeilagen entstammen ebenfalls dem Garten und werden wie die Salate mit dem eigenen Olivenöl gewürzt. Ebenfalls aus Eigenbau kommen die Früchte für die hausgemachten Sorbets. Dazu gibt es den hauseigenen Rosato, den Groppello im Edelstahltank oder im Barrique ausgebaut. Krönender Abschluss sind die Fruchtbrände oder Grappe des Hauses.

TIPP

Im eigenen Hofladen „La Bottega" kann man die Produkte des Hauses erwerben, wie etwa die Weine, Grappe und Obstbrände sowie die hausgemachten Liköre wie Limoncello oder Nocino. Des Weiteren gibt es Bio-Marmeladen, das eigene Olivenöl sowie weitere Geschenkartikel (telefonische Anmeldung ist erwünscht).

FRANCESCO

Leidenschaftliche Fischküche

Adresse: Via Marconi 20, 25050 Padenghe sul Garda (BS)
Am Kreisverkehr vor Padenghe direkt an der Gardesana

+39 030 990 06 06
www.ristorantefrancesco.net

Ruhetag: mittags täglich geöffnet, Mo–Mi abends geschlossen
Betriebsferien: variabel
Preise: €–€€

Liebhaber von schlichtem Design und großer Ruhe sollten hier vielleicht nicht hingehen. Aber sie verpassen etwas – nämlich freundlichsten Service, lebendige Italianità und – vielleicht mal laute – Quirligkeit bei bester Küche.

Öffnet man die Speisekarte, merkt man sofort: Da kocht jemand mit Liebe und Kreativität. Fisch gibt eindeutig den Ton an, vor allem Meeresfisch, denn der ist hier in exzellenter Qualität zu bekommen. Unbedingt empfehlenswert sind die gemischten Vorspeisen, eine ganze Serie von Salaten, gratinierten Muscheln, kleinen gefüllten Fischen und vielem mehr füllt den Tisch nach und nach. Die Primi sind hausgemacht – egal ob Tagliatelle oder gefüllte Nudeln mit exquisiten Soßen. Etwas ganz Besonderes sind die Kartoffelgnocchi, die in der kalten Jahreszeit mit Olivenpaste, im Sommer auch mal mit pürierten Karotten zubereitet werden – jeweils mit einer feinen Soße aus Fisch oder Meeresfrüchten. Als Hauptspeise gibt es Fisch im Salzteig, erlesenes Fritto misto, aber auch ein wenig Fleisch. Für Süßmäuler hält Marco hausgemachte Semifreddi, Tiramisù oder auch ausgezeichnetes Gebäck bereit. Die Weinauswahl ist zwar begrenzt, aber erstens ist der Hauswein ausgezeichnet und zweitens findet man gute Tropfen aus der Gegend. Die hausgemachten Liköre sollte man sich keinesfalls entgehen lassen.

TIPP

Die Kartoffelgnocchi mit „Geschmack" (zum Beispiel mit Olivenpaste) kann man gut selbst zubereiten. Dazu Olivenpaste mit etwas heißem Wasser aufmixen, Ei und durchgepresste, gekochte Kartoffeln dazu. Ist die Masse zu feucht, ggf. mit Kartoffelmehl binden. Dann Gnocchi formen und in heißem Wasser vorsichtig sieden. Dazu passen Garnelen und rohe Tomatenwürfel. Im Sommer kann man die Gnocchi auch einmal mit pürierten Karotten oder Zucchini zubereiten.

PRATELLO

Bioküche in edlem Ambiente

Adresse: Via Pratello 26, 25080 Padenghe sul Garda (BS)
Oberhalb von Padenghe, beschildert

+39 030 990 70 05
www.pratello.com

Ruhetag: Mittwoch, Juli–August keiner
Betriebsferien: variabel
Preise: €–€€

In einer beeindruckenden Landvilla von einem herrlichen Park umgeben befindet sich ein Biobetrieb der Sonderklasse. Man produziert hier Wein, Olivenöl, Marmeladen und Mostarde, sogar Wolle von den Alpakas, die man bestaunen kann, gibt es hier. Im lichtdurchfluteten Raum mit vielen Fenstern speist man unter der malerischen Balkendecke oder draußen auf den großen Terrassen.

Das meiste, was hier in die Küche kommt, wird auch am Hof produziert, anderes von befreundeten Biobetrieben bezogen. Es gibt verschiedene „Menüs", vom kleinen bis zum opulenten Degustationsmenü. Vorspeise sind verschiedene eingelegte Gemüse mit den feinen Salamisorten des Hauses. Die Primi sind selbstverständlich hausgemacht und werden mit Gemüse der Jahreszeit wie etwa mit Radicchio im Winter oder frischen Tomaten im Sommer, Pilzen im Herbst serviert. Im Sommer wird Fleisch draußen auf dem großen Grill zubereitet, im Winter brodelt Bollito oder Ossobuco auf dem Herd oder es wird der berühmte Spiedo, der reich bestückte Grillspieß, serviert, immer begleitet von Gemüse, gewürzt mit dem eigenen Olivenöl. Hausgemachte Kuchen oder Fruchtsorbets runden das Menü ab. Dazu gibt es die hauseigenen Weine, einen frischen Lugana, einen zartfruchtigen Chiaretto oder einen kräftigen, roten Rebo namens „Nero per Sempre".

TIPP

Die Produkte des Bio-Gutes kann man nicht nur im Restaurant genießen, sondern selbstverständlich auch kaufen. Die Oliven für das Öl werden innerhalb von maximal 24 Stunden verarbeitet, Garantie für beste Qualität. Fein die Marmeladen aus weißen Johannisbeeren, Himbeeren oder Blaubeeren, Fruchtaufstriche aus Kaki oder „Giuggiole", einer Herbstfrucht, die es nur noch selten gibt. Schließlich die oben schon erwähnten Weine, Weiße, Rote und prickelnde Spumante.

VILLA AURORA

Leichter Genuss auf einer blumengeschmückten Terrasse

Adresse: Via Ciucani 1/7, 25080 Soiano del Lago (BS)
An der Straße von Soiano nach Polpenazze

+39 0365 67 41 01
www.ristorantevillaaurora.it

Ruhetag: Mittwoch
Betriebsferien: variabel
Preise: €€

Drinnen ist es fast zu schlicht, aber vielleicht hat man das so gemacht, damit die Blumen draußen besser zur Geltung kommen. Denn auf der überdachten Terrasse, umrahmt von Pflanzen und Blumen, kann man genießerische Stunden verbringen und es stört gar nicht, dass man den See nicht sieht.

In der Villa Aurora präsentiert Küchenchef Idalgo Picinardi eine leichte Küche mit gekonnter Hand und vielen interessanten Ideen. Es gibt viel Fisch aus dem Gardasee und aus dem Meer, einträchtig und gleichberechtigt nebeneinander, einfallsreiche Fleischgerichte und außergewöhnlich gute und schön präsentierte Desserts. Aber nun der Reihe nach: im Frühling überrascht der Koch mit einem Spargelflan in Bagoss-Creme oder mit einem marinierten Coregone mit Kirschtomaten und Kapern, lauwarmem Oktopussalat oder Gamberi mit Zitrussoße. Die zarten Gnocchi kommen mit Perlhuhn-Sugo daher, fein der Risotto mit Gardaseefischen und ihrem Fond. Es gibt Tagliata vom Rind mit bestem Gardasee-Olivenöl, aber auch Schmorbäckchen vom Kalb. Liebhaber von Innereien freuen sich über Kalbsnierchen im Brandy-Jus. Es wäre verkehrt, hier kein Dessert zu nehmen. Zum Beispiel zarte Crêpes mit frischen Erdbeeren und Orangensoße, figurbewusste wählen den Obstsalat im Mandelhippenkörbchen. Auf der Weinkarte Weine aus ganz Italien und vom Gardasee, vor allem Weine des Valtènesi und der Lugana.

135

SAN ROCCO

Genuss im ehemaligen Franziskanerkloster

Adresse: Via Paolo ed Enrico Avanzi 11, 25080 Soiano del Lago (BS)
An der Straße von Padenghe nach Soiano, dann beschildert

+39 0365 198 04 99
www.sanroccoristorante.com

Ruhetag: Montag
Betriebsferien: keine, abends und Sonntagmittag geöffnet
Preise: €€

Die beeindruckenden Gewölbe beherbergten im 13. Jahrhundert ein Franziskanerkloster. Heute wird hier gute Küche gepflegt. Die schönen Räume öffnen sich zu einer großen Terrasse unter Arkaden, auf der man schöne Sommerabende verbringen kann und der Blick geht auf Olivenhaine und hinunter zum See.

Unser Koch braucht viel Öl, lacht Paolo Manestrini. Hier wird nur das hauseigene edle Olivenöl verwendet. Insbesondere die Fische des Gardasees erfahren durch verfeinerte Traditionsküche ihre Veredelung, wie etwa der Coregone (der Döbel) mit einem olivenduftenden Kartoffelpüree oder die Fischsuppe nach Art der Fischer vom Gardasee. Genial der Hecht, der hier mal nicht mit Kapern mariniert, sondern mit Paprikagemüse serviert wird. Wer keinen Fisch mag, kann Carpaccio vom Kalb mit zartem Spinat und Olivenöl oder Rinderfilet mit glasierten Zwiebeln wählen. Es gibt auch vegetarische Speisen wie etwa Eiertagliatelle mit Julienne vom Gartengemüse und Safran oder Riso Venere, den aromatischen schwarzen Reis. Hauptspeisen kommen aus dem See, aber man findet auch besten Meeresfisch und Fleischgerichte wie etwa Tagliata vom Black Angus, jeweils mit gekonnt-kreativen Gemüsebeilagen wie z.B. Topinamburpüree.

Dessertliebhaber freuen sich über ein sehr feines Semifreddo di Caffè, auf zarte Joghurtmousse oder ein erfrischendes Tiramisù mit Gardaseezitronen. Auch auf der Weinkarte versammeln sich die Erzeugnisse der direkten Umgebung: charaktervoller Groppello, feiner Chiaretto oder fruchtig-zarter Lugana, auch glasweise ausgeschenkt. Die Residence und das Restaurant kann man auch für Familienfeiern und andere Festlichkeiten mieten.

TIPP

Die Residence San Rocco bietet Zimmer und Appartements, der Blick von der Terrasse sucht seinesgleichen. Vor wenigen Jahren kam noch ein Pool dazu, und so schwimmt man nun im Olivenhain. Die Ölmühle hat unterhalb der Residence und des Restaurants einen schönen Laden, in dem Olivenöl, aber auch vielerlei andere Spezialitäten sowie hübsche Accessoires aus Olivenholz verkauft werden.

AL MONASTERO

Freundlich, üppig, pompös – ein Ort der großen Gesten

Adresse: Via Paolo ed Enrico Avanzi 1, 25080 Soiano del Lago (BS)
Vom großen Kreisverkehr in Moniga aus beschildert

+39 0365 50 22 03
www.ristorantemonastero.it

Ruhetag: Dienstag
Betriebsferien: 7.–31. Januar
Preise: €–€€€

Eine fast barocke Fülle empfängt einen am Eingang dieses Restaurants. Aber keine Sorge, in diesem großen Restaurant, das gerne für Familienfeierlichkeiten gebucht wird, schafft der überaus kompetente und herzliche Service immer, eine persönliche Atmosphäre zu schaffen. Hier legt man Wert auf Dekoration, feines Geschirr, edle Gläser, ansprechende Blumenarrangements auf den Tischen, freundliche Farben. Im Sommer isst man im wunderbaren Garten. Ein Wellnesshotel mit 19 Suiten ist angeschlossen.

Die Küche verbindet Tradition und Raffinesse. Antipasti, Gemüse und auch Dolci werden auf ausladenden Buffets angeboten, für jeden Geschmack ist etwas dabei. Mittags kann man sich am opulenten Salat- und Gemüsebuffet selbst bedienen. Dort findet man nicht nur klassische, frische Salate, sondern eingelegte Gemüse wie marinierte Karotten oder gefüllte Artischocken. Alles hausgemacht und von ausgezeichneter Qualität. Auf der Karte finden sich hausgemachte Primi wie etwas Gnocchi mit Bagòss und Safran oder Krebsrisotto, aber auch Tagliatelle mit Steinpilzen. Die Secondi entstammen der klassischen Brescianer und auch der internationalen Küche wie Jakobsmuscheln mit Steinpilzen, Roter Tunfisch, Tagliata vom Fassone-Rind im Amaronejus.

Kreativ auch die Dolci wie Tiramisù-Eistorte, Sorbets oder die klassische Sbrisolona. Die Küche beweist Konzentration und Qualität. Die Weine sind mit Bedacht aus der Region gewählt, es finden sich aber auch Flaschen aus anderen Gegenden Italiens und darüber hinaus. Das Preis-Leistungsverhältnis ist erwähnenswert. Lobenswert, dass man das Olivenöl der benachbarten Ölmühle Manestrini verwendet.

L'OSTERIA H_2O

Edelküche mit Traumblick aufs Wasser

Adresse: Via Pergola 10, 25080 Moniga del Garda (BS)
Vom Süden kommend, kurz vor Moniga an der Gardesana

+39 0365 50 32 25
www.losteriah2o.it

Ruhetag: Montag
Betriebsferien: variabel
Preise: €€€–€€€€

Hier ist vor zwei Jahren ein Lieblingsplatz für Gourmets am See entstanden. Mit viel Kreativität, Charme, Eleganz und Erfahrung haben Saulo della Valle und sein Team die Räumlichkeiten gestaltet.

Sowohl vom elegant eingerichteten Speiseraum wie auch von der Terrasse hat man herrlichen Seeblick. Das neue Domizil befindet sich nun nicht mehr versteckt am Rand des Zentrums, sondern an der Hauptstraße kurz vor Moniga. Aus „Suer e Garbino" ist die Osteria H_2O geworden.

Saulo muss bei meiner Frage lachen. Doch, doch, antwortet er, bei uns gibt es eine Weinkarte, etwa 80 Positionen, Weine vom Gardasee aber auch aus ganz Italien und ein wenig auch aus anderen europäischen Ländern: Non solo H_2O steht auf ihrem Titelblatt. Auch der Stil unserer Küche, sagt er, ist gleich geblieben: traditionelle Gerichte mit Innovation, sei es bei der Kombination oder bei der Art der Zubereitung, dazu moderne, kreative Küche auf hohem Niveau. Auf den Namen sind wir gekommen, weil wir – und natürlich unsere Gäste – nun den See so schön sehen.

Weiterhin wird sowohl dem Gardasee- als auch dem Meeresfisch große Aufmerksamkeit geschenkt. Roh, mit Aromen zart verfeinert, kommen Meeresfisch und Krustentiere als Vorspeise auf den Tisch, in Olivenöl mariniert der Gardaseefisch. Klassische Gerichte wie die Bigoli mit Gardasee-Sardinen erfahren hier eine Eleganz, die man dem sonst oft recht robusten Gericht kaum zugetraut hätte. Als Hauptspeise kommt der Hecht mit Trüffel auf den Tisch, das Lachsforellenfilet in Erdnusskruste. Lamm serviert man mit Ananas und Minze. Die Dolci sind Kunstwerke.

Es gibt ein 5-gängiges Degustationsmenü für 88 Euro, das große für 110 Euro hat 10 Gänge und bereitet genießerische Stunden. Es lohnt sich, auf die brillant gestaltete Internetseite zu sehen, hier findet man auch Rezepte der Kochkünstler.

AL RUSTICO DA BENA

138

Bauernküche im Rustico

Adresse: Via Castelletto 12, 25080 Polpenazze del Garda (BS)
In Polpenazze am Kreisverkehr kurz Richtung Calvagese, dann beschildert

+39 0365 67 42 51
www.rusticodabena.it

Ruhetag: Montag
Betriebsferien: im Winter nur am Wochenende geöffnet
Preise: €–€€

Ein wenig versteckt liegt das malerische Restaurant, das sich in einem renovierten Rustico, einem wohl ehemals landwirtschaftlich genutzten Gebäude befindet. Es ist eine herrliche Oase mit einem schönen gepflegten Garten, Tische draußen unterm Blätterdach oder unter Sonnenschirmen. Drinnen sind die Gewölbe und die dicken Steinmauern Zierde genug.

Die Küche ist genauso urig, wie das Ambiente. Man bekommt die klassischen Antipasti der Gegend, nämlich handwerklich produzierte Salamisorten, Schinken, dazu selbst eingelegtes Gemüse. Auch die Pastagerichte sind selbstverständlich hausgemacht, wie etwa würzige Ravioli mit Radicchiofüllung, dazu eine cremige Käsesoße mit einer der hiesigen Käsespezialitäten, dem Bagoss, der aus dem nicht weit entfernten Bagolino in den Bergen über Brescia kommt, ausschließlich aus Bergweidemilch und edlem Safran entsteht. Eine Köstlichkeit. Sehr gut waren auch die Dinkelbigoli mit Spinat. Als Hauptspeise gibt es vor allem Fleischgerichte. Dicke Salsiccia, würzige Salami also, vom Grill, Tagliata vom Rind oder Schweineschnitzel, wiederum in einer kräftigen Käsesoße. Dazu werden gartenfrische Salate und gedünstetes oder gegrilltes Gemüse der Saison gereicht.

Es hätte als Dessert noch Schokoladensalami oder Tiramisù gegeben, doch so weit sind wir nicht gekommen, denn in der Küche wird nicht mit Butter und Sahne gespart. Lobend hervorzuheben ist, dass hiesiges Olivenöl aus einer guten Ölmühle verwendet wird, denn das Öl kommt von Manestrini aus Soiano del Lago wenige Kilometer entfernt. Es gibt Weine der Region, fein (und verdauungsfördernd) auch die hausgemachten Liköre.

TAVERNA PICEDO

Perle im Hinterland, Terrasse mit Seeblick

Adresse: Via Sotto Raso 7, Località Picedo, 25080 Polpenazze del Garda (BS)
Mitten im Weiler Picedo südlich von Polpenazze

+39 0365 67 41 03
www.tavernapicedo.it

Ruhetag: Montagmittag, im Winter auch Dienstagabend
Betriebsferien: variabel
Preise: €€

Es gibt Restaurants, da freut man sich einfach. Erst darüber, dass man ein wenig im Hinterland so etwas Nettes entdeckt hat, dann, weil die Gaststube so schön ist, im Winter der Kamin prasselt, es im Sommer geräumige Terrassen gibt. Dann freut der Blick in die Speisekarte, auf den Brotkorb mit feinen, hausgebackenen Brotsorten.

Als Antipasti gibt es Gemüse in zartestem Tempura-Teig, Meeres- und Gardaseefisch oder Artischocke mit Bagoss-Creme. Die Gemüse bezieht Stefano aus nächster Nähe, in die Küche wandert immer das Beste, was die Jahreszeit bietet. Die Primi kommen selbstverständlich täglich frisch aus der Küche, traditionelle Casoncelli mit Salbeibutter oder Tagliatelle, auch mal mit Jakobsmuscheln oder Garnelen. Bei den Secondi findet man traditionelle Fleischgerichte, die mit kluger Hand modernisiert wurden, zum Beispiel zartes Lamm mit Ofengemüse, Rinderschmorbraten in Olivenöl mit dem köstlichen Öl vom Nachbarn, Ossobuco mit konzentrierter Soße und Risotto, wie man es aus Mailand kennt. Doch Gardasee- wie auch Meeresfisch werden gekonnt und kreativ zubereitet wie etwa Lachsforelle mit Artischocken und confierten Tomaten oder Steinbutt mit Mandelkruste.

Der Weinkeller ist üppig gefüllt, selbstverständlich mit Weinen aus dem Valtènesi, den anderen Weingebieten am Gardasee und darüber hinaus. Sehr fein und wiederum hausgemacht ist das Gebäck zum Caffè. Man merkt einfach, dass Stefano Slaviero, Koch und Patron, Freude am Verwöhnen der Gäste hat. Die Plätze verteilen sich auf mehrere Gasträume. Im Erdgeschoß ein heimeliges Gewölbe mit Kamin, davor eine weite, schöne Terrasse mit viel Grün. Das ganze wiederholt sich im Obergeschoß, nur dass man von der etwas kleineren Terrasse oben eine herrliche Sicht über Olivenhaine und den See hat.

TIPP

Das Restaurant ist auch Enoteca, die Weine kann man auch kaufen. Besonders empfiehlt Stefano den Wein des Demeter-Weinguts Le Sincette. Das Weingut befindet sich gleich unterhalb von Picedo. Am Tisch steht das feine Olivenöl der Azienda Agricola I Lecci gleich in der Nachbarschaft. Probieren darf man auch das edle „No. 1"-Olivenöl von Comincioli, das vor einiger Zeit als „bestes Olivenöl der Welt" ausgezeichnet wurde.

RISTORANTE DA RINO

Sonniger Garten direkt am See und frischer Fisch

Adresse: Via Belvedere 86, Porto Torchio, 25080 Manerba del Garda (BS)
Direkt am See in Manerba

+39 0365 55 11 25
www.ristorantedarino.it

Ruhetag: Dienstag, im Sommer keiner
Betriebsferien: variabel
Preise: €€

Es ist immer schön, wenn man direkt am See etwas Gutes zu essen bekommt, frisch zubereitet und mit großer Freundlichkeit serviert. Das Da Rino ist ein gutes Beispiel, dass die Zeiten von Fertigpizza so langsam zu Ende gehen. Sitzt man draußen, blickt man auf den kleinen, hübschen Hafen, den See und die Berge und kann die Füße fast im See baden. Drinnen ist es gemütlich und gleichzeitig edel.

Hier dominiert frischer Gardaseefisch. Auftakt könnte das „Antipasto Marino" sein, ein Teller mit vielen Leckereien vom Fisch, dazu hausgebackene Focaccia. Wer keinen Fisch mag, kann Bruschette oder ausgezeichneten Schinken bestellen. Hausgemachte Primi werden mit feinen Fischsoßen serviert – aus Gardasee- oder Meeresfisch, doch es gibt auch Tortellini mit Kürbis- oder Fleischfüllung. Fein waren der im Ofen zubereitete Persico, der Barsch aus dem See, und die Gardasee-Sardinen vom Grill. Schön auch, dass es für Kinder oder weniger hungrige Mägen kleine Gerichte wie gefülltes Omelette mit Käse und Schinken oder überbackene Toasts gibt. Als Dessert gibt es Käse, aber auch Süßes wie Salame cioccolato oder Obstsalat im Hippenteig.

Auf der reichhaltigen Weinkarte findet man interessante Tropfen der Gegend, aber auch eine schöne Auswahl an Weinen aus anderen Regionen Italiens.

TIPP

Ein kleines Rezept für Resteverwertung edler Art: Reste von gegrilltem oder auch gedünstetem Fisch vollständig entgräten und in mundgerechte Stücke zupfen. Mit Rucola oder anderen Blattsalaten, vielleicht ein paar rohen Zucchinistreifen und Kirschtomaten, vermischen und mit Zitronen-Olivenöl und etwas Pfeffer würzen. Eine Stunde im Kühlschrank durchziehen lassen und mit einem schönen Chiaretto aus dem Valtènesi servieren.

DALLA CUGINA

Seeblick mit Familienglück

Adresse: Via del Rio 37, c/o Camping Rio Ferienglück, 25080 Manerba del Garda (BS)
In Manerba Nähe Porto Torchio, den Schildern "Camping Rio Ferienglück" folgen.

+39 334 509 86 58
www.dallacugina.it

Ruhetag: im Sommer keiner
Betriebsferien: April–Mai am Wochenende, dann bis Ende September täglich geöffnet
Mitte Oktober–März
Preise: €

Ein neuer Platz am See, an dem die ganze Familie glücklich wird. Schon morgens gibt es Frühstück, am Sonntag Brunch. Für jene, die sich nicht an die etwas strengen italienischen Essenszeiten halten möchten, aber gleichzeitig nicht auf industriell hergestelltes Fertig-Fast-Food zurückgreifen wollen: hier gibt es durchgehend etwas zu essen. Den ganzen Tag über erhält man hausgemachte Hamburger mit frischem Brot vom Bäcker aus Manerba und einem hausgemachten Hacksteak aus Black Angus. In den Piadine, den dünnen Brotfladen, steckt frisches Gemüse von Bauern aus der Gegend, ausgezeichneter Schinken und guter Käse. Der Käse hier kommt von der Alpe del Garda in Tremosine, das Olivenöl, mit dem Bruschette beträufelt und Salate angemacht werden, von der Ölmühle Manestrini in Soiano womit auch einfache Gerichte wie Spaghetti Aglio-Olio etwas Besonderes werden. Wurst und Fleisch für Aufschnittplatten oder Carpaccio kauft man beim Centro Carni in Pozzolengo, einem der besten Metzger der Gegend. Koch Michele Carrara bietet mittags und abends (schon ab 18.30 Uhr) Gerichte wie Fritto Misto, knusprige Hühnerflügel oder hausgemachte Lasagne, dazu immer wieder wechselnde Tagesgerichte mit Produkten der Saison und Gardaseefisch. Als Nachtisch hausgemachtes Tiramisù, Panna Cotta mit Früchten oder frischer Obstsalat mit Eis. Hier, direkt am See mit Spielplatz für Kinder, können die Erwachsenen einen gepflegten Aperitivo genießen, eine Kleinigkeit dazu essen und entspannt auf den See blicken.

DALIE E FAGIOLI

Sternehandschrift im Agriturismo

Adresse: Via Campagnola 45, 25080 Manerba del Garda (BS)
Von Süden kommend am Ortsausgang von Manerba

+39 0365 190 33 11
www.dalieefagioli.it

Ruhetag: keiner
Betriebsferien: variabel
Preise: €€

Bei einem Brotbackkurs lernten sich Antonella und Fabio kennen und lieben. Zwei leidenschaftliche Gastronomen haben sich getroffen und gemeinsam ein kleines Paradies für sich und für uns Genießer geschaffen. Fabio Mazzolini kennen Gourmets vom Quintessenza in Moniga, wo er sich einen Michelin-Stern erkocht hat. Diese Handschrift merkt man nun im neuen Lokal, das aber als Agriturismo geführt wird, also bodenständiger und freilich günstiger.

Nähert man sich dem Lokal, fällt das ungewöhnliche Logo zum ungewöhnlichen Namen auf: mit Dahlien und – jawohl – Bohnen ist die ansonsten gelbe Hauswand verziert. Der Name ist hier Programm, edle Präsentation einfachster Zutaten. Es ist ein gemütliches Lokal mit viel Charme und freundlichem Service. Die Speisekarte verrät, woher die Produkte kommen, ganz in guter Slow-Food-Manier.

Schon bei den Antipasti beginnt die Qual der Wahl: Steinpilzflan auf Kürbiscreme oder „Tonno di coniglio", zartest geschmortes Kaninchen? Als Primo Bigoli mit Fisch und wildem Fenchel oder „Tortelli di Spiedo", mit Fleischsorten gefüllt, wie sie auf dem klassischen Brescianer Spieß zu finden sind? Als Hauptspeise beinahe schmelzende Wachteln auf duftigem Kartoffelschaum oder Kalbsbries mit Artischocken. Wenigstens die hausgemachten Sorbets sollte man danach unbedingt noch probieren.

Bei der Auswahl der Weine legt man besonderen Wert auf regionale Weine und kleine, noch unbekannte Weingüter, auch hier stehen Qualität und nicht schillernde Namen im Vordergrund.

TIPP

Antonella und Fabio stellen einige Produkte her, die man kaufen kann. Auch hier merkt man den Einfluss von Nord und Süd. So gibt es etwa „Polvere di Arance" oder Orangenmarmelade mit Lavendel, hausgemachte Hartweizenpasta, aber auch Mostarda und das eigene Olivenöl aus Polpenazze.

ALLE TROTE

Frische Forellen vom Feinsten

Adresse: Via Bariaga 24, 25085 Gavardo (BS)
Zwischen Salò und Gavardo

+39 0365 312 94
www.trattoriatrote.it

Ruhetag: Dienstag, Nov.–März auch Montagabend
Betriebsferien: variabel
Preise: €€

Wenn man den Tipp zu einem Fischrestaurant von einem Fischhändler vom Ammersee bekommt, dann muss der Fisch gut sein. Heini und Elsa vom „Fischheini“ aus Schondorf also meinten: „Sagenhaft saftig, die Forellen, toll die Vorspeisen. Du siehst, wie die Fische draußen in geräumigen Zuchtbecken schwimmen. Man sitzt wunderschön, ganz elegant. Wir gehen dort immer hin, wenn wir am Gardasee sind. Am liebsten mit vielen Freunden und dann stehen die feinen Speisen in großen Platten in der Mitte vom Tisch und jeder nimmt sich. Einziger Nachteil: Man isst zu viel, weil es so gut ist.“

Und in der Tat: Die Fische sind tagesfrisch und werden zu feinen Vorspeisen verarbeitet, mariniert, geräuchert und mit bestem Olivenöl auf den Tisch gebracht oder als zarte Forellencreme zur hausgemachten Pasta gereicht. Sodann gibt es sie als Hauptspeise in allen erdenklichen Arten: in Folie mit Gemüse gedünstet, gegrillt, mit Kapern oder in Kräuterkruste. Es gibt aber auch Fleischgerichte wie Gänseschinken als Vorspeise, Bigoli mit Entensugo als Primo oder gefüllte Perlhuhnbrust. Doch auch Meeresfische und Krustentiere werden kreativ zubereitet.

Wo es viel Fisch gibt, legt man großen Wert auf die Auswahl an Weißweinen - sie stammen, wie die Roten und Rosés auch, von den besten Produzenten der Gegend und aus ganz Italien.

TIPP

Es gibt Leute, die meinen, man könne nur Meeresfisch roh essen. Doch auch Forellen, Lachsforellen oder Saiblinge schmecken roh vorzüglich. Zum Beispiel dünn geschnitten als Carpaccio mit Zitrusfrüchten. Dazu Zitronensaft auspressen, mit etwas Olivenöl, Salz und Pfeffer würzen. Den Saft sowie einige Zitronen- und Orangenfilets über die Forellen geben. Sofort servieren, denn der Fisch „gart“ durch die Säure der Zitrone.

FIOR DI LOTO

Fleisch mit Weltklasse

Adresse: Via dei Laghi 8, 25080 Puegnago del Garda (BS)
Von Puegnago aus beschildert

+39 0365 65 42 64
www.ristorantefiordiloto.it

Ruhetag: Montag und Dienstag
Betriebsferien: im Januar
Preise: €€–€€€

Man sollte sich hier nicht vom Namen verwirren lassen: Fior di Loto heißt zwar Lotusblüte, doch wer meint, hier gäbe es leichte Gemüseküche, der irrt. Der gepflegte Garten ist eine Oase der Ruhe, die Bäume vor der Terrasse sorgen für angenehme Kühle an heißen Tagen, innen dominieren der riesige Grill und eine prall gefüllte Fleischtheke den Raum. Mit Kennerblick ausgewähltes Fleisch aus Italien, Spanien, Schottland, Bayern, das fachmännisch abgehangen wurde, steht hier im Mittelpunkt. Die faszinierende Vielfalt fängt bei den Antipasti an: Carne salada, Culatello di Zibello mit Nuss-Brioche, spanischer Patanegra-Schinken. Als Primi hausgemachte Nudeln oder Risotti mit Pilzen und Trüffeln, Tortellini mit Radicchio Trevisano, ein wenig Gardaseefisch.

Als Hauptspeise gibt es vielfältige und begeisternde Zubereitungen von Rind, Schwein, Lamm, nicht nur vom Grill, Schmorbäckchen, Perlhuhn, Spanferkel mit Steinpilzen. Auch Gemüse kommt perfekt gegrillt auf den Tisch. Da bleibt kaum Platz für die feinen Desserts, die den frischen Früchten der Saison viel Raum lassen, nicht nur als Dekoration zu Sorbet und Eis. Die Weinkarte bietet über 100 Etiketten aus der Region und ganz Italien, mit einigen interessanten Tropfen aus Frankreich.

TIPP

Der Hirschschinken wird hier mit einer interessanten Balsamico-Reduktion mit Waldfrüchten serviert. Dazu nimmt man normalen Balsamico und Beerenfrüchte wie Blaubeeren, schwarze Johannisbeeren oder Brombeeren. Sie lässt man zunächst im Essig ziehen, püriert das Ganze und lässt es dann im offenen Topf sirupartig einkochen. Danach gibt man die Flüssigkeit durch ein Sieb und beträufelt damit Eis, kalten Braten und Schinken oder vorsichtig dosiert auch Meeresfrüchte.

145

RISTORANTE SOGNO

Traumhaftes Wohlfühlen direkt am See

Adresse: Via Porto 41, 25010 San Felice del Benaco (BS)
Am Hafen von San Felice mit schönem Blick

+39 0365 621 02
www.ristorantesogno.com

Ruhetag: keiner, November–Mitte Dezember nur den Wochenenden abends geöffnet
Betriebsferien: Mitte Dezember bis zum Valentinstag
Preise: €€–€€€

Die wunderbare Lage direkt am See mit einem schönen Blick über das Südufer lässt die Herzen höher schlagen. Die elegante Einrichtung wie die liebevoll angerichteten Teller bieten Schönes für die Augen, bevor sich der Gaumen freut. Man sitzt unter weißem Segeltuch, so nah am See, dass man die Füße fast im Lago baden kann. Die Residence und Hotel Sogno steht für die zur Verfügung, die bleiben wollen.

In der Küche steht Frische an erster Stelle. Die Vorspeisen mit rohem Meeresfisch und Krustentieren sind vorzüglich, berühmt ist der Wolfsbarsch im Salzmantel zur Hauptspeise. Vorneweg können Gnocchi mit Krebsen, Lauch, Kürbis und Haselnüssen überraschen oder die Taglierini mit Pfifferlingen und Taubenragout. Wer die fein zubereiteten Fische aus See und Meer lieber durch zart gebratenes Fleisch ersetzen möchte, wird ebenfalls fündig - wie wäre es mit Rinderfilet vom Grill und Kartoffel-Millefeuille oder Lammfilet im Mohnmantel? Zum Nachtisch bietet sich eine reichhaltige Käseplatte mit köstlichen Fruchtmostarde oder warme Apfel-Feigen-Törtchen an. Weinliebhaber finden eine reiche Auswahl italienischer Tropfen zu angemessenen Preisen, wobei die Stärke eindeutig bei den Weißweinen liegt. Die exquisite Lage muss man allerdings ein wenig mitbezahlen.

VILLA ARCADIO

Elegante Küche im historischen Gemäuer

Adresse: Via Navelli 2, 25087 Salò (BS)
Südlich von Salò in den Hügeln, beschildert

+39 0365 422 81
www.hotelvillaarcadio.it

Ruhetag: keiner
Betriebsferien: 21. Dezember–Mitte März
Preise: €€€–€€€€

Das herrliche Kloster aus dem 14. Jahrhundert liegt inmitten eines gepflegten Parks. Von der Terrasse hat man einen sagenhaften Blick auf die Bucht von Salò und den Monte Baldo gegenüber. Die historischen Mauern wurden mit sehr feinem Gespür (und einem immensen Einsatz) renoviert. Die Einrichtung hält eine perfekte Balance zwischen modernen Stücken und Antiquitäten. Ein edler Platz zum Wohlfühlen, von der gebürtigen Finnin Jaana liebevoll betreut.

Mit lokalen Produkten, an Frische kaum zu übertreffen, wird hier regionale Küche gepflegt. Es gibt beispielsweise je nach Jahreszeit wechselnde, perfekt zubereitete Risotti oder Pasta, wie etwa Tortelli mit Bagoss, dem edlen Käse aus Bagolino. Liebhaber leichter Kost wählen den Vorspeisenteller mit allerlei Meeresfisch. Die Hauptspeisen entstammen auch mal der internationalen gehobenen Küche – wie etwa Lammkrone mit knackigen Gemüsen.

Lobenswert ist die Präsentation der Speisen. Frische Kräuter ebenso wie mancherlei Beeren zum Dessert stammen aus dem wunderschönen Garten.

Sehr freundlich kalkuliert sind die Weine aus der an interessanten Tropfen reichen Region des Valtènesi und darüber hinaus.

Wer bleiben möchte, mietet eines der 18 komfortablen Zimmer und genießt das Angebot eines 4-Sterne-Hotels.

IL BAGNOLO

Ein Agriturismo wie im Bilderbuch

Adresse: Località Bagnolo - Frazione Serniga, 25087 Salò (BS)
Ca. 8 km von Salò in die Berge

+39 0365 202 90
www.ilbagnolo.it

Ruhetag: Dienstag, nur abends geöffnet, am Wochenende auch mittags
Betriebsferien: 10. Januar–10. März
Preise: €–€€

Schon die Kurven hinauf sind ein Erlebnis, nur ein wenig weg vom See befindet man sich dann in grüner Natur und großer Ruhe. Der urige, liebevoll renovierte Gutshof kann auch als Ausgangspunkt für Spaziergänge und ausgedehnte Wanderungen dienen. Danach genießt man im Garten oder den heimeligen Gasträumen bodenständige, mit viel Liebe zubereitete traditionelle Speisen.

Fatta in casa – hausgemacht kann hier als große Überschrift über allen Speisen stehen. Dazu kommt, dass viele Zutaten aus eigener Produktion stammen, denn sowohl Milchprodukte wie auch Fleisch stammen vom Hof, viel Gemüse kommt aus dem eigenen großen Gemüsegarten.

Daraus zaubert die Küche nach Großmutters Rezepten, die man mit ein wenig moderner Eleganz verfeinert hat, dichte Ragouts für die Pastagerichte. Ausgezeichnet der in Rotwein geschmorte Rinderbraten, zart die Kalbshaxe mit gebratenem Gemüse. Fein sind Carpaccio und frisch geschnittenes Tartar, das mit Gardaseezitronen und Olivenöl gewürzt wird. Im Garten und ums Haus wachsen auch Beeren, woraus ein wunderbar saftiger Beerenkuchen entsteht oder hausgemachtes Eis, mit der Milch und der Sahne der eigenen Kühe hergestellt.

Der Hauswein ist hervorragend, kein Wunder, denn er wird von Antonio Leali di Monteacuto aus Puegnago del Garda gemacht.

TIPP

Viele der Produkte kann man auch kaufen: Wurstwaren wie Salami, Coppa oder Lardo, jeweils mit dem Fleisch der eigenen Tiere und ausschließlich natürlichen Gewürzen hergestellt. Dann gibt es Milch, Butter, Joghurt, Sahne und hausgemachtes Eis. Die Kühe grasen auf der Weide, daher ist ihre Milch auch Grundlage von feinem Käse, wie er eben nur aus der sogenannten „Heumilch" entstehen kann. Hier gibt es Caciotta, der etwa 3 Monate reift, und Bergkäse mit 8 Monaten.

ANTICA CASCINA SAN ZAGO

Kochkunst im alten Kloster

Adresse: Via dei Colli 54, 25087 Salò (BS)
Oberhalb der Umgehungsstraße von Salò

+39 0365 427 54
www.anticacascinasanzago.it

Ruhetag: Montagabend und Dienstag
Betriebsferien: variabel
Preise: €€€

Die dicken Steinmauern stammen aus dem 17. Jahrhundert. Der Garten ist so schön, dass man sich manche Ideen mit nach Hause nehmen wird. Geschirr, Tischwäsche, Möbel, alles edel. Ein Ort, wo man sich zum Genießen Zeit nehmen sollte.

Patron Carlo Bresciani liebt die japanische Küche. Gern serviert er deshalb Fisch oder Fleisch roh. Aber nicht nur dies wurde von der japanischen Küche entlehnt, sondern auch die Harmonie der Farben auf dem Teller, die Dekoration von der Vorspeise bis zu den Desserts, für die Sohn Alberto zuständig ist. Aber dann kehrt man zurück zur Heimat, zum Gardasee. Denn alles, was es hier gibt, wird von Produzenten vor Ort bezogen. Besonders das Olivenöl des Lago di Garda ist Carlos Passion. Es harmoniert wunderbar mit Fischen, aus See und Meer, mit feinen Gemüsen. Gerne verwendet man hier auch den edlen Bagoss, den gereiften Käse mit Safran aus Bagolino, zum Beispiel als aromatische Füllung der selbstverständlich hausgemachten Tortellini. Als Vorspeisen könnte man Oktopus auf Topinamburcreme oder die edlen roten Garnelen, mariniert auf zweierlei Art, wählen. Primo könnte ein Safranrisotto mit „Mousse" von Ossobuco sein oder eine delikate Meeresfischsuppe. Dann folgen zum Beispiel Gardaseefisch in Zitrusduft oder Rinderfilet mit Kapern aus Gargnano.

Auf Desserts sollte man hier keinesfalls verzichten, denn sie sind nicht nur für das Auge, sondern mit den schmelzenden Aromen auch für den Gaumen ein Hochgenuss.

OSTERIA DI MEZZO

Vom Materiallager zur gemütlichen Osteria: welch ein Aufstieg!

Adresse: Via di Mezzo 10, 25087 Salò (BS)
In einer schmalen Gasse in der Altstadt von Salò, unterhalb der Gardesana

+39 0365 29 09 66
www.osteriadimezzo.it

Ruhetag: Dienstag
Betriebsferien: Anfang Januar bis Anfang Februar
Preise: €–€€

Dass die urgemütlichen Gewölbe einmal ein Materiallager waren, kann man heute kaum mehr glauben. Gleich hinter dem schmalen Uferstreifen geht es steil hinan. Um den Berg zu befestigen, grub man schon zu Römerzeiten Gewölbe und mauerte sie aus. Mit heimeligem Licht und schönen alten Möbeln entstand hier vor gut zehn Jahren die Osteria di Mezzo.

Eine Osteria im wahrsten Sinne des Wortes – wo man mittags und abends ausgiebig tafeln, aber auch dazwischen einfach ein Glas Wein trinken und eine Kleinigkeit essen kann. Mamma Dory in der Küche, Vater und Sohn im Service legen Wert auf regionale Zutaten. Besondere Aufmerksamkeit wird daher den Fischen des Gardasees geschenkt. Ob als variantenreiche Antipasti, als Primi, die selbstverständlich alle hausgemacht sind, wie etwa Crespelle, die zarten, dünnen Pfannkuchen mit Schleie. Als Hauptspeise gibt es gebratene Gardaseesardinen mit Bio-Olivenöl aus der Nachbarschaft. Aber auch verschiedene Wurst, Fleisch und Käse kommen nicht zu kurz. Besonders fein und nachahmenswert sind die hausgemachten Bandnudeln mit Kakao, Fonduta aus Tremosine-Käse und Birnen.

Besonders hervorzuheben ist der Käsewagen: dort findet man Käsespezialitäten von verschiedenen Käsereien, mit Liebe und Sorgfalt vom Wirt ausgewählt und präsentiert. Käseliebhaber sollten sich das keinesfalls entgehen lassen! Wer keinen Käse mag, widmet sich Dorys Dolci wie etwa dem Granatapfel-Parfait oder ihren Kuchen. Wie es sich für eine Osteria gehört: eine sehr schöne Weinauswahl, angenehme Preise und viele Weine auch glasweise.

OSTERIA DELL' OROLOGIO

Klassiker im Zentrum

Adresse: Via Butturini 26, 25087 Salò (BS)
In der Mitte der Fußgängerzone

+39 0365 29 01 58
www.osteriadellorologio.it

Ruhetag: Mittwoch
Betriebsferien: variabel
Preise: €€

Die Osteria dell'Orologio hält nach wie vor die Küchentradition des Westufers des Gardasees hoch. Sie ist Osteria im klassischen Sinne - die Weinauswahl ist üppig. Man könnte mit einem Glas Franciacorta beginnen, einige der besten Tropfen finden sich hier. Sodann sind viele der besten Weingüter des Brescianer Ufers des Gardasees und seinem Hinterland vertreten, darüber hinaus auch Weine aus ganz Italien. Zum Glas Wein kann man Salami mit eingelegten Zucchini genießen und seinen Stadtbummel fortsetzen.

Doch man kann auch die klassische Menüfolge kennen lernen. Frische Nudeln wie die Tagliatelle mit Entensugo, Strangolapreti mit Butter und Salbei, feine Crespelle mit Gemüse der Saison als Primi. Secondo könnte vielleicht ein gebratenes Spanferkel, ein tagesfrischer Fisch aus dem See vom Grill oder Manzo all'Olio sein. Dieser Rinderbraten, ein Rezeptklassiker der Brescianer Küche, wird in sehr viel Olivenöl bei niedriger Temperatur geschmort und so wunderbar zart. Sonntags gibt es den Spiedo, den Brescianer Fleischspieß. Die hausgemachten Kuchen erscheinen zunächst schlicht (Apfel, Käse), sind aber genau wie das Tiramisù ein willkommener Ausklang.

OSTERIA TIRABUSÙ

Noch ein Grund, Salò zu besuchen

Adresse: Piazza Sant' Antonio 25, 25087 Salò (BS)
Nicht weit hinter dem Rathaus

+39 342 094 96 50
www.osteriatirabusu.it

Ruhetag: keiner, 7 Tage mittags und abends geöffnet
Betriebsferien: variabel
Preise: €€

Lassen Sie sich nicht beirren, wenn Sie nach dem Lokal fragen und die Antwort erhalten, eine Osteria „Tiramisù" gäbe es nicht. Es gibt sie und sie heißt Tirabusù; das bedeutet „Korkenzieher" im Dialekt und dies ist der Name einer „Osteria con Cucina" im ganz klassischen Sinne. Hier genießt man interessante Weine, dazu eine moderne Slow Food Küche, die mit viel Fröhlichkeit und einem charmanten kulinarischen Augenzwinkern gepflegt wird. Man verwendet die besten Produkte der Gegend, voran den Fisch aus dem Garda- und dem nahen Iseosee und zaubert daraus Speisen, die aus Großmutters Rezeptbuch stammen, mit eigener Handschrift versehen. „Sarde di qui e Sarde di là" nennt sich ein köstliches Duo aus Gardaseefisch in Saor-Marinade und den seltenen getrockneten Sardinen vom Iseosee. Ausgezeichnet auch der Hecht mit hiesigem Bio-Olivenöl. Klassische Kürbisgnocchi werden von Rotbarben begleitet, der Sardinen-Sugo zu den hausgemachten Spaghetti ist leicht und aromatisch: die Fische werden mit Zitronenconfit, Kirschtomaten und Renkenbottarga verfeinert. Probieren sollte man auch die feinen Kastaniennudeln mit Entensugo oder den Octopus mit Topinamburcreme. Als Hauptspeise gibt es gekonnt zubereiteten Gardaseefisch oder ausgezeichnetes Rindfleisch. Es lohnt sich, nach Tagesgerichten zu fragen – zum Beispiel ein niedertemperaturgegarter Aal, der ein Gedicht war oder hausgemachte Bandnudeln mit Trüffel. Verführerisch auch die Desserts wie ein zarter Mandelpudding mit Schokoladenmousse, gebrannten Mandeln und Meringenbröseln oder ein leichtes hausgemachtes Sorbet. Käseliebhaber genießen den berühmten Bagoss aus Bagolino, einen Puzzone di Moena aus dem Trentino oder in Rotwein affinierte Bergkäse der Hochebene um Asiago. Der Service ist professionell und dabei fröhlich – ein Restaurant mit Wiederholungseffekt.

TIPP

Die Weine kann man auch zum Mitnehmen kaufen, dazu eine schöne Auswahl an Essigspezialitäten, Bio-Olivenöl von Poggioriotto und hausgemachte Marmeladen wie zum Beispiel aus „Cedri", den bitter-aromatischen Gardaseezitronen.

GABRIELLINO

Gratulation zum Umzug

Adresse: Piazza Cavour 29, 25087 Salò (BS)
Am südlichen Ende der Seepromenade gelangt man durch eine schmale Gasse zum Restaurant

+39 0365 29 07 46
www.gabriellino.com

Ruhetag: Montag
Betriebsferien: variabel
Preise: €€–€€€

Vor noch nicht allzu langer Zeit ist das Gabriellino von Gardone nach Salò umgezogen. Da viele der schönen Bilder, Dekoration und Möbel mit umgezogen sind, fühlt man sich hier ebenso wohl. Schönes Licht, sanfter Jazz sowie der professionelle und sehr herzliche Service von Alessandro und Massimiliano schaffen Wohlfühlatmosphäre. Sitzt man draußen, fast direkt am See, sieht man die Isola del Garda im Wasser glitzern. Ein Platz zum Genießen mit allen Sinnen.

Wer mal keine Lust auf allzu traditionelle Gardaseeküche hat, geht ins Gabriellino und findet dort ihre elegante Verfeinerung. Schon der Gruß aus der Küche zeigt das Können des japanischen Kochs. Auf keinen Fall sollte man die Antipasti auslassen: Carpaccio von zarten Artischocken oder die rohen Meerestiere, hier mit passenden Soßen verfeinert. Die mit Radicchio di Treviso gefüllten Rote Bete-Ravioli, sind hervorragend, bodenständiger sind die Garganelli mit Entensugo. Bei den Secondi kann man zwischen Edelfleisch oder gekonnt zubereiteten Meeresfischen wählen. Die Dolci klingen zunächst schlicht: Schokotörtchen, Schneeball, Vanilleeis. Doch das Eis besteht fast nur aus Eigelb, beim Törtchen überrascht gekonnte Würze mit Chili und der Schneeball wird – Kontrast für Zunge und Augen – mit frischem Obst umlegt. Eine schöne Weinkarte, die sich auf die bekannten Weingegenden Italiens wie das Friaul oder Piemont konzentriert, aber es gibt auch Gardaseeweine.

OSTERIA ANTICO BROLO

Kulinarisches Können im Innenhof

Adresse: Via Carere 10, 25083 Gardone Riviera (BS)
Zwischen Giardino Botanico und Vittoriale, beim Rathaus

+39 0365 2 14 21
www.ristoranteanticobrolo.it

Ruhetag: Montag, im Winter Mo–Mi
Betriebsferien: Januar–Mitte Februar
Preise: €€

Oberhalb des Giardino Botanico von André Heller zwischen hohen Zypressen befindet sich gleich beim Rathaus das Antico Brolo. Der uralte Innenhof wurde wunderschön gestaltet, drinnen reihen sich drei hübsch gestaltete kleine Räume aneinander. Logenplatz ist ein Tisch für zwei Personen auf dem Balkon mit Blick auf all die Herrlichkeit des Gardasees.

Leidenschaft, handwerkliches Können, Kreativität und Bodenständigkeit: Wenn das zusammentrifft, entsteht etwas Wunderbares. Schon beim selbstgebackenen Brot und einem netten Willkommensgruß in Form von Parmesan-Lollies merkt man das. Es geht bei den Antipasti weiter, bei denen wir die „Quattro Assagini", also viererlei Vorspeisen, empfehlen. Ob man dann Bio-Dinkel-Gnocchi oder die hausgemachten Spaghettini mit Trüffeln als Primo wählt oder gleich zum duftenden Rinderbraten in Olivenöl oder Gardaseefisch in Zitronenessenz übergeht, man wird immer aufs Neue überrascht von der Dichte der Aromen und der hinreißenden Präsentation. Für ein Dessert sollte man Platz lassen, Schleckermäuler wählen die Selezione der hausgemachten Dolci. Die Weinkarte versammelt die besten Produzenten des lombardischen Gardasees und darüber hinaus. Eine gute Auswahl von Weinen gibt es auch glasweise.

DUE DI MORO

Ein Bioparadies schwebt über dem See

Adresse: Via Ceriolo 23–25, 25083 Gardone Riviera (BS)

An der Ampel in Gardone Riviera links zum Rathaus (Municipio) und nach ein paar Kurven rechts der Beschilderung „Percorso Panoramico Via Ceriolo“ folgen. Es geht sehr steil nach oben, die Straße ist befahrbar, obwohl sie nur mit Natursteinen befestigt ist.

+39 0365 2 01 01
www.duedimoro.it

Ruhetag: Mo–Do, nur Fr, Sa, So abends geöffnet
Betriebsferien: 15.11.–15.3.
Preise: €

Ist man erst einmal hier oben angekommen, fühlt man sich dem Paradies schon ein kleines Stück näher. Das Jahrhunderte alte Bauernhaus wurde baubiologisch renoviert, ganz wunderbar vermählt sich alter Cottoboden mit einer modernen Feuerstelle, die Wände brauchen keine Bilder - das Material ist Zierde genug. Herrlich auch der Blick von den Tischen auf der überdachten Veranda, egal ob bei Tageslicht, wo man den See unter sich glitzern sieht oder abends, wenn die Lichter der Uferpromenaden die Umrisse des Sees nachzeichnen.

Die Küche von Luca Moro ist klar, präzise, schnörkellos. Er verwendet nur erstklassige Bioprodukte in seiner Küche, vor allem Gemüse, dem er Charakter und Aromen verleiht. Besonderes und lobenswertes Augenmerk erhält auch das arg gebeutelte Olivenöl: Luca stellt es selbst her, im Winter reist er gern nach Apulien und ist dort auf der Suche nach erstklassigem Öl und auch nach charakteristischer Pasta. Abend für Abend wechselt die Karte: es gibt vegetarische Gerichte, vegane aber als Hauptgang auch Fisch vom Gardasee. Je drei Antipasti, Primi und Secondi stehen zur Wahl, etwa Kräuterbruschetta oder Balsamicozwiebeln. Als Primo Gemüselasagne mit zarten Böhnchen oder Karottengnocchi, die so zart sind, dass sie fast über dem Teller schweben. Als Secondo wird eine perfekt gegrillte Renke angeboten. Beim Ratatouille aus gelber Paprika, Kartoffeln und Zwiebeln als vegetarischem Hauptgericht sind wir etwas gespalten: es war sehr gut, aber wir finden, für ein Secondo sollte etwas mehr Abwechslung auf den Teller kommen.

Die Dolci sind hervorragend. Ein perfekt gewürztes Birnensorbet mit Zimt und Birnengeist oder Tarte Tatin von Birne und Honig. Die Weinkarte: eine liebevolle, gelungene und stattliche Auswahl der Bioweine der Gardaseeregionen in ausgezeichneter Qualität.

TIPP

Das malerische B&B hat fünf Zimmer und zwei Appartements mit einem außergewöhnlichen Seeblick. Für Gäste wird jeden Abend gekocht. Dazu gibt es von Zeit zu Zeit Kochkurse. Informationen dazu auf der Internetseite.

TRATTORIA RIOLET

Unvergleichlicher Blick auf den See, klassische Familienküche

Adresse: Via Fasano Sopra 75, 25083 Gardone Riviera (BS)
Ab Vittoriale gut beschildert

+39 0365 2 05 45

Ruhetag: Mittwoch
Betriebsferien: variabel
Preise: €

Das gut besuchte Lokal liegt oberhalb von Gardone am Hang und bietet mit seinen zwei Terrassen einen angenehmen Aufenthalt mit phantastischem Panorama. Die Einrichtung ist schlicht, innen dominiert der große Kamingrill, an dem Ernesto Formica seiner schweißtreibenden Arbeit nachgeht. Sowohl Touristen wie Italiener schätzen die Trattoria, weshalb reservieren unbedingt zu empfehlen ist.

Zum Einstieg sollte man sich die Antipasti della casa nicht entgehen lassen: mehrere Tellerchen mit Salami, eingelegten und gebratenen Fischchen und Gemüse. Als Alternative zu den guten hausgemachten Pastagerichten bieten sich die köstlichen Crespelle mit zarten Zucchini und Basilikum an. Vom Grill kommen dann Blaufelchen oder anderer Fisch, Würste, Lamm, Schwein, Rind sowie sonntags und auf Vorbestellung der riesige Spiedo, der gemischte Spieß, den die Brescianer so lieben. Der Dessertwagen bietet eine interessante Auswahl an hausgemachten Kuchen (darunter eine hervorragende Sbrisolona – Mandel-Streusel-Kuchen). Passend zu der einfachen, bodenständigen Küche eine überschaubare Weinkarte mit feinen Tropfen aus der Region.

TIPP

Man fährt zur Trattoria am Vittoriale degli Italiani vorbei, das an sich sehenswert ist. Relativ neu ist das Konzertprogramm dort, wo Programm von Klassik bis Rock geboten wird. Mehr unter www.anfiteatrodelvittoriale.it.

AGRITURISMO DEL GUSTO

Ein kleines Paradies in den Bergen

Adresse: Località Lintri-Montemaderno, 25088 Toscolano Maderno (BS)
Ab der Kirche von Montemaderno beschildert

+39 331 385 38 17

Ruhetag: Mittwoch. Nur abends, am Wochenende auch mittags geöffnet.
Betriebsferien: 15. Oktober–15. Dezember
Preise: €–€€

Im Reich von Fiorenzo Andreoni wachsen Kräuter, Gemüse und Obst, es werden Kaninchen, Hühner und Wachteln gehalten, im Tal unterhalb gibt es einen Fischteich mit Saiblingen, man schnuppert Natur, hört das Zwitschern der Vögel und Stille. Ein kleines Paradies. Der einzige Raum beherbergt Küche, Ölmühle, ein Klavier und vier Tische, an denen bis zu maximal 16 Personen Platz finden. Achtung: Abenteuerliche Zufahrt! Und: unbedingt reservieren.

Eine Preisangabe zu Antipasti fehlt, denn die kommen kostenlos in Form von selbstgebackenem Brot, hauseigener Oliven- und Tomatenpaste inklusive hauseigenem Olivenöl von genialer Qualität auf den Tisch. Zarteste Tagliatelle werden mit den Eiern der eigenen Hühner hergestellt, im Winter gibt es dazu Trüffel, im Sommer einen Sugo aus frischen Tomaten und Zitronen vom Gardasee. Erfrischender kann ein Primo kaum sein, köstlicher dank vieler Eigelb Nudeln auch nicht. Zu Kaninchen, Wachtel oder Huhn gibt es eigenes Gemüse, zum Dessert hausgemachtes Eis. Eine kleine, aber sehr erlesene Auswahl an Weinen der Gegend vollenden das Glück derer, die hinauf gefunden haben und sich von Fiorenzo in eine ganz andere Welt versetzen lassen. Er macht hier oben alles selbst, er sei Koch, Ober und Tellerwäscher in einem, sagt er schmunzelnd.

TIPP

Einige der Köstlichkeiten aus Fiorenzos Produktion kann man auch kaufen, vor allem das edle Olivenöl. Er hat drei Sorten, ein Reinsorten-Casaliva, ein Öl aus der hier heimischen Sorte Gargnà und dann ein sizilianisches Olivenöl der Sorte Tonda Iblea, denn er besitzt auch einen Hain in Sizilien. Dann gibt es – manchmal – eingelegte Gardasee-Kapern, eine Seltenheit, und Oliven- sowie Tomatenpaste, wobei die Tomaten – sonnengetrocknet – von seiner Nachbarin in Sizilien stammen.

SOSTAGA

Atemberaubender Blick und feine Speisen

Adresse: Via Sostaga 19, 25084 Navazzo di Gargnano (BS)
Etwa 8 km oberhalb von Gargnano Richtung Lago di Valvestino

+39 0365 79 12 18
www.ristorantesostaga.it

Ruhetag: im Sommer keiner
Betriebsferien: variabel
Preise: €€€

Die ehemalige Jagdresidenz der Grafen Feltrinelli liegt hoch über dem Gardasee in einer 40 Hektar großen Parkanlage. Die Terrasse erlaubt einen wunderbaren Blick über den See, die Räume sind klassisch-elegant eingerichtet, ein Kamin wärmt an kühlen Tagen.

Pierlorenzo Minini hat sich nach Jahren des Reisens und Lernens bei berühmten Köchen den Traum des eigenen Restaurants erfüllt. Hier wird jahreszeitlich und weitgehend nach der Philosophie des „km zero“, also soweit es geht mit regionalen Zutaten, gekocht. Ein Degustationsmenü wird ebenso angeboten wie eine vegane Variante, bei der ein Süppchen aus rosa Linsen mit Quinoa und Safran und eine Wirsingroulade mit Kichererbsen auf Soja-Zucchini-Spaghetti überzeugt. Daneben munden Trüffelrisotto, Kalbsbäckchen mit Kartoffeltörtchen und überbackenem Thymian oder ein geschmortes Huhn mit Pflaumen und Nüssen. Der Gardaseefisch kommt ebenso zu Ehren – Lachsforelle mit Birnen oder Pasta mit Hecht und gegrillten Paprikaschoten. Das Karotten-Mandel-Soufflé mit Apfelschaum zum Dessert begeistert die Schleckermäuler. Die Weinkarte zeigt eine kundige Auswahl aus ganz Italien.

TIPP

Mit dem Hecht ist es ja immer so eine Sache – er schmeckt ausgesprochen köstlich, aber er hat fest im Fleisch sitzende y-Gräten, die kaum herausgehen. Die Lösung ist, den Fisch vor der Weiterverarbeitung sanft zu garen. Dann kann man die Gräten zwar nicht ganz mühelos, aber gut herausbekommen. Fisch also in Wein oder Fischfond sanft garen, etwas abkühlen lassen, Gräten entfernen und dann erst weiterverarbeiten. Zum Beispiel wie hier mit Paprikaschoten zu Pasta.

158

LOCANDA GENZIANELLA

Veramente Kilometro Zero

Adresse: Località Costa, Via dei Patrioti 40, 25084 Gargnano (BS)
Von Gargnano zunächst Richtung Valvestino, dann nach Costa

+39 0365 7 11 33
www.locandagenzianella.it

Ruhetag: Im Winter montags
Betriebsferien: variabel
Preise: €

So sieht Almenküche am Gardasee aus: die Butter, die hier reichlich verwendet wird, stammt von glücklichen Kühen, die weiden dürfen und richtiges Gras fressen, der Käse wird ebenfalls aus der guten Milch gemacht, oder auch aus der von Ziegen, die die würzigen Bergkräuter zu fressen bekommen. Das Rindfleisch, das Maura und Giacomo in der Küche verwenden, stammt vom Nachbarn, die Salami wird hausgemacht oder von befreundeten Erzeugern dazugekauft.

Mit diesen köstlichen Zutaten muss man gar nicht mehr viel machen - als Antipasti werden Käse, Schinken und Salami mit hausgemachten Soßen und frisch gebackenem Brot serviert. Außen knusprig und innen würzig kommt ein Gemüsestrudel daher. Die Pasta für die Primi ist selbstverständlich hausgemacht, gefüllt mit frischestem Ricotta, Bergkräutern und geschmolzener Bergbauernbutter. Das Fleisch für den legendären Spiedo bresciano, den Fleischspieß, stammt von hier, wird mit Gemüse zusammen sanft am offenen Feuer gegrillt. Beste Zutaten, wenig Hitze und lange Gardauer sind das Geheimnis. Andere köstliche Fleischspeisen sind Tagliata vom Jungrind oder Spanferkel. Hausgebackene Kuchen mit frischem Obst oder Tiramisù runden das Mahl ab.

Die Weine stammen allesamt von der Brescianer Seite des Gardasees, wo Groppello zuhause ist und der Chiaretto, der Rosé des Gardasees „erfunden“ wurde.

Hier oben kann man wandern, mountainbiken, die Ruhe genießen und der Hitze unten am See entfliehen. Wer bleiben will: es gibt Zimmer zu mieten.

LA MINIERA

Slow Food-Klassiker

Adresse: Via Chiesa 9a, 25080 Tignale-Gardola (BS)
Mitten in Tignale-Gardola

+39 0365 76 02 25
www.gardaminiera.it

Ruhetag: Dienstag
Betriebsferien: variabel
Preise: €

Für dieses freundlich-fröhliche Lokal lohnt sich auch eine längere Anreise. Im Sommer sitzt man im Garten oder auf der Veranda mit herrlichem Blick auf die Berge. Ist es kühler, wartet drinnen ein schöner Gastraum mit Kamin, in dem jeden Sonntag der traditionelle Brescianer „Spiedo" – der reich bestückte Grillspieß – zubereitet wird. Auch sonst ist es drinnen gemütlich, Weinkisten und viele Flaschen zeugen von einer großen Leidenschaft der Gastgeber für beste Weine.

Immer auf der Suche nach besten Produkten und der kulinarischen Tradition des Gardasees führen Silvia und Sergio das Lokal mit viel Engagement. Alles ist hausgemacht, zum Beispiel ein wunderbarer Risotto mit der hiesigen Zitronat-Zitrone, frittiertem Lauch und Schleienfilets aus dem Gardasee. Doch wir sind hier schon in den Bergen, also gibt es auch heimisches Wild, das zum Beispiel als Rehpflanzerl auf den Tisch kommt oder als Soße zu den selbstverständlich hausgemachten Pastasorten.

Die Weinkarte ist reich bestückt, hat bekannte Weine. Spannend für Weinliebhaber: hier findet man aber auch seltene, unbekannte Tropfen der gesamten Gardasee-Region. Darüber hinaus es gibt auch eine stattliche Anzahl von Weinen aus ganz Italien. Regelmäßig finden Weinproben statt und es werden Menüs mit der passenden Weinbegleitung angeboten.

TIPP

In Tignale gibt es eine kleine Ölmühle, die bestes biologisches Olivenöl aus hiesigen Oliven presst. Dieses Öl verwendet Sergio in seiner Küche, bietet aber auch (nach Voranmeldung) Olivenölverkostungen an. Es würzt damit die Fischvorspeisen und die köstlichen Bruschette, die hier als Antipasti auf den Tisch kommen. Aber auch der Brescianer Fleischspieß wird mit dem Öl gewürzt, was ihm eine besondere Zartheit verleiht.

160

AL LAMBIC

Hochgenuss in der alten Brennerei

Adresse: Via S. Zenone 1, 25080 Prabione di Tignale (BS)
Prabione ist ein kleiner Ortsteil von Tignale

+39 0365 734 02
www.agrilambic.it

Ruhetag: Montag, Juli–August keiner, nur abends, Sonntagmittag geöffnet
Betriebsferien: Mitte Oktober–Ostern
Preise: €–€€

Der Platz ist einfach traumhaft. Innen sitzt man in urigem Gewölbe oder gleich neben der historischen Brennanlage, wo glänzendes Kupfer von trutzigem Mauerwerk umgeben ist. Schöne alte Möbel und gemütliche Holztische passen bestens dazu. Im Garten genießt man die Ruhe der Berge, auf die man über die alte Kapelle hinweg schaut.

Wirklich die Qual der Wahl, denn alles ist fein, mit viel Liebe zubereitet und aus besten, hiesigen Zutaten. Sei es der marinierte Saibling oder gratinierte Waldpilze, frisches Frühlingsgemüse oder die traditionellen Salumi. Dass man hier Lust hat, traditionelle Gerichte mal ein klein wenig anders zuzubereiten, zeigen die Kastanientortellini mit Bergbauernbutter oder der Risotto mit Roter Bete auf Safransoße. Auch bei den Hauptgerichten fällt die Wahl schwer: zartes Kaninchen oder Bauernente in Wein oder Lachsforelle in Folie. Wenn man Glück hat (oder vorbestellt), nimmt man den traditionellen Grillspieß, da sind dann mehrere Fleischsorten drauf, zart und saftig zugleich, beträufelt mit dem Bio-Olivenöl aus Tignale. Die Desserts, natürlich wie Pasta & Co. hausgemacht, sind alle fein - aber man sollte die eingemachten Birnen mit dem berühmten Hausgrappa probieren.

TIPP

„Rugiada delle Alpi“ (Tau der Alpen) nennt sich der Grappa der kleinen Brennerei, die hier seit vier Generationen betrieben wird. Die Brennblase, die sich in den Gewölben des schönen Gutshofes befindet, wird mit Holz befeuert. Alles wird hier von Hand gemacht, auch die Etiketten der lediglich 1250 Halbliterflaschen, denn mehr erlaubt das Brennrecht nicht. Wenn Sie also eine Flasche ergattern können, können Sie stolz sein – sie wird auch von Hand mit Ihrem Namen beschriftet!

161

AGRITURISMO NAI

Bilderbuchberggasthof

Adresse: Località Nai, Via Vassacler 50, 25010 Tremosine sul Garda (BS)
Nahe Pieve di Tremosine

+39 0365 91 80 01
www.agriturismonai.it

Ruhetag: Montag
Betriebsferien: variabel
Preise: €

Gut, dass man die Produkte des schönen Agriturismo auch zum Mitnehmen kaufen kann. Denn so kann man die wunderbar-bodenständige Küche genießen und sich (dann zuhause) noch lange daran erfreuen. Auf dem Biohof wird Gemüse angebaut, Käse und hervorragendes Olivenöl hergestellt, vor allem aber werden Tiere gehalten. Es könnte durchaus sein, dass Vegetarier hier vielleicht nicht glücklich werden, denn Fleisch dominiert die Speisekarte. Als Antipasti gibt es beispielsweise Carpaccio oder Tartar vom Jungrind oder Pferd, ausgezeichnete Salami, die entweder aus Schweine-, Esels- oder Ziegenfleisch besteht. Primi könnten Tagliatelle mit Wild- oder Rinderragout sein. Aber es gibt auch Crespelle mit Ricotta und Kräutern oder Pasta mit Käsesoße, frischen Tomaten und Basilikum oder Steinpilzen. Als Hauptspeise sollte man unbedingt den Brescianer Fleischspieß bestellen, wenn es ihn gibt. Viele verschiedene Fleischsorten drehen sich stundenlang vor dem Holzkohlegrill und werden so saftig-sanft gegart. Traditionell wird dazu Polenta serviert. Sie wird auch zum geschmorten Zicklein, Reh oder Wildschwein gereicht. Ansonsten gibt es Steak und Tagliata vom Jungrind, Entrecôte vom Pferd, Carne salata mit Bohnen aber auch Forellencarpaccio oder gegrillten Fisch. Dazu köstliches frisches Gemüse und Salate aus dem Garten, gewürzt mit dem hauseigenen Olivenöl. Köstlich auch die Dolci wie zum Beispiel Waldfrüchte im Hippenteig, Tiramisù oder hausgemachter Apfelstrudel.

162

AGRITURISMO ALPE DEL GARDA

Bergbauern bitten zu Tisch

Adresse: Via Provinciale 1, 25010 Tremosine sul Garda (BS)
Von Limone nach Tremosine, gut beschildert

+39 0365 95 30 50
www.alpedelgarda.it

Ruhetag: Montag
Betriebsferien: November bis eine Woche vor Ostern
Preise: €

Hinter „Alpe del Garda“ verbirgt sich eine Genossenschaft von Bauern, die ihre Produkte gemeinsam vermarkten. Sie produzieren allesamt nach traditionellen handwerklichen Methoden, die Milch stammt von Tieren, die auf den Weiden der Hochebene um Tremosine Gras und Wildkräuter fressen. Die ausgezeichnete „Formagella di Tremosine“ stammt von hier – den Käse gibt es in vielen guten Spezialitätenläden zu kaufen, außerdem auf einigen Wochenmärkten, zum Beispiel Dienstag in Desenzano, Donnerstag in Toscolano Maderno und Samstag in Salò. Die Vielfalt der allesamt ausgezeichneten Kuh-, Schaf- und Ziegenkäse ist beeindruckend, hervorzuheben sind die Rohmilchkäse. Es gibt aber auch diverse Salami.

All diese Produkte wandern auf die Brotzeitbrettl des Agriturismo, der sich unweit des Ladens und Sitzes der Genossenschaft befindet. Ein schöner heller Bau mit Terrasse und vielen Fenstern, von denen aus man die herrliche Landschaft genießen kann.

Neben Brotzeit werden auch einfache Gerichte angeboten; Polenta mit Käse, gegrilltes Gemüse, Fleisch vom Grill, Gulasch, einige Pastagerichte, Pommes für die Kinder. Zu den ausgezeichneten Käsetellern wird Mostarda und Honig serviert. All dies kann man im Laden zum Mitnehmen kaufen.

LA CANTINA DEL BAFFO

Hier kocht Isidoro Consolini, einer der kreativsten Köche am See

Adresse: Via Caldogno 1, 25010 Limone sul Garda (BS)
Am nördlichen Ortsrand von Limone

+39 0365 91 40 61
www.lacantinadelbaffo.it

Ruhetag: Montag
Betriebsferien: variabel
Preise: €€–€€€

Der moderne Betonbau darf einen nicht verwirren: innen ist es elegant, bunt, gemütlich. Es gibt einen Barbereich und dann sehr hübsche Gasträume mit schön eingedeckten Tischen, edlen Gläsern, wie es sich für ein feines Restaurant gehört.

Isidoro Consolini ist wer am Gardasee, einer der – wo immer er auch kocht – gleich allerlei Lob erhält. Ein Stern leuchtete lange Jahre über seinem Restaurant in Torri, dann wollte er ein wenig Pause machen, alles einfacher gestalten, und gleich wurde Slow Food auf ihn aufmerksam. Seit nicht allzu langer Zeit wirkt er in Limone. Isidoro kocht präzise, er braucht keine „erlesenen Zutaten" wie Hummer oder Kaviar um Hervorragendes zu leisten. Wenige Zutaten, die wenn möglich aus der Region und von allerbester Qualität, genauso sorgsam wie kreativ zubereitet – das ist sein Konzept. Ein Lieblingsthema sind Wildkräuter. Den Gardaseefisch serviert er mit frittiertem „Guten Heinrich", der auf Italienisch tatsächlich „Buon Enrico" heißt, knusprige Cannelloni werden mit Wildkräutern vom Monte Baldo gefüllt. Hecht kommt auf zarter, olivenduftender Kartoffelcreme daher, Ravioli werden mit einer Zitronen-Olivencreme gefüllt und mit bestem Trentingrana serviert. Die Weinkarte versammelt nennenswerte Tropfen rund um den Gardasee aber auch aus ganz Italien.

TIPP

Seit noch nicht allzu langer Zeit ist die alte Limonaia in Limone wieder restauriert. Hier werden wieder wie früher Zitrusfrüchte kultiviert, allerdings nicht mehr für den Export, denn das lohnt sich schon lange nicht mehr. Äußerst sehenswert ist auch das Museo del Turismo im Zentrum von Limone mit vielen schönen Exponaten und Bildern, Postkarten und Plakaten. Hier sieht man, wie sich in den 1960er Jahren die ersten Campingplätze mit deutschen VW-Käfern füllten.

LOMBARDIA

Die Einkaufsadressen

85 Latteria Agricola S. Pietro
86 Fattoria Cà Rossa
87 La Dispensa Contadina
88 Salumi Cobelli
89 Bertagna
90 Rob del Bosco Scuro
91 Bustaffa
92 Teresa Madini
93 Agribirrificio Luppolajo
94 Case Vecchie
95 Cantina Ricchi
96 Elia dal Molin
97 Muraglie Frantoio
98 Cantina Gozzi
99 Agribirrificio Cascina Roveri
100 Corte Bettini
101 Gastronomia Guandalini
102 Ortofrutta Fiducia
103 Castrini Massimo
104 Latteria Corte Ambrosio
105 Centro Carni dei Colli Storici
106 Al Muràs
107 Tenuta Roveglia
108 Cascina Capuzza Selva Capuzza
109 Pilandro
110 Cà dei Frati
111 Cà Lojera
112 Martelli Food
113 Ittica Foggiato
114 Pescheria Paolo Abate
115 Agrigelateria Fenilazzo
116 Metzgerei Gallina
117 Gio Ittica
118 Montecroce
119 Enoteca La Cantina del Fattore
120 Perla del Garda
121 Trattoria Porteri
122 Cantrina
123 La Torre
124 La Fucina dei Sapori
125 Redaelli de Zinis
126 Cascina Belmonte
127 Caffè Martini
128 Zuliani
129 Calvino Gusto Supremo
130 Manestrini
131 Il Roccolo
132 I Lecci

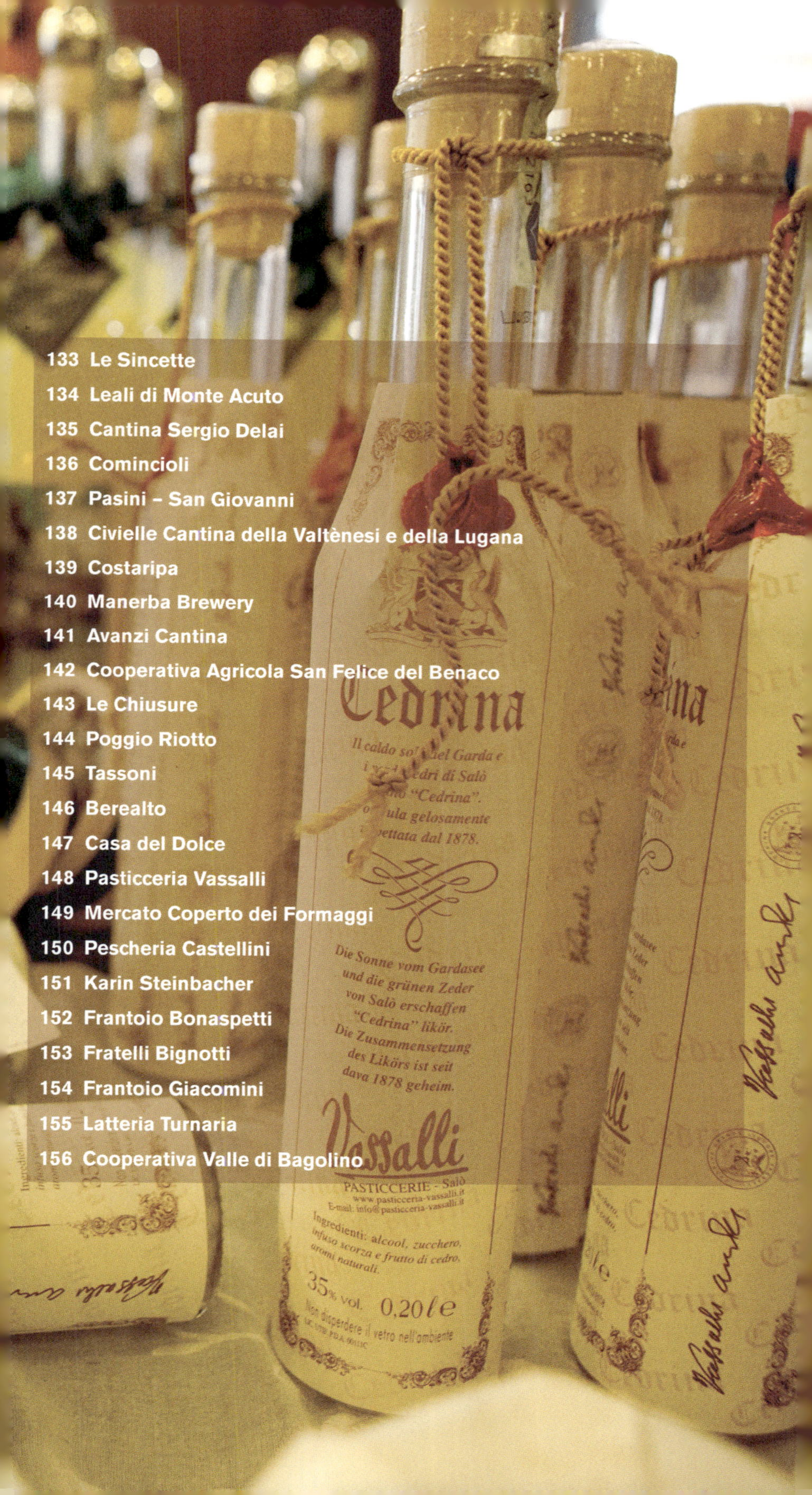

133 Le Sincette
134 Leali di Monte Acuto
135 Cantina Sergio Delai
136 Comincioli
137 Pasini – San Giovanni
138 Civielle Cantina della Valtènesi e della Lugana
139 Costaripa
140 Manerba Brewery
141 Avanzi Cantina
142 Cooperativa Agricola San Felice del Benaco
143 Le Chiusure
144 Poggio Riotto
145 Tassoni
146 Berealto
147 Casa del Dolce
148 Pasticceria Vassalli
149 Mercato Coperto dei Formaggi
150 Pescheria Castellini
151 Karin Steinbacher
152 Frantoio Bonaspetti
153 Fratelli Bignotti
154 Frantoio Giacomini
155 Latteria Turnaria
156 Cooperativa Valle di Bagolino

85

LATTERIA SAN PIETRO

Via Segrada 36
46044 Cerlongo (MN)
+39 0376 60 70 51
www.latteriasanpietro.it
Mo–Fr 9–12 / 14.30–17.30, Sa 9–12

Die Latteria San Pietro ist eine Genossenschaftskäserei, in der die Milch der umliegenden Bauernhöfe verarbeitet wird. Auch wenn die Gebäude nur funktional und schlicht sind - hinter den glatten Mauern verbirgt sich erstklassiges Käsehandwerk. Optimal der 24 Monate gereifte Grana, manchmal gibt es auch 36 Monate gereiften, dessen unvergleichlicher Duft Pastagerichte krönt. Neben dem Grana werden auch andere Käsesorten hergestellt. Darüber hinaus gibt es Produkte befreundeter Betriebe - weitere Käsesorten sowie Salami, Fruchtjoghurt oder Mostarde.

86

FATTORIA CÀ ROSSA

Strada Statale Nord 249 5
46048 Roverbella (MN)
+39 0376 69 46 65
Winter Mo–Sa 8.30–12.30 /15.30–19,
Sommer Mo–Sa 8.30–12.30 / 16–19.30, So 10–12 / 16–19.30

Ein Familienbetrieb im Hinterland. Hier wird die Milch der eigenen Kühe in allerlei Käsespezialitäten verwandelt. Es gibt Stracchino, Ricotta, Caciotta, junge und gereifte Käse, Joghurt und Mozzarella. Der wird auch schon mal mit Rucola oder anderen Kräutern gefüllt.

Samstags findet man das Angebot auf dem schönen Bauernmarkt in Mantova, Donnerstag in Castiglione delle Stiviere.

87

DISPENSA CONTADINA

Viale Risorgimento 5/7
46049 Volta Mantovana (MN)
+39 0376 83 84 90

Am Rand des Zentrums von Volta befindet sich die „Dispensa Contadina“, ein Lebensmittelgeschäft und Bioladen, in dem Käse, Wurst, Eingelegtes, Mostarda, aber auch Gemüse aus der Region angeboten wird, das meiste davon in Bio-Qualität. Dazu gibt es selbst Hergestelltes wie Grappa mit Kräutern, Torta Sbrisolona, Brot und vieles mehr.

88

SALUMI COBELLI

Via Monte Pagano 1c, Loc. Campagnolo
46040 Cavriana (MN)
+39 037 68 22 53
www.salumicobelli.it
Mo–Fr 8–12 / 14.30–18.30, Sa 8–12

Versteckter Laden, den man im kleinen Ortsteil Campagnolo suchen muss. Auch im Laden muss man wissen, was man will, denn es gibt keine Auslage. Dafür erhält man eine ausgezeichnete Salami, Coppa und andere Köstlichkeiten aus Schweinefleisch zu einem ausgesprochen günstigen Preis. Wer grillen möchte: es gibt frisch geschlachtetes Fleisch bester Qualität.

89

BERTAGNA

Via Madonna della Porta 14 Fraz. Bande
46040 Cavriana (MN)
+39 037 68 22 11
www.cantinabertagna.it
Mo–Sa 8–12 /14–19, So 8–12

Montevolpe - Fuchsberg - heißt der Hügel, auf dem die besten Bertagna-Weine wachsen. Probierenswert der Montevolpe Rosso aus Cabernet, Merlot und Corvina, der in Eichenfässern ausgebaut wird. Auch bei den Weißen setzt man hier auf internationale Reben, aus Chardonnay entsteht Weißwein, mit Pinot Nero zusammen ein ausgezeichneter Flaschengärsekt und sogar ein Süßwein. Seit einiger Zeit keltert Gianfranco Bertagna auch Lugana. Dort, wo Wein nicht so gut gedeiht, pflanzte man Olivenbäume, so dass man nun auch Öl anbieten kann.

90

ROB DEL BOSCO

Via Bosco Scuro 8
46040 Cavriana (MN)
+39 0376 81 50 40
www.robdelbosco.com
Mo–Fr 8–12 / 14–17

ROB steht für „Rasi Ortofrutta Biologica“. Roberto Rasi hat schon früh beschlossen, die Felder der Familie biologisch zu bewirtschaften. Befreundete Betriebe liefern inzwischen ihre Bio-Erzeugnisse, und im „Laboratorio“ entstehen daraus ganz wunderbare Frucht- und Gemüsekonserven der besonderen Art. Hier ist der Weg vom Feld ins Glas oder in die Flasche so kurz wie möglich und das schmeckt man – egal, ob es sich um die feinen Obstsäfte aus Quitten, Äpfeln, Birnen und Kiwi, um Fruchtaufstriche oder um Mostarde und Gemüse handelt.

91

BUSTAFFA

Via Angelo Custode 9
46040 Cavriana (MN)
+39 0376 80 61 42
Mo–Sa 8–12.30 und Di–Sa 15.30–19.30 (Sommer)
bzw. 15–19 (Winter)

In der Familienmetzgerei wird selbst produziert - das Fleisch stammt von den eigenen Tieren, geschlachtet wird vor Ort. Dies bedeutet: günstige Preise für beste Qualität, weil direkt vom Erzeuger. Neben der traditionellen Salami werden Pancetta, Coppa oder der magere Lonzino angeboten. Feine hausgemachte Fleischzubereitungen wie gefüllte Schnitzel und anderes mehr. Eigener Frischkäse und Mozzarella, die übrige Milch wird bei der Latteria S. Pietro zu Grana verarbeitet, den es hier selbstverständlich auch gibt.

92

TERESA MADINI

Via Solferino 20
46043 Castiglione delle Stiviere (MN)
+39 0376 67 20 48

Der Hof von Teresa Madini liegt vor den Toren von Castiglione. Aus der Milch ihrer etwa 30 Ziegen stellt sie Käse her. Den zarten „primo sale" kann man in keinem Supermarkt kaufen, denn er muss tagesfrisch sein, so schmeckt er sagenhaft. Aber sie hat auch immer ein wenig gereiften Käse, jungen, älteren, den ganz alten bekommt man nur selten, denn er ist rar. Manchmal gibt es auch Salami mit Zickleinfleisch, die ein befreundeter Metzger aus Castiglione mit dem Fleisch ihrer Ziegen herstellt.

93

LUPPOLAJO

Strada Carpenedolo 13
46042 Castel Goffredo (MN)
+39 333 969 17 24
www.luppolajo.it

Enrico Treccani zählt zu den ersten Agribirrifici der Gegend. Er besuchte Bierkurse und schaute Kollegen im Ausland über die Schulter. Biersommelier ist er jetzt und geprüfter Bierbrauer. Die Palette seines Angebots an Bieren spiegelt das auch wider: „Bucolica" heißt das eine, inspiriert von „Kolsh di Colonia". „Georgica" „Stile Blanche" wird nicht mit Hopfen, sondern mit Kamillenblüten aromatisiert, „Rosae" sei „di ispirazione inglese", also englischen Stils wie Brown Ale.

94

CASE VECCHIE
Strada Festoni 36, Loc. Case Vecchie
46040 Monzambano (MN)
+39 338 53 63 65
www.aziendacasevecchie.it

Liebhaber von Naturwein sollten hier unbedingt vorbei schauen. Paolo Ferri hat sich darauf spezialisiert und keltert beachtlichen Cabernet, einen Reinsorten-Rondinella als Rosé, auch Chardonnay, die er biologisch anbaut. Mehr zum Steckenpferd wurde in den letzten Jahren der Anbau von Kräutern, die als Würzsalz, Gewürze, Tees angeboten werden. Schwester Francesca ist Bio-Imkerin hier und in der Toskana. Ihr Honig und das Bio-Olivenöl des Onkels sowie immer wieder saisonale Produkte von Feldfrüchten bis hin zu Marmeladen werden angeboten.

95

RICCHI
Strada Festoni 13 d
46040 Monzambano (MN)
+39 0376 80 02 38
www.cantinaricchi.it

Die Familie Stefanoni betreibt seit über fünfzig Jahren integrierten Weinanbau auf vierzig Hektar in den Moränenhügeln südlich des Gardasees. Unter den Weißweinen finden sich überraschende Kreationen wie der „Bianco Mandorlo“, ein ausgezeichneter Begleiter zu Fisch. Neben charakteristischen Cabernet Sauvignons und Merlots fällt ein „Rosso Cornalino“ (Merlot/Cabernet) auf, der eine Zeitlang in großen Holzfässern reift. „Espressione 8“ heißt der feinperlige Spumante. Daneben sind Grappa aus dem eigenen Trester und Olivenöl im Angebot.

96

ELIA DAL MOLIN
Loc. Le Cassette
46040 Monzambano (MN)
+39 338 474 93 43
www.fruttaeverdura.mantova.it
Mo–Fr 8–12 / 16–19, Sa 8–12

Zwischen Monzambano und dem hübschen Ort Castellaro Lagusello gibt es einen Betrieb, der Gemüse und Obst aus integriertem Anbau verkauft, viel Eigenes, zum Beispiel die besten Melonen der Gegend oder selbst gezüchtete Pilze. Einiges stammt von befreundeten Betrieben. Da frisch vom Feld oder Baum zum einen in allerbester Qualität, zum anderen zu wirklich günstigen Preisen.

97

FRANTOIO MURAGLIE

Strada Festoni 18
46040 Monzambano (MN)
+39 0376 80 02 82
www.cascinamuraglie.it

Die Colli Morenici, die Moränenhügel südlich des Gardasees, werden auch immer wieder als „Toskana des Gardasees" bezeichnet. Zypressen wachsen hier und da, früher fehlten die Olivenhaine, die für die Toskana so typisch sind. Doch in den letzten Jahren werden immer mehr Olivenbäume gepflanzt. Schön, dass sie jetzt auch vor Ort verarbeitet wird, denn vor wenigen Jahren entschied sich der Agriturismo, eine Ölmühle anzuschaffen und verarbeitet eigene Oliven und die von Nachbarn.

98

CANTINA GOZZI

Via Ortaglia 16
46040 Monzambano (MN)
+39 0376 80 03 77
www.cantinagozzi.com

Die Cantina Gozzi ist ein Familienbetrieb, geführt von den Brüdern Cesare und Franco, doch inzwischen gestalten auch die Söhne mit. Auf rund 25 Hektar wird Wein angebaut, etwa der in den Moränenhügeln südlich des Gardasees beste Bedingungen vorfindende Merlot. Aber auch heimische Rebsorten wie Rondinella, Rossanella oder der weiße Garganega werden kultiviert. Der Weinführer Veronelli vergab einen Preis-Leistungs-Oscar für den Chiaretto. Hervorzuheben sind Riserve und ein ausgezeichneter Spumante, Grappa und Honig ergänzen das Angebot.

99

CASCINA ROVERI

Viale Pariani 6 Località Olfino
46040 Monzambano (MN)
+39 0376 80 08 07
www.cascinaroveri.it

Cristian Perantoni hat wie viele junge Leute, die in den landwirtschaftlichen Betrieb der Eltern einsteigen, nach einer Erweiterung gesucht, nach einer Idee, wie das Getreide veredelt werden könnte. Bierbrauen war die Antwort. Cristian braut ein charaktervolles, würziges Helles namens Rustica, ein dunkles namens Assira und dann einen tiefdunklen Doppelbock mit stattlichen 7 Volumenprozent Alkohol, Scarlata genannt.

100

CORTE BETTINI

Strada Nuvolino 6b
46040 Monzambano (MN)
+39 349 563 07 92
www.cortebettini.it
vorher anrufen

Elena Bertagna baut Kräuter an: Thymiansorten, echten Lavendel, Rosmarin, unzählige Minzssorten und das seltene Currykraut Elicriso. Die gibt es hier pur, frisch von Hand zum besten Zeitpunkt geerntet, oder in Mischungen für bestimmte Gerichte. Sie sind neben Meersalz Grundlage der hervorragenden Würzsalze. Sodann würzen sie außergewöhnliche Fruchtkompositionen wie Birne mit wildem Fenchel, Birne mit Wachholder, Apfel mit Melisse, oder es entstehen Tees daraus wie zum Beispiel Melisse, Kamille, Kräutermischungen.

101

GASTRONOMIA GUANDALINI

Via Umberto I.1
46040 Monzambano (MN)
+39 0376 80 94 77
www.cescake.it
Di–So 8.30–13, Fr und Sa auch 16–19.30

Seit 3 Jahren erst gibt es das kleine, aber feine Geschäft im Zentrum von Monzambano, das Mutter und Tochter führen. Neben ausgezeichneten Schinken, Bresaola oder Salami gibt es hausgemachte Antipasti wie eingelegte gegrillte Gemüse, Salate mit Fleisch, Käse oder Fisch, etwa ein köstlicher Salat aus Sepia, Oliven, Sellerie und Grana oder dünne Schnitzelchen vom Pferd mit Tomaten und Paprika. Täglich wechselnd (und auf der website einzusehen) sind „Fertiggerichte“ der edelsten Art: gefüllte Pasta, Lasagne, Tortellini, Tagliatelle, allesamt frisch und hausgemacht.

102

FIDUCIA

Strada Peschiera 30a
46040 Ponti sul Mincio (MN)
+39 0376 880 17

Familie Bompieri beliefert viele Restaurants und betreibt einen eigenen Laden, in dem es Obst, Gemüse und so manche Spezialitäten gibt. Neben Feldfrüchten aus der direkten Umgebung findet man im Frühling auch Morcheln oder im Herbst Trüffel. Dazu gibt es einiges an Wurst, Käse oder Eingelegtem, auch hier zum Teil von handwerklich arbeitenden Betrieben der Gegend. Viele Gemüse werden günstig in großen Gebinden angeboten – wer Marmelade aus frischen Pfirsichen kochen möchte, ist hier bestens aufgehoben.

103

MASSIMO CASTRINI

Via Santa Maria 19
25010 Pozzolengo (BS)
+39 335 21 60 31
www.fattoriecollistorici.it

Massimo ist Agronom durch und durch und betreibt die „Fattorie dei Colli Storici". Hier wird seit langen Jahren Vieh gezüchtet – man kann die Ställe besuchen und stellt fest: kein Tier ist angebunden, alle können frei wählen, ob sie sich im Stall oder auf der Weide aufhalten wollen. Schon lange aber beschäftigt er sich mit Wein, baut Trauben an. Seit noch nicht allzu langer Zeit beschlossen Massimo und Barbara, daraus einen Wein nach ihren Vorstellungen zu kreieren: körperreich und vollmundig ist ihr Lugana.

104

LATTERIA CORTE AMBROSIO

Loc. Irta 1
25010 Pozzolengo (BS)
+39 030 991 62 17
www.corteambrosio.it

Am Ortsrand von Pozzolengo liegt die Käserei mit Laden, in der es frische Butter, Milch, Joghurt mit frischen Früchten und diverse Käsesorten gibt.

105

CENTRO CARNI

Via S. Maria 21
25010 Pozzolengo (BS)
+39 030 91 85 24
www.centrocarnicollistorici.it

Andrea Castrini verarbeitet in der Metzgerei bestes Fleisch zu Delikatessen. Kein Wunder, dass seine „Salame Morenico" regelmäßig erste Preise erhält. Weitere Spezialität: luftgetrocknetes Schweinefilet im Salamimantel sowie Lachsschinken, Lardo, eine delikate Salami mit Fleisch vom Chianina-Rind und würzige Coppa. Fein die bereits küchenfertig zubereiteten Delikatessen wie mit Grana gefüllte Hähnchenschenkel. Das Angebot wird ergänzt durch viele Spezialitäten aus der nahen Umgebung: Weine, Olivenöl, Eingelegtes, Pasta und Gebäck, beste Käseauswahl.

106

AL MURAS

Via Morazzo 3
25010 Pozzolengo (BS)
+39 030 91 81 88
www.zafferanodipozzolengo.it

Der Betrieb der Familie Grazioli mag einer der kleinsten und dabei bekanntesten sein. Sein Produkt wird in den besten Restaurants verwendet. Er produziert nämlich seit einiger Zeit Safran und zwar biologisch. Die Nachfrage steigt, so versucht er, die Anbaufläche zu erweitern und die Produktion zu steigern, was gar nicht einfach ist, denn viel Handarbeit steckt in einem einzigen Gramm Safran. Man erhält ihn auch beim Centro Carni, der guten Metzgerei im Ort und dort bisweilen sogar Cacciatorini mit Safran.

107

ROVEGLIA

Loc. Roveglia 1
25010 Pozzolengo (BS)
+39 030 91 86 63
www.tenutaroveglia.it

Zwischen Sirmione und Pozzolengo erstrecken sich die 70 Hektar Rebgärten der Familie Zweifel-Azzone, die seit vier Generationen dem Weinbau nachgeht. Das herrschaftliche Anwesen zeigt die Geschichte der Familie mit einer ansprechenden Sammlung von Antiquitäten, die in Keller und Probierstube bestaunt werden kann. Man engagiert sich stark gegen eine geplante Schnellzugtrasse durch die Weinfelder der Region. Lugana, der erfolgreiche Weißwein der Gegend, ist nämlich das Hauptprodukt der Tenuta Roveglia, den es in probierenswerten Varianten gibt.

108

SELVA CAPUZZA

Loc. Selva Capuzza
25010 San Martino della Battaglia (BS)
+39 030 991 02 79
www.selvacapuzza.it

Die Fahrt zum Weingut mit Restaurant und Agriturismo lohnt sich schon wegen der bezaubernden Landschaft der Moränenhügel. Hier wird ein frischer Lugana produziert, der ausschließlich aus der heimischen Traube Trebbiano di Lugana gekeltert wird. Der charaktervolle „Lugana Selva“ aus besonders sorgsam gelesenen Trauben passt bestens zu Gerichten mit Gardasee-Fisch. Neugierige probieren den heimischen Tocai San Martino, von dem nur wenig produziert wird. Schließlich sollte man sich ein paar Flaschen vom Süßwein „Lume“ mitnehmen.

Ölmühle Manestrini

Ierstellung von extra nativem Olivenöl Garda DOP, IOLOGISCHEM Öl und sortenreinem Öl Leccino und asaliva - international ausgezeichnet, Weine und typische rodukte der Gardasee Region, Kosmetik auf Basis von xtra nativem Olivenöl.

FRANTOIO
MANESTRINI

Soiano del Lago (BS) - Via Avanzi, 7
t. +39 0365 502231

Jeden Dienstag Abend um 17.30 Uhr bietet die Ölmühle Manestrini den "Aperitif in der Mühle" an, mit typischen Produkten und Verkostung von ausgewählten Ölen sowie den regionstypischen Weinen.
Nur mit Reservierung.

ÖFFNUNGSZEITEN:
Montag bis Samstag von 09.00 bis 12.30 Uhr und von 15.00 bis 19.00 Uhr
www.manestrini.it

109

PILANDRO

Loc. Pilandro 1
25015 San Martino della Battaglia (BS)
+39 030 991 03 63
www.pilandro.it
Dienstag geschlossen, Mo–Sa 10.30–22, So 10.30–16

Wer den besten Lugana macht, dürfte schwer zu entscheiden sein - doch Pietro Lavelli gehört auf jeden Fall dazu. Mit großer Leidenschaft keltert er saubere, klare Weine zu einem ganz hervorragenden Preis-Leistungs-Verhältnis. Im schönen Verkaufsraum können die Weine und Grappe selbstverständlich probiert werden. Erklären kann Pietro auch alles in einem sehr charmanten Deutsch - seine Mutter stammt aus dem Ruhrgebiet. Unser Lieblingswein ist der „einfache" Lugana DOC. Pietro bietet aber auch im Fass ausgebaute Lugana an, sowie Spumante und auch Rotweine.

110

CÀ DEI FRATI

Via Frati 22
25019 Lugana di Sirmione (BS)
+39 030 91 94 68
www.cadeifrati.it

Der große Erfolg der Lugana-Weine ist eng mit dem Namen Ca' dei Frati verknüpft. Es ist eines der ersten Weingüter der Gegend mit internationalem Erfolg und legte den Grundstein für einen wahren Boom der Lugana. Im historischen Fasskeller in herrlichem Gewölbe reifen so manche Tropfen.

111

CÀ LOJERA

Fraz. Rovizza Via 1866 19
25019 Sirmione (BS)
+39 045 755 19 01
www.calojera.com

Ambra und Franco Tiraboschi wollten eigentlich nur Trauben anbauen. Doch sie fanden niemanden, der daraus den Wein machte, den sie sich vorstellten. Also begannen sie, selbst Wein zu produzieren und die vielen Preise sprechen für ihren verdienten Erfolg. Man kann die Weine im Weingut probieren oder im Büro mit kleinem Laden in San Benedetto kaufen. Bei Ca' Lojera steht die weiße heimische Traubensorte Trebbiano di Lugana im Mittelpunkt. So kann man zwischen einem zarten Lugana Ca' Lojera, einem Lugana Superiore oder der Spätlese „Lugana del Lupo" wählen.

112

MARTELLI FOOD

Via Verona 174
25019 Sirmione (BS)
+39 030 990 51 97
www.martellifood.it

Ein Spezialitätenladen, der von den besten Produzenten der Gegend beliefert wird. Egal ob ausgezeichnete Wurstwaren, wie zum Beispiel jene vom Centro Carni in Pozzolengo, ob Käse, Olivenöl, Weine, Eingelegtes, dazu Obst und Gemüse. Besonderes Augenmerkt legt man auf Trüffel und Trüffelprodukte; außerdem gibt es ausgezeichnetes Brot.

113

FOGGIATO

Via 1866 10 Loc. Rovizza
25019 Sirmione (BS)
+39 030 990 60 29
www.itticafoggiato.com
Di–Sa 15.30–19

Fragt man gute Gastronomen, woher sie ihren Fisch beziehen, so antworten viele: von Foggiato. Man hat Fische aus allen Weltmeeren, selbstverständlich aber auch Fisch aus dem Gardasee. Der Betrieb beliefert zwar in erster Linie die Gastronomie, führt aber auch einen kleinen, feinen Laden mit günstigen Preisen. Zum Frischfisch gesellen sich Fischkonserven. Schön übrigens, dass der Fisch verzehrfertig vorbereitet wird, auch wenn man zum Beispiel Carpaccio machen möchte.

114

ABATE

Via Agello 62
25015 Rivoltella (BS)
+39 030 911 08 27
www.pescheria-abate.com

Das Fischgeschäft der Abates befindet sich nur einige hundert Meter von der gleichnamigen Trattoria entfernt im kleinen Einkaufszentrum „Gli Smeraldi“. Freilich erhält man hier auch fangfrischen Gardaseefisch, doch man hat sich vor allem auf Meeresgetier allererster Qualität spezialisiert. Für alle, die keine Lust zum Kochen haben: Hier gibt es frische, hausgemachte Fischsalate, Fischsoßen für Primi, fertige Fischgerichte erlesener Qualität und jede Menge ausgezeichnete Fischkonserven.

115

FENILAZZO

Loc. Fenilazzo 1
25015 Desenzano del Garda (BS)
+39 030 911 06 39
www.cortefenilazzo.it
Mo–Fr 15–20, Sa–So 10–23

Der Milchpreisverfall hat hier ausnahmsweise etwas Gutes. Man verarbeitet die Milch selber, direkt am Hof. Das ausnehmend gute Eis bei Fenilazzo nämlich besteht nur aus dem, woraus Eis bestehen sollte: aus frischer Milch und Sahne, aus frischen Eiern und aus Früchten der Saison. Für das legendäre Erdbeer- oder Pfirsicheis werden frische Früchte aus der Umgebung verwendet. Darüber hinaus gibt es Joghurt und Käse. Man kann die Produkte kaufen oder vor Ort genießen, wo auch Pizza und kleine Gerichte serviert werden.

116

GALLINA

Via Croce Benedetto 14
25015 Desenzano del Garda (BS)
+39 030 9 11 09 38
www.macelleriagallina.it
Di–Sa 08:00–12:30, 16:00–19:30, Mo 8.30–12.30

Im Süden des Sees isst man gerne Pferdefleisch. Eine der Traditionsmetzgereien hierfür ist die Macelleria Gallina in Rivoltella. Hier kann man nicht nur Pferdesalami und -schinken erwerben, die feinen Sfilacci (dünne Streifen von getrocknetem Pferdefleisch, die man mit Olivenöl würzt), Fleisch, sondern auch ausgezeichnete schon fertige Zubereitungen. Besonders erwähnenswert die Vielzahl an Tartar-Zubereitungen.

117

GIO ITTICA

Fraz. Rivoltella
25010 Desenzano del Garda (BS)
+39 030 990 18 87

Fragt man gute Gastronomen, woher sie ihren Fisch beziehen, so antworten viele: von Gio Ittica. Man hat Fische aus allen Weltmeeren, selbstverständlich aber auch Fisch aus dem Gardasee. Der Betrieb beliefert zwar in erster Linie die Gastronomie, führt aber auch einen Laden am Rand von Desenzano mit günstigen Preisen.

118

MONTECROCE

Viale Ettore Andreis 84
25015 Desenzano del Garda (BS)
+39 030 991 15 04
www.frantoiomontecroce.it

Für Paolo Ramanzini ist Olivenöl Leidenschaft. Er kennt die Geschmacksnuancen, weiß (in hervorragendem Deutsch) alle Details des Anbaus der Oliven, der Produktion und der Verkostung zu erklären. Viele nationale und internationale Preise hat er dafür schon erhalten. Ölmühle und Verkaufsraum gehen ineinander über – lassen Sie sich alles in Ruhe erklären. Hier wird auf höchstem Niveau gearbeitet. Außer Olivenöl gibt es in dem schönen Laden auch andere Spezialitäten wie Honig oder Balsamico. Selbstverständlich darf alles probiert werden!

119

LA CANTINA DEL FATTORE

Piazza Cappelletti 14
25010 Desenzano del Garda (BS)
+39 030 991 24 68
www.enotecalacantinadelfattore.it/shop/

Hier mitten in Desenzano kann man Wein und Spezialitäten kaufen, sie aber auch vor Ort gemütlich am Tisch verkosten, denn es gibt hier auch zu essen. Im Enotecabereich werden Weine aus aller Welt und natürlich aus Italien angeboten, darunter viele Bio- und sogar nach biodynamischen Regeln angebaute Weine. Das Angebot wird ergänzt durch Biere, Destillate, Liköre, Olivenöl und Essigspezialitäten.

120

PERLA DEL GARDA

Via Fenil Vecchio 9
25017 Lonato del Garda (BS)
+39 030 910 31 09
www.perladelgarda.it
Mo–Sa 9–12 / 15–18

Moderne Architektur beherbergt ein noch recht junges Weingut. Imposant liegt es auf einem Hügel im Hinterland zwischen Sirmione und Desenzano. Auf 30 ha produziert Giovanna Prandini seit 2000 zu 90% Lugana als Stillwein, Spätlese oder in einer prickelnden Variante, daneben gibt es auch hochwertige Rotweine. Das Augenmerk liegt auf einer nachhaltigen Arbeit im Weinberg und sehr kurzen Wegen zwischen Reben und Keller. Die Sorgfalt und das Engagement, das den bemerkenswerten Weinen entgegen gebracht wird, hinterlässt allerdings manche Spuren in der Preisgestaltung.

121

TRATTORIA PORTERI

Via Trento 52
25128 Brescia (BS)
+39 030 30 18 33
www.trattoriaporteri.it
8.30–13 / 16–19.30

Wenn man Genießer fragt, wo man denn in Brescia unbedingt hin sollte, so hört man oft: Trattoria Porteri. Ausgezeichnetes Essen, aber man kann Käse, Salami, überhaupt Spezialitäten aus ganz Italien zum Mitnehmen kaufen. Die Käseauswahl ist ausgezeichnet, passend zu den Käsesorten gibt es Mostarde und Marmeladen. Legendär sind die Wurstspezialitäten, die man zum Teil von Produzenten der nahen Umgebung bezieht.

122

CANTRINA

Fraz. Cantrina Via Colombera 7
25081 Bedizzole (BS)
+39 030 687 10 52
www.cantrina.it

Die ersten eigenen Weine präsentierten Cristina Inganni und Diego Lavo seit 1999. Auf nur etwa 6 ha entstehen mit Neugier, Sorgfalt und Können ausgesprochen interessante Tropfen, vom ortsüblichen, aber herausragenden Groppello über einen ansprechenden Rinè aus Riesling, Chardonnay und Incrocio Manzoni oder einen herzhaften Zerdì aus der Rebo-Traube bis hin zu einem intensiven, süßen Pinot nero mit dem Namen Eretico. Interessierte werden gerne empfangen, man bittet aber um vorherige Absprache.

123

LA TORRE

Loc. Torre 3
25080 Mocasina di Calvagese (BS)
+39 030 60 10 34
www.pasini-latorre.com

Attilio Pasini ist großer Liebhaber der heimischen Rebsorte Groppello, die die Grundlage eines sehr dichten roten „Mocasina“ ist. Doch auch ein feiner Spumante Metodo Classico und interessante Weißweine (aus Riesling und Incrocio Manzoni) verlassen die Cantina. Selbstverständlich widmet man sich hier auch dem Chiaretto, dem Roséwein, der im westlichen Hinterland des Gardasees auf eine lange Tradition blicken kann. Schließlich gibt es Olivenöl von den eigenen Oliven, gepresst in der nahen Ölmühle Manestrini.

124

FUCINA DEI SAPORI

Via Fucine 15
25080 Prevalle (BS)
+39 030 680 12 51
www.lafucinadeisapori.com
9.30–12.30 / 15.30–20, So 9.30–12.30

Genießer schickt Massimo, Wirt des Restaurants Antica Contrada in Sirmione, in ein ganz besonderes Spezialitätengeschäft: La Fucina dei Sapori in Prevalle, noch ein wenig westlich von Calvagese. Insbesondere die Käseauswahl von Besitzer Daniele Segala ist sagenhaft. Sie finden aber auch Weine, Schokoladen, Köstlichkeiten der verschiedensten Art von kleinen Produzenten der Gegend, Schinken, Salami, sogar Zigarren und Bücher (die Sie in der gemütlichen Leseecke durchblättern dürfen).

125

REDAELLI DE ZINIS

Via N.H. Ugo de Zinis 10
25080 Calvagese Riviera (BS)
+39 030 60 10 01
www.dezinis.it

Seit 1623 produziert die Adelsfamilie de Zinis Weine im Valtènesi. Der stattliche Landsitz mit insgesamt 120 Hektar (davon 52 Hektar mit Reben besetzt) liegt in einer beeindruckenden Landschaft inmitten von Obst- und Olivenbäumen. Eine Vielzahl von Weinen wird hier gekeltert, vom Spumante (auch in einer Rosévariante) über junge, frische Tropfen wie Chiaretto, Sauvignon und Pinot grigio bis hin zu klassischen, gereiften Rotweinen wie Cabernet Sauvignon. Daneben sind Olivenöl, Essige und Grappa - auch im Holzfass gereift - sowie selbst eingelegte Gemüse im Angebot und überraschende Delikatessen, z.B. grüne Nektarinen, die wie Kapern konserviert werden.

126

CASCINA BELMONTE

Loc. Toppe
25080 Moniga del Bosco (BS)
+39 333 505 16 06
www.cascinabelmonte.it

„Rapsodia in Verde“ hat Enrico Di Martino auf Informationstafeln geschrieben. Er arbeitet so biologisch wie möglich, im Weinberg setzt er auf Gründüngung. Felder, die nicht für den Weinbau geeignet sind, bepflanzt er mit Wildobst und anderen heimische Pflanzen, die harmonische Natur ergeben. In Kopenhagen hat Enrico Agrarwissenschaften mit Schwerpunkt Bioanbau studiert. Klar und reintönig ist sein weißer Serèse oder der Chiaretto „Le Vin en Rose“, dicht und charaktervoll sein Rebo. Außerdem ganz ausgezeichnete reinsortige Traubensäfte.

127

CAFFÈ MARTINI

Via Chiesa 34
25080 Padenghe sul Garda (BS)
+39 349 068 55 32
www.caffemartini.eu
Ostern–31.12. Do–So 9–12.30, sonst Fr–So 9–12.30

Auch so kann man am Gardasee landen: Anita aus dem Allgäu geht zum Skifahren, trifft dort einen sympathischen Italiener, dessen Vater in Desenzano eine Kaffeerösterei betreibt. Der Sohn hat einen ganz anderen Beruf, aber die mutige Allgäuerin lernt alles über Kaffee und führt den Betrieb des Schwiegervaters mit viel Leidenschaft weiter. Nur bester Rohkaffee kommt in die Rösttrommeln. Nach der langsamen, schonenden Röstung füllt sie jeden Kaffee von Hand ab, ob sortenreine Arabicabohnen oder ausgewogene Mischungen, die Intenso, Delicato oder Cremoso heißen.

128

ZULIANI

Via Tito Speri 28
25080 Padenghe sul Garda (BS)
+39 030 990 70 26
www.vinizuliani.it

Im historischen Zentrum von Padenghe befindet sich die Cantina Zuliani. Man betritt das Weingut durch einen wunderschönen Innenhof, die Grundmauern des Gebäudes stammen aus römischer Zeit. Die historischen Gewölbe sind eine malerische Lagerstätte für besten Wein, der hier seit über 500 Jahren von der Familie Zuliani produziert wird. Die Felder liegen gleich vor den Toren des hübschen Ortes in einem Gebiet namens „Balosse“, Namensgeber auch für den ausgesprochen dichten Groppello des Hauses. Nennenswert der lange gereifte Groppello Superiore.

129

CALVINO GUSTO SUPREMO

Via Calvino 4
25080 Padenghe sul Garda (BS)
+39 030 990 04 51
www.calvingusto.it

Hier wird fast alles von Hand gemacht – die Früchte und Gemüse stammen größtenteils von den eigenen Feldern. Die Produkte werden traditionell hergestellt, viele davon biologisch. Die Familie Beretta kocht aus Radicchio oder Peperoncino Marmelade, macht aus Zwiebeln, Pflaumen oder Kürbis Mostarda. Käse gibt es hier jede Menge, denn der Betrieb hat ein riesiges Käselager mit mehreren hundert Laiben Parmesan, Grana und anderen Käsesorten. Köstliches Bio-Olivenöl aus entsteinten Oliven ist ein weiteres Produkt von Calvino Gusto Supremo.

130

MANESTRINI

Via Avanzi 11
25080 Soiano del Lago (BS)
+39 0365 50 22 31
www.manestrini.it

Das Olivenöl von Manestrini zählt zu den besten am Gardasee, Beleg dafür dürften die vielen Preise und Auszeichnungen sein, die der Betrieb erhielt. Neben Olivenöl Extra Vergine gibt es Gardasee DOP und Reinsortenöle aus Casaliva oder Frantoio. Darüber hinaus lassen die Manestrinis mit ihren Oliven und ihrem Öl Pesto und Pasten produzieren oder allerlei Gemüse einlegen - in Handarbeit und von hervorragender Qualität. In dem schönen Laden finden sich aber auch Spezialtäten der Gardaseeregion sowie allerlei Dekoratives aus Olivenholz.

131

IL ROCCOLO

Via Giuseppe Zanardelli 45
25080 Polpenazze del Garda (BS)
+39 0365 67 41 63
www.roccolobertazzi.it

Andrea Bertazzi ist ein fleißiger Mann, denn er führt den elterlichen Betrieb, macht ausgezeichneten Wein, bestes Olivenöl und ist zugleich Präsident der Vereinigung Olio Garda DOP, also der Qualitätsproduzenten der Region. Das allein weist schon auf die Qualität seines Öls und der Produkte mit Olivenöl wie Olivenpaste und Kosmetik hin. Seine Kreativität beweist er auch mit der Salsa Classica di Groppello - eine hauseigene Erfindung, die zu gereiften Käse oder kaltem Braten gereicht wird. All dies, sowie die Weine, kann man im hübschen Verkaufsraum probieren.

132

I LECCI

Via San Pietro 5
25080
Polpenazze del Garda (BS)
+39 0365 67 45 07

In der Taverna Picedo bekommt man ausgezeichnetes, federleichtes Fritto Misto. Warum es so gut ist, erklärt Stefano Slaviero, der Wirt, gerne. Er nimmt ausschließlich bestes Olivenöl und zwar von der Ölmühle I Lecci, die Antonio Bianchi betreibt. Beste Oliven, von Hand geerntet, werden hier schonend und vor allem schnell verarbeitet.

133

LE SINCETTE

Via Rosario 44
25080 Polpenazze del Garda (BS)
+39 0365 65 14 71
www.lesincette.it

Wer die Weine von Le Sincette gemütlich probieren will, besucht das empfehlenswerte Restaurant Taverna Picedo. Stefano, der Wirt, empfiehlt insbesondere den heimischen Groppello und den Chiaretto. Die Besonderheit ist: das Weingut wurde vor Jahren umgestellt und wirtschaftet konsequent und mit großem Erfolg nach den Lehren von Rudolf Steiner, also biodynamisch. Die Weine sind ausgezeichnet, bemerkenswert das Olivenöl.

134

LEALI DI MONTE ACUTO

Via Dosso 4
25080 Puegnago del Garda (BS)
+39 0365 65 12 91
www.lealidimonteacuto.it

Antonio Leali erbte den bäuerlichen Betrieb von Vater und Großvater und spezialisierte sich auf nennenswerte Weine sowie ausgezeichnetes Olivenöl der Sorten Casaliva und Leccino. Die Rotweine bestehen aus der heimischen Traube Groppello, der zusammen mit Barbera, Sangiovese und Marzemino gekeltert wird, Basis auch für den Chiaretto und den Chiaretto Spumante. Interessant der reinsortige Rebo namens Montagù, der zunächst in Edelstahl, dann aber noch in großen Holzfässern reift. Ein Reinsorten-Groppello-Grappa ergänzt das Angebot.

135

SERGIO DELAI

Via Aldo Moro 10
25080 Puegnago del Garda (BS)
+39 0365 55 55 27
www.delaisergio.it

Im Valtènesi wird die heimische Rebsorte Groppello kultiviert, eine Traube, die intensiv rote, charaktervolle Weine hervorbringt. Der „Fürst des Valtènesi", wie Sergio Delai den Groppello nennt. Man verschneidet ihn traditionell mit kleineren Mengen Barbera, Sangiovese und Marzemino und keltert daraus nennenswerte Rote wie den TerrAntica aus rund 70 Jahre alten Weinstöcken, aber auch den leichten, zarten Chiaretto, der hier im Valtènesi seine Heimat hat. Auch Olivenbäume gedeihen gut, so dass das Gold des Südens auch hier angeboten werden kann.

136

COMINCIOLI

Via Roma 10 Loc. Castello
25080 Puegnago del Garda (BS)
+39 0365 65 11 41
www.comincioli.it

Hier gibt's das beste Olivenöl der Welt. Zumindest hat Gianfranco Comincioli bei einer Verkostung in New York, in der Olivenöle aus der ganzen Welt verglichen wurden, den ersten Platz belegt. Hier wird Olivenöl in Perfektion hergestellt, von Hand gepflückt, von modernsten Maschinen auf höchstem Stand verarbeitet. Besser geht's nicht. Aber auch die Weine von Comincioli sind herausragend, zum Beispiel sein Chiaretto, die spannenden roten Cuvées oder die Spumante.

137

PASINI SAN GIOVANNI

Fraz. Raffa Via Videlle 2
25080 Puegnago del Garda (BS)
+39 0365 65 14 19
www.pasiniproduttori.it

Ein Ausnahmeweingut, das immer schon auf Qualität und sehr früh schon auf den Einklang mit dem Terroir, letztendlich mit der Natur geachtet hat. Leitspruch war und ist: „Il vino è buono se viene da una terra buona". Ausgezeichnete Weine, manche bio-zertifiziert. Alle mehr als probierenswert. Das auch unter architektonischen Aspekten besuchenswerte Weingut hat einen Laden, dort können die Weine probiert und freilich auch gekauft werden.

138

GARDA E VINO / CIVIELLE

Via Pergola 21
25080 Moniga del Garda (BS)
+39 0365 50 20 02
www.civielle.com

In Moniga hat Civielle ihren Sitz, die Cantina della Valtènesi e della Lugana, die Kooperative, die sich bewusst nicht so nennt. Hier wird immer schon auf Qualität geachtet, so dass ausgezeichnete Weine entstehen. Verkosten kann man die Weine im Spezialitätenladen namens Garda e Vino. Dort gibt es in herrlicher Auswahl alles, was rund um den Gardasee produziert wird: Wein aus allen Anbaugebieten um den See, selbstverständlich auch Olivenöl verschiedener Ölmühlen, Eingelegtes, Gebäck und an manchen Tagen sogar frisches Bio-Brot.

139

COSTARIPA

Via della Costa 1a
25080 Moniga del Garda (BS)
+39 0365 50 20 10
www.costaripa.it

Anita von Caffè Martini in Padenghe schwärmt von ihrem Lieblingswein, den der mehrfach als „Bester Önologe des Jahres“ ausgezeichnete Mattia Vezzola von Costaripa macht. Lange Erfahrung und die Verbundenheit mit der Region des Valtènesi bestimmen die Arbeit auf dem 30 Hektar großen Weingut, das hauptsächlich Groppello und Marzemino anbaut. Bekannt wurde Costaripa vor allem durch seine Roséweine, obwohl Mattia Vezzola bereits 1973 mit dem ersten Spumante Metodo Classico vom Gardasee Aufsehen erregte.

140

MANERBA BREWERY

Via Trevisago 19
25080 Manerba del Garda (BS)
+39 0365 55 08 47
www.manerbabrewery.it

Bierliebhaber werden im nahen Manerba glücklich. Denn hier hat sich die junge Generation der Familie Avanzi, die man eher als Weinproduzenten kennt, dem Bier gewidmet. Hier gibt es vor Ort gebrautes Hefeweizen, Helles und Dunkles – wer aus Bayern kommt, fühlt sich fast wie daheim. Die Brauanlage stammt aus Bamberg. Im Pub kann man auch Bier nach belgischen Rezepten probieren. Zu essen gibt es Schnitzel, Grillhähnchen, aber auch Pizza & Co.

141

AVANZI

Via Trevisago 19
25080 Manerba del Garda (BS)
+39 0365 55 13 09
www.avanzi.net
Sommer Mo–So 9–20

Seit Generationen kultiviert die Familie Avanzi Wein und Ölbäume im Süden und Südwesten der Gardaseeregion. Auf gut 50 Hektar werden hier an der Brescianer Küste von Sirmione bis Manerba Trauben angebaut. Daher erstreckt sich das Angebot auch von Luganaweinen über den heimischen Groppello und Chiaretto hin zu internationalen Rebsorten wie Cabernet, Merlot oder Chardonnay. Im Shop kann man die Weine verkosten, außerdem Olivenöl und das Bier der Manerba Brewery erwerben.

142

COOPERATIVA AGRICOLA SAN FELICE

Via delle Gere 2
25010 San Felice del Benaco (BS)
+39 0365 623 41
www.oliofelice.com

Hier im Valtènesi gab und gibt es viele, die Olivenbäume pflegen, aber ihre Ernte wäre viel zu klein für eine eigene Ölmühle. Damit die Oliven vor Ort und auf dem Stand der Technik verarbeitet werden können, gründete sich die Kooperative. Ein Gutteil arbeitet inzwischen nach biologischen Methoden, so dass auch Bio-Öl angeboten werden kann.

143

CHIUSURE

Via Boschette 2
25010 Portese di S. Felice d/B (BS)
+39 0365 62 62 43
www.lechiusure.net

Die ersten Trauben auf Le Chiusure wurden 1989 gelesen. Alessandro und Paola Luzzago bauen sechs Rebsorten an (Groppello, Barbera, Sangiovese, Marzemino, Rebo und Merlot), aus denen sie vier verschiedene Weine keltern. Alessandro hat in Florenz Landwirtschaft studiert und immer bedauert, dass Landwirtschaft nur im Hörsaal und nie in der Natur stattfand. Diese Liebe zur Arbeit im Freien merkt man dem gesamten Anwesen an und bewundert den Einfallsreichtum, mit dem hier nachhaltig Pflanzenschutz und Rebpflege betrieben werden.

144

POGGIO RIOTTO

Loc. Riotto
25125 Cunettone di Salò (BS)
+39 338 845 79 99
www.poggioriotto.it

Seit dem Jahr 2000 gibt es den Betrieb, von Beginn an arbeitete Simon Albanese nach biologischen Methoden. Es entsteht hier ein köstliches Olivenöl von den Ölhainen der Hänge rund um Salò. Es wird aber auch Gemüse angebaut, das zusammen mit dem Öl in köstliche Aufstriche und Soßen verwandelt wird, wie etwa Paprikapaste, Tomatensugo oder Olivenpaste. Es gibt außerdem eingelegte Gardaseeoliven. Eine Rarität, denn meist werden sie aus Apulien bezogen, woher die Familie auch stammt.

145

TASSONI

Via San Carlo 28
25087 Salò (BS)
+39 0365 417 35
www.cedraltassoni.it

Tassoni hat sich einer lange vernachlässigten Frucht zugewendet: der Zedratzitrone, Cedro auf Italienisch. Diese Zitrusart mit der dicken Schale und sehr geringem Fruchtfleischanteil wird auch zu Zitronat verarbeitet. Bei Tassoni entsteht daraus eine Art Bitter Lemon, eine Limonade, die eine herrliche Basis von Mixgetränken darstellt, aber auch pur schmeckt. In der Altstadt von Salò gibt es einen Showroom in Jugendstil-Räumen, wo man das Zitrusgetränk in vielfältiger Form genießen kann.

146

BEREALTO

Via Europa 2
25087 Salò (BS)
+39 0365 52 02 17
Mo–Sa 9–12.30, 15–19.30

Die Entoteca von Mauro Baccolo ist ein Eldorado für Weinliebhaber. Hier findet man selbstverständlich Weine aus der gesamten Gardaseeregion - dem Veneto genauso wie dem Norden und der Brescianer Seite, aber selbstverständlich auch aus ganz Italien und darüber hinaus. Hier kann man Einzelflaschen erwerben und in Ruhe probieren, sich beraten lassen und sich Adressen weiterer empfehlenswerter Weingüter geben lassen.

147

CASA DEL DOLCE

Via Fantoni 34
25087 Salò (BS)
+39 0365 221 62
Mo–So 8–12.30 / 14–22.30

Hausgemachtes Eis in vielen Sorten, dazu Pralinen und Schokolade - ganze Kunstwerke aus Schokolade, die nicht nur schön anzusehen sind, sondern auch gut schmecken, da sie aus natürlichen Zutaten und bester Schokolade hergestellt werden. Darüber hinaus kann man köstlichen Kaffee oder heiße Schokolade trinken und wiederum hausgemachtes Gebäck dazu verzehren.

148

PASTICCERIA VASSALLI

Via San Carlo 86
25078 Salò (BS)
+39 0365 2 07 52
www.pasticceria-vassalli.it

Vassalli gilt als Eldorado für Schleckermäuler. Es ist ein Traditionsbetrieb, der schon seit Generationen besteht und aus dem Herzen Salòs nicht wegzudenken ist. Hier entstehen handgemachte Pralinen und Schokoladen in überbordender Vielfalt, Kekse und Bonbons aus natürlichen Zutaten oder Gebäck wie „Pan di Salò", eine Art Früchtebrot mit viel Kakao. Dann widmet man sich auch den Zitrusfrüchten des Gardasees, aus denen es ausgezeichnete Marmelade gibt.

149

MERCATO COPERTO DEI FORMAGGI

Via Molino 3
25085 Gavardo (BS)
+39 0365 3 11 10
Di–Sa 8–12.30 / 15.30–19.30

Nicht weit von hier, in Gavardo, gibt es ein inzwischen nahezu berühmtes Geschäft: den Mercato Coperto dei Formaggi. Familie Orioli bietet die besten Käse der Region an und lässt sie zum Teil selber in den eigenen Kellern reifen. Es gibt bekannte Käsesorten wie Gorgonzola oder Parmesan in sagenhafter Qualität, aber auch Raritäten wie den berühmten Bagoss mit Safran.

150

PESCHERIA CASTELLINI

Via Roma 3
25083 Gardone Riviera (BS)
+39 0365 2 05 35

Im blitzsauberen Laden gibt es jeden Vormittag frischen Fisch aus dem Gardasee, eben was der Tagesfang hergibt. Fast immer sind Renken, auch Felchen gennant, dabei, die auch am Gardasee zwei verschiedene Bezeichnungen tragen: Lavarello bzw. hier Coregone, manchmal auch Tinca (Schleie) oder Sarde di Lago, die berühmten Gardasee-Sardinen, die man auch eingesalzen erhält. Eine kleine Auswahl an Konserven und zugekauftem Fisch ergänzt das Sortiment.

151

STEINBACHER
Via Caduti 23
25083 Gardone Riviera (BS)
+39 0365 7 24 62
Di–So 10–16

Karin Steinbacher hat die Zitronen des Gardasees entdeckt, quasi wiederbelebt (viele Bäume wurden gar nicht mehr beerntet) und macht daraus Marmeladen, Aufstriche, Liköre und vieles mehr. Im kleinen Laden in Gardone, ganz nah beim Vittoriale kann man sozusagen Urlaub zum Mitnehmen erwerben.

152

FRANTOIO BONASPETTI
Via Bellini 75
25080 Maderno sul Garda (BS)
+39 0365 64 10 60
www.frantoiobonaspetti.com

Seit 1890 wird hier in Maderno Olivenöl produziert, die Ölmühle ging zu Beginn des letzten Jahrhunderts dann in Besitz der Familie Bonaspetti über, deren Namen sie trägt. Die Verarbeitung der Oliven erfolgt heute mit modernsten Maschinen. Nach der sorgsamen Reinigung werden sie unter weitgehendem Luftabschluss zu Brei zermahlen und dann mit niedrigen Temperaturen zentrifugiert – das sind wichtige Grundlagen für hervorragendes Olivenöl mit maximal 0,3 Prozent Säure. Verarbeitet werden die Oliven innerhalb von 24 Stunden nach der Ernte – beste Bedingungen also.

153

BIGNOTTI
Via Roma 13
25084 Gargnano sul Garda (BS)
+39 0365 7 12 20
www.bignotti.altervista.org
Mo–Sa 8–19

Mitten in Gargnano befindet sich dieser Genießertempel der Gebrüder Bignotti. Im alten Gemäuer befinden sich Regale voller herrlicher Spezialitäten. Die Kühltheken sind wohl gefüllt mit erlesenen Käsesorten, Wurst und Fleisch. Der Käse stammt aus der eigenen Käserei und die Milch dazu aus den Gardasee-Bergen. Hier reicht der Platz nicht, aufzuzählen, was es alles gibt, aber sämtliche Produkte sind mit Kennerhand ausgewählt oder selbst hergestellt, Wurstsorten ebenso wie Fleisch, Mostarde, Eingelegtes oder Pasta.

154

FRANTOIO GIACOMINI

Via Villavetro 82
25084 Gargnano (BS)
+39 335 594 64 41
www.oliogiacomini.com

Die strengen Tester von Merum haben der Ölmühle ein Herz für ihr reinsortiges Bio-Olivenöl aus der Olivensorte Casaliva verliehen. Der Betrieb mit noch nicht einmal 1000 Bäumen hat eine eigene Ölmühle und achtet streng darauf, dass die Oliven erstens zum genau richtigen Zeitpunkt geerntet werden und so schnell als möglich weiter verarbeitet. Unter Luftabschluss wird so bestes Olivenöl gewonnen. Darüber hinaus werden weitere Köstlichkeiten, wie zum Beispiel hiesige Kapern, angeboten.

155

LATTERIA TURNARIA

Via Manzoni 1
25080 Tignale (BS)
+39 0365 7 34 71
www.latteriaturnaria.it
Mo–Fr 8–17, Winteröffnungszeiten auf Website nachsehen

Die Kooperative wurde einst als Molkerei gegründet, heute kultivieren die Mitglieder Olivenbäume. Hier in Tignale finden sie bestes Klima vor. Milde Luft vom See, nach Norden geschützt durch die Berge. Doch ist die Arbeit im Olivenhain hier beschwerlich: man hat keine großen Flächen, die man mit modernen Landmaschinen bearbeiten könnte. So steckt viel Handarbeit in jeder Flasche Olivenöl. Zum Slow Food prämierten Öl gibt es Zitronenöl mit hiesigen Zitronen, allerlei Eingelegtes sowie Honig.

156

COOPERATIVA BAGOLINO

Via Parrocchia 34
25072 Bagolino (BS)
+39 0365 90 31 04
www.bagolinoinfo.it

Ein Ausflug wert, sowohl wegen der herrlichen Berglandschaft als auch wegen des Käses. Bagoss ist ein hervorragender Hartkäse mit Safran, der ausschließlich aus der Milch von den Almen um Bagolino entsteht. Seite Geschichte geht bis 1500 zurück, sogar die Dogen in Venedig bestellten diesen mageren, aber gesunden Käse. Es gibt nur rund 25 Bauern, die ihn herstellen. Man bekommt ihn entweder in gut sortierten Käsegeschäften am Gardasee vor Ort in Bagolino.

BAUERNMÄRKTE

1kg

DIREKT VOM ERZEUGER

Die Bauernmärkte am See

Eine weitere erfreuliche Entwicklung der letzten Jahre: Rund um den See gibt es Bauernmärkte, auf denen Erzeuger und nur sie ihre Produkte anbieten. Dies kann ein Fischer vom See sein, der Frischfisch und selbst eingelegte Sardinen, Paté aus Felchen oder gar getrocknete Gardaseefische anbietet. Da sind die vielen Obst- und Gemüseerzeuger des Hinterlandes. Wer einmal Aprikosen oder Pfirsiche, frisch und absolut reif vom Baum aus dem Anbaugebiet um Custoza, Sommacampagna und Villafranca verkostet hat, der kennt den Unterschied. Salate und Gemüse schmücken die Auslagen mit ihren frischen Farben, ihrem Duft, der die Besucher im Herbst und Winter gar zu einem Trüffelstand locken könnte. Es gibt Stände mit hausgemachter Pasta, mit Schinken, Salami, Mortadella und Porchetta von den eigenen Viehbeständen, Schafs- und Ziegenkäse, zum Beispiel frische, kleine Ziegenkäse mit Kräutern und Blüten vom Monte Baldo verziert und gereifte Ziegenhartkäse oder von der Malga Faggioli ein exzellenter, kräftig-zarter Ziegenweichkäse. Man findet Grana und im Norden Trentingrana sowie Käse vom Monte Baldo oder der Hochebene von Tremosine. Dann bieten Bauersfrauen eingelegtes Gemüse wie Gemüseantipasti in Würzessig oder Olivenöl, Pesto vom Broccoletto di Custoza oder Sellerie vom Val Gresta, wo bereits zwei Drittel der Erzeuger biologisch arbeiten. Organisiert werden die Märkte von Bauern- oder Agriturismi-Vereinigungen. Noch mehr Bauernmärkte und weitere Informationen zu den Erzeugern, von denen Sie viele auch direkt besuchen können, findet man unter www.verona.coldiretti.it für die Provinz Verona und http://www.agriturismomantova.it/mercati-list.php für die Provinz Mantua.

Auch die vielen Wochenmärkte rund um den Gardasee, wo man vor allem Kleidung, Schuhe, Geschirr oder Andenken findet, bieten Lebensmittel an. Dort findet man neben reinen Händlern auch Erzeuger, die Markttage unter www.gardasee.de.

Montag

Cavalcaselle (VR), Via Mantovana

Dienstag

Arco (TN), Viale delle Palme

Marmirolo (MN), Piazza Roma

Bussolengo (VR), Piazza XXIV Aprile

Mittwoch

Malcesine (VR), Piazza Santo Stefano (März-November)

Donnerstag

Brenzone sul Garda, Località Assenza, (VR), Piazza San Nicolò

Castiglione delle Stiviere (MN), Piazza San Luigi

San Benedetto di Lugana (VR), Via Falcone, direkt an der Hauptstraße

Desenzano del Garda (BS), Piazza Garibaldi

Freitag

Riva del Garda (TN), Viale Roma

Goito (MN), Piazza Mateotti

Samstag

Lonato (BS), Piazza Martiri della Libertà

Mantova (MN), Lungo Rio IV Novembre (beim Teatro sociale)

Calmasino (VR), Piazzale della battaglia

Sonntag

Castelnuovo del Garda (VR), Via Marconi

Costermano sul Garda (VR), Fraz. Albarè

Grazie di Curtatone (MN), Via Francesca

Castel d'Ario (MN), Via Trieste

Reguläre Wochenmärkte, jeweils von 8–13 Uhr

GLUTENFREI

GLUTENFREI AM GARDASEE

Pasta, Pizza, Tortellini oder die Brotnocken Capunsei - alles feine Speisen, die auch einen gelungen Urlaub ausmachen. Und gerade weil viele Spezialitäten der italienischen Küche auf Weizenmehl basieren, richten sich immer mehr Gastronomen auch auf diejenigen ein, die gerade das nicht vertragen. Hier eine Auswahl von Restaurants, die glutenfreie Speisen anbieten. Mehr unter www.celiachia.it.

Trentino

La Berlera, Riva del Garda, Località Ceole 8/b, +39 0464 52 11 49, www.laberlera.it

Agritur Eden Marone, Riva del Garda, Via Marone 23, +39 0464 52 15 20, www.eden-marone.it

Ca' Rossa Orientale, Arco, Via Linfano 47, +39 393 852 88 88, www.carossaorientale.it

Veneto

Athena, Caprino Veronese, Via Pertini 10 h, +39 045 623 08 13,

Ristorante Villa Mimosa, Bardolino, Riva Cornicello 1, +39 045 621 10 20, www.gardasee.de/ristorantevillamimosa

Tortuga Coffee & Restaurant, Peschiera del Garda, Via Lungolago Mazzini 2 b, +39 0456 40 17 35, www.tortugapeschiera.com

Lombardia

La Speranza, Solferino (MN), Via S. Martino 6, 0376 85 41 91, www.la-speranza.it

Al Braciere, Sirmione, Via San Martino 2, +30 030 990 55 61, www.ristorantealbraciere.com

La Lisca, Sirmione, Via Brescia 41, +39 030 990 41 91, www.liscaristorante.it

Rose e Sapori, Desenzano del Garda, Lungo Lago C. Battisti 89, +39 030 914 45 85, www.roseesapori.eu

Dalla Cugina, Manerba del Garda, Via del Rio 37, c/o Camping Rio Ferienglück, +39 334 509 86 58, www.dallacugina.it

El Mamacita, Gavardo, Via A. Gosa, 164/f, +39 0365.34275, www.elmamacita.it

Trattoria alle Trote, Gavardo, Via Bariaga 24, +39 036 53 12 94, www.trattoriatrote.it

Antica Cascina San Zago, Salò, Via dei Colli 54, +39 0365 4 27 54, www.anticacascinasanzago.it

Il Lucaniere, Salò, Via Bortollo Pollini, +39 0365 52 11 85, www.illucaniere.com

Villa dei Roccoli, Toscolano Maderno, Via Sanico 11, +39 0365 54 15 92, www.ristorantevilladeiroccoli.com

Al Torchio, Tignale, Via Europa 1, +39 0365 76 02 96, www.altorchiotignale.it

Apollo XI, Tignale, Via Badiale 4, +39 0365 198 04 22, www.gtstignale.it

UNTERKÜNFTE MIT GLUTENFREIER KÜCHE

Empfohlen von gardasee.de

Trentino

Active & Family Hotel La Gioiosa ****, Riva del Garda , Via Cartiere, 70/b, +39-0464-521356, www.gioiosa.it

Hotel Villa Alberta ***, Torbole, Via Strada Piccola 24, +39 046 4505365, www.hotelvillaalberta.it

Veneto

Principe di Lazise Wellnesshotel & SPA ****, Lazise, Località Le Greghe, +39 045 6490177, www.hotelprincipedilazise.com

Hotel Bellevue San Lorenzo ****, Malcesine, Via Gardesana 164, +39 045 7401598, www.bellevue-sanlorenzo.it

Hotel Eden ***, Brenzone sul Garda, Via Zanardelli 6, +39 045 7420102, www.hoteleden.info/de

Hotel Fortuna – Ristorante & Pizzeria, Albarè di Costermano sul Garda, Via Costabella 17, +39 045 6200494, www.hotelristorantefortuna.it/it

Lombardia

Hotel Villa Capri ****, Gardone Riviera, Via Zanardelli 172, +39 036 521537, www.hotelvillacapri.com

Villa Rosa Hotel ****, Desenzano del Garda, Lungolago C. Battisti 89, +39 030 9141974, www.villarosahotel.eu

Strandhotel La Paül, Sirmione, Via XXV Aprile 32, +39 030 916077, www.hotellapaul.it

MICHELINSTERNE

MICHELINSTERNE 2017

Trentino

Locanda Margon **
Via Margone 15,
38040 Ravina
+39 0461 349401
www.locandamargon.it

Veneto

Vecchia Malcesine *
Via Pisort 6, 37018 Malcesine
+39 0457 400469
www.vecchiamalcesine.com

Oseleta *
Località Cordevigo,
37010 Cavaion Veronese
+39 0457 235287
www.ristoranteoseleta.it

La Veranda *
Via Santa Cristina 5,
37011 Bardolino
+39 0456 210857
www.ristorantelaverandabardolino.it

Casa Perbellini **
Piazza San Zeno 16,
37121 Verona
+39 0458 780860
www.casaperbellini.com

Il Desco *
Via Dietro San Sebastiano 7,
37121 Verona
+39 0455 95358
www.ildesco.com

Osteria La Fontanina *
Portichetti Fontanelle Santo Stefano 3,
37129 Verona
+39 0459 13305
www.ristorantelafontanina.com

Perbellini *
Via Muselle 130,
37050 Isola Rizza
+39 0457 135352
www.perbellini.com

Lombardia

La Rucola *
Vicolo Strentelle 7,
25019 Sirmione
+39 0309 16326
www.ristorantelarucola.it

Esplanade *
Via Lario 10,
25015 Desenzano del Garda
+39 0309 143361
www.ristorante-esplanade.com

Capriccio *
Piazza San Bernardo 6,
Località Montinelle, Manerba
+39 0365 551124
www.ristorantecapriccio.it

Lido 84 *
Corso Zanardelli 196,
25083 Gardone Riviera/Fasano
+39 0365 20019
www.ristorantelido84.com

Villa Feltrinelli **
Via Rimembranza 38/40,
25084 Gargnano
+39 0365 798000
www.villafeltrinelli.com

La Tortuga *
Via XXIV Maggio 5,
25084 Gargnano
+39 0365 71251
www.ristorantelatortuga.it

Dal Pescatore ***
Località Runate - Canneto sull'Oglio,
46013 Runate
+39 0376 723001
www.dalpescatore.com

KULINARISCHE EVENTS

In fast jedem Dorf gibt es eine „Sagra", ein kulinarisches Fest, den Pilzen, den Trauben und dem Wein, Kastanien, Pfirsichen, ja gar dem Brathuhn gewidmet, wie etwa im kleinen Dorf Olfino bei Monzambano in dem Moränenhügeln im Süden. Sie alle aufzuzählen, ist beinahe unmöglich. Daher hier eine Auswahl der (kulinarisch) interessantesten. Die genauen Daten finden Sie aktuell unter www.gardasee.de/kulinarische-feste

März/April

Gran Premio Palio del Recioto, Negrar

Buntes (kulinarisches) Fest rund um den Dessertwein Recioto.
www.paliodelreciotoedellamarone.it

Fish & Chef, Malcesine, Garda

Viele Restaurants bieten ein besonderes Menü aus Gardaseefischen.
www.fishandchef.it

Mai/ Juni

Cinquemiglia del ghiottone - Tremosine sul Garda

Der Rundweg, den die Veranstalter für den Schlemmerspaziergang auswählen, ist fünf Meilen - cinque miglia - lang, also etwa acht Kilometer. Er führt durch unberührte Pinienwälder, über saftig grüne Wiesen und durch einige der idyllischen Örtchen der Gemeinde Tremosine, in denen Schlemmerpausen eingelegt werden. www.infotremosine.it/.../lacinquemigliadelghiottone

Per Corti e Cascine (3. Sonntag im Mai), Region Mantua

Bauernhöfe, Produzenten von vielerlei Spezialitäten und Weingüter öffnen ihre Pforten.
www.agriturismomantova.it

Palio del Chiaretto, Bardolino

Buntes Weinfest zur Feier des „Rosé vom Gardasee".
www.bardolinotop.it

Cantine aperte, letzter Sonntag im Mai

Zahlreiche Winzer öffnen ihre Weinkeller und laden zu Gesprächen und Besichtigungen ein. www.movimentoturismovino.it/it/eventi/2/cantine-aperte

Festa del Nodo d'Amore, Valeggio sul Mincio

Die 600 Meter lange Visconti-Brücke verwandelt sich zu Ehren dieser lokalen Pasta-Spezialität in ein großes Freiluftrestaurant. Unbedingt Reservieren!

September

Festa della Zucca, Pastrengo

Großes kulinarisches Fest zu allem rund um den Kürbis, inkl. der Möglichkeit von Hofbesichtigungen.
www.prolocopastrengo.it

Festa del Vino Custoza, Custoza

Erntefest mit Musik und breitem gastronomischen Angebot.
www.prolococustoza.it

Ende September/Anfang Oktober

Sagra del Tartufo, Tignale

Großes Trüffelfest. Ausflüge und Verkostungen rund um die berühmte Knolle.
www.tignale.org

Festa dell' Uva e del Vino, Bardolino

Eine Woche Ende September.
Weinfest mit Kultstatus, das Besucher von nah und fern anzieht.
www.bardolinotop.it

Ciottolando con Gusto, Malcesine

Ein Wochenende Mitte/Ende September.
Jedes Jahr im Herbst gleicht die malerische Altstadt des Ortes einem Schlaraffenland, in dem man sich genüsslich durch die Köstlichkeiten der Gardaseeregion schlemmen kann.
www.ciottolando.com

Fiera del Riso- Reisfest in Isola della Scala

Mitte September bis Anfang/Mitte Oktober.
Rund um Isola della Scala, südlich vom Zentrum Veronas, liegt das Reisanbaugebiet der Region.

Oktober/November

Fiera dell'Olio, Castelletto di Brenzone

Schöne Bauernmesse rund um das neue Olivenöl.

Festa della Castagna, San Zeno di Montagna

Zahlreiche Kochevents rund um die Esskastanie.

1. Auflage 2017

ISBN 978-3-9818656-0-8

Herausgeber Hubert Kiebler - gardasee.de

Autorin Dr. Heike Hoffmann

Produktion Bookwise, München

Illustration & Grafik Leeloo Molnár

Bildnachweis Boutique Olive Farm, Torri del Benaco: 52; Fotolia.com: 12, 13, 278, 279, 282, 283, 286, 287; Thilo Weimar: 2, 3, 4, 26, 27, 29, 41, 62, 63, 66, 71, 74, 75, 77, 103, 132, 148, 149, 152, 165, 177, 190, 209, 236, 248, 249, 252, 265; Hubert Kiebler: 140, 174, 175

Besuchen Sie uns im Internet unter **www.gardasee.de**

DANKE UND EINE BITTE

Es ist eine schöne Tradition, an dieser Stelle all denjenigen zu danken, die am Entstehen eines Buches mitgeholfen haben. Gerade bei einem kulinarischen Reiseführer sind das viele, sehr viele.

Aber zunächst möchte ich hier den Leserinnen und Lesern danken, die sich gemeldet haben und über ihre Erfahrungen berichteten. Diese Rückmeldungen sind für mich ein kostbares Gut, denn Viele sehen, schmecken und riechen mehr als nur eine Person. Nur durch regelmäßigen Besuch kann man die Qualität eines Restaurants wirklich beurteilen, aber Sie merken schnell: bei so vielen Adressen ist es unmöglich, alles zu beobachten. Ein Beispiel: ein Restaurant hatten wir besucht, wir waren sehr zufrieden und nahmen es in die „Kulinarischen Entdeckungen" auf. Aber dann hörten wir von mehreren Personen, die das Restaurant zu verschiedenen Zeiten besuchten, immer mehr Kritik. Sie werden es hier also zunächst einmal nicht mehr finden. Doch eine Familie, die auch zu den Kritikern dieses Restaurants gehörte, meinte, sie seien in einem anderen, das noch nicht aufgenommen war, sehr zufrieden gewesen. Ich ging hin und auch ich verließ diese Trattoria voller Zufriedenheit, weshalb Sie sie nun im Buch finden.

Schreiben Sie mir also, ich freue mich über jede Rückmeldung, egal ob Kritik, Wünsche und Anregungen oder Lob. Die E-Mail-Adresse hierfür ist kulinarischeentdeckungen@gardasee.de.

Nun zu all jenen, ohne die ein solches Buch nicht entstehen kann. Ganz herzlichen Dank an das Team von gardasee.de, die mit Rat und Tat das Projekt unterstützten genauso wie bookwise in München, die die Herstellung des Buchs übernahmen. Und natürlich wieder allen, die mit Hinweisen, Tipps, mit Rat und Tat das Buch begleiteten, vor allem:

Elena Bertagna, Desi Capelletti, Paolo Ferri, Mauro Fortuna, Hubert Kiebler, Leeloo Molnár, Antonia Reich, Andreas Schumann, Ute Scobel, Stephanie Strohmeier, Giuliana Tezza.

Heike Hoffmann, im Februar 2017

Heike Hoffmann ist Historikerin, freiberufliche Journalistin und Autorin, leidenschaftliche Hobbyköchin. Seit beinahe 30 Jahren führt sie ihr Weg immer wieder an den Gardasee. Sie schreibt über kulturelle und kulinarische Themen zuhause in Deutschland und in ihrer zweiten Heimat Italien. Hier wie dort spürt sie kreative Produzenten und regionale Genüsse auf, die sie in Wort und Bild ihren Lesern im wahrsten Sinne des Wortes schmackhaft macht.

NOTIZEN

KARTE EINKAUFSADRESSEN

Die Karte mit den Restaurants finden
Sie am Anfang des Buches.

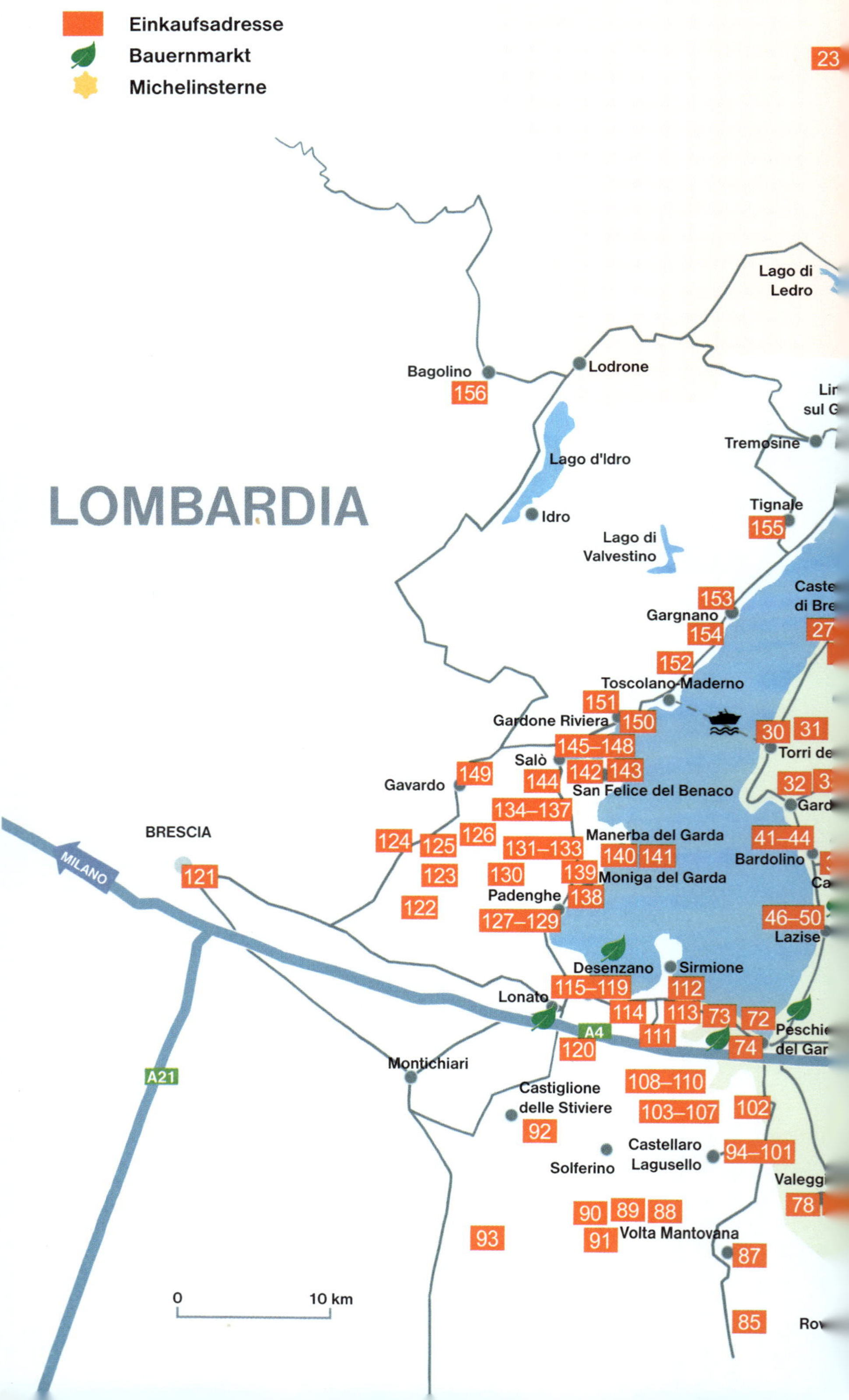